RESEARCH ON THE CONSTRUCTION OF
HIGH STANDARD MARKET SYSTEM
IN CHINA'S EXPRESS INDUSTRY

中国快递业
高标准市场体系建设研究

蔡燕琦 ◎ 著

中国财经出版传媒集团

经济科学出版社
Economic Science Press
·北 京·

图书在版编目（CIP）数据

中国快递业高标准市场体系建设研究／蔡燕琦著．
北京：经济科学出版社，2025.8. -- ISBN 978 - 7
- 5218 - 6419 - 9

Ⅰ. F632

中国国家版本馆 CIP 数据核字第 20240CT181 号

责任编辑：何　宁　王文泽
责任校对：靳玉环
责任印制：张佳裕

中国快递业高标准市场体系建设研究
ZHONGGUO KUAIDIYE GAOBIAOZHUN SHICHANG TIXI JIANSHE YANJIU
蔡燕琦　著

经济科学出版社出版、发行　新华书店经销
社址：北京市海淀区阜成路甲 28 号　邮编：100142
总编部电话：010 - 88191217　发行部电话：010 - 88191522
网址：www. esp. com. cn
电子邮箱：esp@ esp. com. cn
天猫网店：经济科学出版社旗舰店
网址：http://jjkxcbs. tmall. com
北京季蜂印刷有限公司印装
710 × 1000　16 开　20.75 印张　300000 字
2025 年 8 月第 1 版　2025 年 8 月第 1 次印刷
ISBN 978 - 7 - 5218 - 6419 - 9　定价：90.00 元
（图书出现印装问题，本社负责调换。电话：010 - 88191545）
（版权所有　侵权必究　打击盗版　举报热线：010 - 88191661
QQ：2242791300　营销中心电话：010 - 88191537
电子邮箱：dbts@ esp. com. cn）

序

认真阅读蔡燕琦所著《中国快递业高标准市场体系建设研究》一书，我深知她在博士学习期间就围绕这一问题研究默默耕耘，在她博士求学期间，正值三年抗疫时期，基于对当时社会发展实践的观察和思考，作者以快递业市场体系为研究对象，对新发展格局下我国快递业高标准市场体系建设的理论和实践进行了深入探讨。值此看到她的心血之作付梓之际，我有幸先睹为快。

快递业作为现代物流体系中增速最为显著的细分领域，以其先进的网络体系、组织模式、装备能力和技术创新，深刻改变着生产的组织方式、货物的流通方式和人们的生活方式，不仅完成了从萌芽初现到规模扩张，还实现了从跟跑到并跑再到部分领跑的跨越式发展，更逐渐成为实体经济中联结生产和消费、内贸和外贸的"筋络"，成为反映经济活力的风向标，也成为畅通经济大动脉的重要渠道。当前，全球互联网的商业化带来的改变，从微观主体迅速扩展到全球政治经济生态，也赋予了青年学者新的学术使命。《中国快递业高标准市场体系建设研究》力求从学术角度和理论层面进行分析，克服了当前对快递业发展零碎、偏重某一方面探讨的局限，将市场体系理论与快递业相结合，系统性、针对性地对快递业高标准市场体系基本理论问题进行了梳理和阐述，突出整体和局部的结合。该书构建了关于快递业高标准市场体系分析的框架，即快递业高标准市场体系的运行机理及"四维七元"运行逻辑。在此基础上，结合我国快递业发展实际和国外快递业市场发展经验，对构建我国快递业高标准市场体系做了初步尝试，提出了可行的发展定位与对策建议，既从整体上对快递业高标准市场体系建设的本质问题进行理论概括，又结合行业特点，对快递业高标准市场体系建设的具体内容进行了界定，为研究快递业市场体系和预测其发展，提供了独特的理论分析视角。

40 多年前，我国开启了计划经济体制向社会主义市场经济体制转变的序幕；30 多年前，我国民营快递企业获得了新的发展空间和机遇；20 多年前，电子商务、社交媒体等日渐兴起；10 多年前，零工经济等逐渐流行；近年来，工业互联网等发展迅猛。该如何看待这些新生事物？如何看待我国快递业市场发展的现实与困境？在这本书中，可以找到一些思考和答案。该书坚持问题导向和目标导向，突出历史和现实的呼应。作者不仅考察我国快递业市场体系建设的历程与成就，给出了一个宏观的历史分析视角，重点分析了快递业在法律体系、产权制度、市场结构、协同发展与政府监管等方面存在的现实困境，也通过分析我国"快递＋电商""快递＋铁路"的"快递＋"模式现状及影响该模式构建的各种因素，提出深化构建"快递＋"的底层支撑模式，进一步推动降低全社会物流成本，增强快递业辐射与带动能力。该书从规范和实证分析中把握快递业市场运行效率的规律性。

在大国竞争愈加激烈的今天，中国快递业到底要走出怎样一条既充分吸收西方发达国家成功经验又结合中国实际的发展之路？如何在全球价值链重构中发挥我国快递企业的独特优势？如何将先进生产力与中国特色社会主义制度相融合？如何应对复杂的国际环境并积极参与全球邮政治理？该书均做了一定的思考，通过横向对比和纵向对比，突出国际和国内的关联。重点考察了美国、德国和日本三个国家及其典型快递企业的发展特点与成功经验，让人们详细了解上述国家在快递业市场主体改革、市场结构、基础设施建设、产业融合、个性化服务与注重绿色和科技创新等方面的优势，也让人们深入认识我国快递业和上市快递企业全要素生产率状况以及快递业市场体系运行规律。总的来看，该书在系统研究我国快递业市场体系建设方面，作者做了有益的尝试。最终形成的《中国快递业高标准市场体系建设研究》一书，既深化了快递业高标准市场体系建设实践的理论总结，也能对以后从事相关研究的专家学者提供借鉴参考。随着新一轮科技革命的到来，快递业是推动提升流通效率、降低物流成本的前沿阵地。面对新的挑战和发展机遇，相信作者会在已有的研究基础上深化思考和钻研，产生新的成果，为推动我国快递业高质量发展努力作出新的理论贡献。

我衷心祝贺蔡燕琦博士的专著问世，诚恳希望她在深化学习上用力，在理论研究上聚焦，在坚守初心上创新，努力创作出更多有理论深度和实践温度的佳作。

是为序。

黄茂兴[*]

2025 年 5 月

---

[*] 福建社会科学院党组成员、副院长、教授、博士生导师。

前　　言

随着我国社会主义市场经济体制的转变与发展，我国市场体系构建和改革发展也逐渐深入到服务领域。当前我国经济已经从高速增长阶段转向高质量发展阶段，区域发展分工格局的形成既得益于经济结构、产业结构的优化，也有赖于发达畅通的物流网络体系的建设。连接生产与消费的快递业，其市场体系作为现代物流体系的重要组成部分，它的发展与完善不仅能够夯实现代化经济体系的基础，而且有助于发挥国民经济的先导性作用，对促进"双循环"新发展格局下的国内国际分工与合作、产业之间与部门之间的商品服务大交换、推动我国经济高质量发展并逐步走向全球价值链中高端意义重大。近年来，党的十九届四中全会、2019 年中央经济工作会议与党的二十大强调把加快高标准市场体系建设作为构建高水平社会主义市场经济体制的重要内容。2020~2022 年，我国接连印发了《邮政强国建设行动纲要》《建设高标准市场体系行动方案》《"十四五"邮政业发展规划》《"十四五"现代流通体系建设规划》《"十四五"现代物流发展规划》，上述一系列规划方案的出台不仅从战略性与系统性角度对流通体系作出全面部署，同时也引发了快递业高标准市场体系建设的现实思考。因此，本书运用马克思主义政治经济学的理论与方法，从我国快递业市场体系现状入手，对我国快递业市场体系存在的问题与产生的原因及高标准市场体系运行机制与具体路径展开研究具有重要的理论和实际价值。

本书基于马克思主义政治经济学的研究视角，以习近平新时代中国特色社会主义思想为指导，结合产业组织理论，认为快递业市场体系的内在矛盾影响快递业高质量发展趋势，快递业市场体系高标准化是实现快递业高质量发展的基础与前提。快递业市场体系不仅局限于快递业务流程、快递网点布局、快递服务质量评价等单因素或单角度微观领域，更重要的是，快递业市场体系是一个有机的整体，它由所有制关系、市场结构、基础设施、组织形式、产业融合、对外开放、政府监管等多方面内容所构成。从这个逻辑出发，才能深刻认识我国快递业高质量发展面临的一系列难题，进而找到构建快递业高标准市场体系的合理路径与对策，从而为指导我国快递业高标准市场体系构建、实现快递业乃至国民经济高质量发展提供重要参考。

正是基于以上认识，本书首先界定了快递业市场体系的相关概念并概述了相关理论依据。其次，在分析快递业高标准市场体系内涵与特征基础上，从理论层面提出我国快递业高标准市场体系"四维七元"的运行机理与逻辑框架，进而基于我国快递业市场体系建设的历史回顾与现状成效考察，揭示在法律体系、产权制度、市场结构、协同发展与政府监管等方面存在的实践困境。再次，以2006~2020年我国八大经济地区快递业为研究对象，运用Malmquist指数的DEA模型和Tobit模型分别对快递业市场运行效率与上市快递企业动态效率及影响因素进行实证研究。其实证结果表明：我国快递市场是具有明显规模经济优势的市场；我国快递业市场运行效率受宏观经济影响程度深；快递市场主体自身的基础设施建设是影响市场运行效率的决定性因素；需要依据地区发展差异针对性选择规模或技术策略。然后研究以美国、德国、日本为代表的发达国家快递业市场体系构建实践。这些国家在多式联运协同发展、专业人才培养、供应链支持与绿色科技赋能方面具有很强的借鉴意义。最后，本书提出我国快递业高标准市场体系建设的总体框架与对策措施，即以建设快递业高标准全球市场体系的发展导向，逐步形成快递业混合所有制改革为主导力量，涵盖快递业市场体系的智能化、网络化与非经济价值的普惠领域，以及实施面向不同优势和水平的阶段性差异化发展战略，以期立足我国快递业市场体系发展现实，全面提升要素协同、市场协同、产业协同、区域协同质量，优化外部环境在法律法规体系、服务评价机制、社会信用体系三方面的建设。

目　　录

绪　　论

第一节　研究背景与意义

一、研究背景

自改革开放以来，我国国民经济经过市场化改革与市场经济建设，探索出了一条具有中国特色的社会主义市场经济体制道路。在我国转变发展方式与优化经济结构的关键期，经济高质量发展潜力来自雄厚的物质基础和完备的产业体系。在已建成的包含经济发展基础各要素及其组合的市场体系推动下，市场在资源配置中的决定性作用被有效调动。党的十八大提出了以经济建设、政治建设、文化建设、社会建设与生态文明建设组成的中国特色社会主义"五位一体"总体布局。其中，建设现代化经济体系是实现中国特色社会主义"五位一体"总体布局的基本要求，全面建成社会主义现代化强国需要现代化经济体系支撑。2018 年 1 月 30 日习近平总书记在中共中央政治局第三次集体学习时强调，"建设现代化经济体系是一篇大文章，既是一个重大理论命题，更是一个重大实践课题，需要从理论和实践的结合上进行深入探讨。"① 经济体系是一个复杂的经济系统，在市

---

① 新华社．习近平在中共中央政治局第三次集体学习时强调　深刻认识建设现代化经济体系重要性　推动我国经济发展焕发新活力迈上新台阶［EB/OL］. https：//baijiahao. baidu. com/s? id = 1591101255146410370&wfr = spider&for = pc，2018 - 01 - 31.

场经济条件下，市场体系在经济系统中占有十分重要的地位。高效畅通的现代市场体系，需要更高水平流通业①的支撑。在 2020 年 9 月召开的中央财经委员会第八次会议上，习近平总书记强调了流通体系在国民经济中的基础性作用，要求统筹推进现代流通体系建设，为构建以国内大循环为主体、国内国际双循环相互促进的新发展格局提供有力支撑②，这为我国流通体系的构建指明了发展方向。作为连接生产与消费、企业与消费者、横向三次产业的复合型产业，流通业不仅促进我国经济的实质性发展，带来了新发展格局下市场规模与需求扩张，其本身也发生了巨大变革，具体表现在四个方面：一是流通体制更加符合市场经济的要求；二是流通业对外开放度不断扩大；三是城乡流通体系得到进一步的深化；四是流通业对国民经济发展贡献度日趋显著。但是，从整体上看，尽管我国流通业已取得令人瞩目的成就，但与全面建成社会主义现代化强国所提出的要求还相差甚远，高效、安全、统一、开放、竞争有序的现代商品流通体系尚未完全建立。"十四五"时期是我国经济由高速增长向高质量发展的关键转换期，"十四五"规划建议中对快递流通业提出了"建设现代物流体系""深化流通体制改革，畅通商品服务流通渠道，提升流通效率，降低全社会交易成本"等目标，要实现这个目标，就需要进一步研究市场机制在流通细分领域的运行机制。依托电商的快速发展，快递业跃升为现代流通体系中物流体系构建的重要组成部分，不仅成为引领我国消费与商业模式的创新新风向，也成为我国国民经济的先导性、基础性产业，在一定程度上也关乎我国经济战略性发展。2014～2019 年的政府工作报告中均提出要鼓励快递业发展，习近平总书记更是多次对快递发展作出重要指示。近年来，党的十九届四中全会、2019 年中央经济工作会议与党的二十大强调把加快高标准

---

① 在当前的研究中，欧美各国一般从微观角度研究，没有使用流通一词。相关研究是融入渠道管理与零售管理学科中。在我国，"流通"一般只是在理论上使用，在针对行业研究时使用"商贸""商业"等，当前很多文献虽然都涉及了商品流通体系的概念，但是理论界仍未给出清晰的界定。

② 习近平．习近平主持召开中央财经委员会第八次会议 强调统筹推进现代流通体系建设 为构建新发展格局提供有力支撑 李克强王沪宁韩正出席［N］．人民日报，2020－09－10．

市场体系建设作为构建高水平社会主义市场经济体制的重要内容。2019～2023年，我国接连印发了《交通强国建设纲要》《邮政强国建设行动纲要》《建设高标准市场体系行动方案》《国家综合立体交通网规划纲要》《"十四五"现代综合交通运输体系发展规划》《"十四五"邮政业发展规划》《"十四五"现代流通体系建设规划》《"十四五"现代物流发展规划》《中华人民共和国国民经济和社会发展第十四个五年规划和2035年远景目标纲要》，上述一系列规划方案的出台不仅从战略性与系统性角度对流通体系作出全面部署，同时也引发了快递业高标准市场体系建设的现实思考，为本书进一步研究提供了客观基础。

当前，快递业已经成为产业价值创造与信息传递的核心环节。放眼全球，在经济转型背景下，我国供应链的需求正转型升级。与我国供应链业务的基础设施条件不断成熟不同的是，市场需求、改革红利、人口红利逐步退却，各类企业开始从"扩规模"向"控成本"转型，快递物流外包成为"控本增效"的重要环节。市场参与者对降低快递物流成本、提高快递物流效率的需求开始凸显。同时，随着中外运敦豪（DHL）等全球快递巨头退出中国国内供应链市场，我国快递物流在汽车、消费品、高科技等领域的供应链服务还有较大优化空间，而我国国内供应链行业发展侧重消费端，长期忽视产业端，致使产业端市场规模大、集中度低。自2017年起，国家加大对供应链物流端的重视，2017年10月发布的《国务院办公厅关于积极推进供应链创新与应用的指导意见》提出，到2020年培育100家左右的全球供应链领先企业。2020年，供应链物流发展被写入"十四五"规划，以汽车、消费品、电子信息、生物医药为代表的制造领域也亟须快递业持续拓展其服务范围，并加深融入相关产业采、产、售等环节的供应链服务能力，培育仓配一体化、入厂物流、国际供应链、海外协同等融合发展的成熟模式。由此，中国特色社会主义经济建设对商品流通的相关理论与实践研究提出了新的要求。中国如何在得益于电商红利下游的消费型供应链的同时，抓住产业供应链发展的初级阶段，把握工业制造业升级对未来快递物流的需求空间？如何参与国际快递物流的有力竞争？竞争的核心要素是什么？发达国家的快递业市场体系水平及核心竞争力是什么？未来随着生产制造、流通等环节加速数字化转型，中国快递业市场体系的优势、问题及路径又如何？

二、研究意义

（一）理论意义

首先，从理论价值而言，基于建设现代流通体系这一目标和导向，我国快递业围绕高标准市场体系建设助力经济体系优化这一主线，目前针对流通业关键问题的梳理与基础理论的深入研究较为缺乏。从马克思主义政治经济学相关理论上看，所有制问题作为马克思主义经济理论中最重要的问题，如何在我国社会主义现实发展下科学地将马克思所有制理论运用到我国社会主义市场经济制度中，成为可以进行深化探讨的理论空间。

其次，快递业高标准市场体系的建设在我国社会主义市场经济制度下的发展，是基于以人民为中心与新发展格局条件下进行的。马克思指出人类社会必然走向共产主义，这一目标的实现需要若干历史阶段才能完成。在"十四五"新发展阶段的新起点，也需要集中力量解决人民日益增长的寄递需要与快递业不平衡不充分发展之间的矛盾。在马克思研究中，他认为"流通是商品所有者的全部相互关系的总和"[1]。马克思还认为流通是商品在价值形态、实物形态、经济形态和货币形态四个方面的流通的总和，其中，商品实物形态的流通就可以看作是物流。这里提到的商品实物形态的变化和转移，从生产、交换到消费的全过程，正是中国特色社会主义市场经济流通体系发展与变革的关键。由此看出，作为连接交换和消费末端环节的快递业，其流通效率也成为我国新发展阶段经济国内国际双循环良好运行的核心。因此，在新发展格局背景下，我国现代流通体系的建设思

---

① 马克思. 资本论（第一卷）[M]. 北京：人民出版社，2004：188.

路与重点方向研究亟须深入，而当前针对快递业高标准市场体系建设从理论和实践层面具体阐释也尚未形成，这就为研究快递高标准市场体系留有了探讨空间。

最后，快递业高标准市场体系的发展重点需体现的是服务业与制造业的深度融合，即制造业的快递物流专业化、供应链化。产业结构不是单纯的一、二、三产业的划分方式，而是产业间的融合，如何进一步探索产业结构理论新空间，快递业在融合中如何发展？这些问题都值得进行深入研究。

总的来说，对快递业高标准市场体系建设的研究，不仅是对马克思经济理论的继承与发展，也是对习近平总书记提出的"坚持以人民为中心的发展思想"的践行。此外，建设高标准的快递业市场体系还是国内消费与生产服务需求潜力转化、贯通"四环节"的内在要求，对促进两个循环和构建新发展格局具有重要意义。

（二）现实意义

第一，建立健全现代流通体系，特别是快递业高标准市场体系是立足新发展阶段、贯彻新发展理念、构建新发展格局的现实需要。2015 年，国务院印发的《关于促进快递业发展的若干意见》指出"快递业是现代服务业的重要组成部分，是推动流通方式转型、促进消费升级的现代化先导性产业"，这是从国家层面对快递业提出的新定位和新要求。习近平总书记在 2016 年召开的中央经济工作会议上明确提出，"我国经济运行面临的突出矛盾和问题，虽然有周期性、总量性因素，但根源是重大结构性失衡，导致经济循环不畅，必须从供给侧结构性改革上想办法，努力实现供求关系新的动态均衡"[①]。其中之意就是要通过流通这一杠杆，提高供给端供给质量，促进与满足生产服务与消费服务两端。在 2019 年的新年贺词

---

① 中央经济工作会议在北京举行　习近平李克强作重要讲话 [N]. 人民日报，2016 - 12 - 07.

中，习近平总书记将"快递小哥"誉为我国美好生活的创造者、守护者①，并在 2019 年 2 月 1 日前赴基层快递网点看望了"快递小哥"，亲自致以新春的祝福，体现了党和国家领导人对于我国邮政事业尤其是快递行业发展的关心、重视和深切厚望。此外，习近平总书记还多次对快递发展作出重要指示，在 2020 年 9 月召开的中央财经委员会第八次会议上，习近平总书记强调了流通体系在国民经济中的基础性作用，要求统筹推进现代流通体系建设，为构建以国内大循环为主体、国内国际双循环相互促进的新发展格局提供有力支撑②。"十四五"时期是我国经济社会由高速增长向高质量发展的关键转换期，"十四五"规划建议中对快递流通业提出了"建设现代物流体系""深化流通体制改革，畅通商品服务流通渠道，提升流通效率，降低全社会交易成本"等目标。以上论断为"十四五"时期流通领域发展指明了方向，也为本书在研究我国流通方式变革基础上，试图通过分析我国典型流通组织发展历程与现实考察，探索并找出能够充分发挥快递服务业在生产与消费这一环节加速资本周转、增加就业等高质量发展的变革路径提供了现实参考。因此，新发展格局下快递业高标准市场体系发展研究具有深刻的现实背景与研究意义。

第二，快递业务量的增长，是商贸流通的直接反映，折射出新发展格局构建过程中旺盛的消费需求。在这一过程中，逆势上扬的快递业在保民生、促生产、畅循环方面承担了重要角色，成为消费经济中最具动力的环节之一，体现出数字经济新业态下要素配置形式的升级。快递业发展拉近了城乡距离，缩短了生产与销售环节，使得电子商务和网购得到了快速发展，改变了传统贸易模式，引领了消费转型。当然，现阶段我国快递业仍然存在区域发展不平衡不充分的问题，终端网点生存环境不佳、快递网络不稳定等问题时有发生，特别是快递行业粗放式管理、错误投递、终端配送环节服务不到位、丢失破损率高、快递包裹二次收费、派件费和平均单

---

① 习近平. 国家主席习近平发表二〇一九年新年贺词［N］. 央视新闻，2018 – 12 – 31.
② 习近平. 习近平主持召开中央财经委员会第八次会议 强调统筹推进现代流通体系建设为构建新发展格局提供有力支撑 李克强王沪宁韩正出席［N］. 人民日报，2020 – 09 – 10.

价下滑、以罚代管压榨员工、过度包装、资源浪费、倒卖客户信息等现象在快递业高速发展的过程中逐渐显现，在日趋开放的背景下，民营快递公司处于市场的弱势地位，呈现出一定的低质量发展特征。2021年4月9日，两家快递公司因"低价倾销"受到处罚，这是我国对快递业展开反垄断治理的重要标志。快递行业的恶性竞争等非理性发展在短期内看似对消费者没有明显损害，甚至在一定程度上使消费者减少了相关支出，但从长远来看，低端的非理性竞争等将影响快递行业的服务升级，进而影响我国由快递大国向快递强国迈进的进程。因此，如何引导快递行业及从业企业的良性发展、高质量发展具有迫切的现实意义。

第三，构建具有双向竞争力的快递业市场体系是建设快递强国的关键。国际经贸活动受到境外疫情扩散蔓延的严重影响，但"宅经济"迅速崛起为快递业带来新挑战，也迎来推动快递业科技发展转型升级带来的新机遇，以无人配送为代表的新兴业态展现出巨大成长潜力。我国具有全球最完整、规模最大的工业体系，根据国家市场监督管理总局、国家统计局和中华人民共和国教育部数据显示，截至2024年底，我国有1亿多个市场主体和2亿多个受过高等教育的各类专业技能的人才并联4亿多个中等收入群体在内的14亿多人口[①]，上述客观现实构成的超大规模内需市场，为快递业满足潜力巨大、空间广阔的消费需求提供了支撑。随着快递市场的不断发展与完善，作为引领现代服务业发展的"黑马"，我国的快递市场已经呈现国有、民营、外资快递企业共存的竞争格局。根据国家统计局数据计算，2023年，我国快递业业务收入占GDP比重为0.96%，显示出快递业对国民经济增长的强大活力。在当前的竞争格局下，我国以顺丰、圆通等为代表的民营快递公司运作效率较高，从而抢占了一部分发展先机。而随着对外开放，美国UPS、荷兰TNT等国际快递巨头进入中国抢占市场份额，对国内快递企业形成了巨大竞争压力。因此，快递业需要以自身的高质量发展来赋能经济的高质量发展。本书将聚焦快递业，对比分析不同

[①]　中国经济长期向好的支撑条件和基本趋势［N］．人民日报，2025 - 01 - 13（1）．

社会制度下的快递业优势，将快递服务业作为突破流通体系"最后一公里"的跳板，研究我国快递服务业在支撑内循环的同时，如何"走出去"参与更大范围的国际竞争。

第四，发展快递业有助于促进和支持社会就业。快递业在发展现代乡村服务与推动乡村产业高质量发展上大有可为，同时也能更好地帮助贫困劳动力务工就业。习近平总书记在决战决胜脱贫攻坚座谈会上指出："没有疫情或疫情较轻的地区，要集中精力加快推进脱贫攻坚。要优先支持贫困劳动力务工就业，在企业复工复产、重大项目开工、物流体系建设等方面优先组织和使用贫困劳动力，鼓励企业更多招用贫困地区特别是建档立卡贫困家庭人员，通过东西部扶贫协作'点对点'帮助贫困劳动力尽快有序返岗。"①

综上所述，"十四五"时期是我国开启全面建设社会主义现代化国家新征程、向第二个百年奋斗目标进军的第一个五年，也是我国流通领域的重要战略窗口期。2021 年，中共中央办公厅、国务院办公厅印发的《建设高标准市场体系行动方案》（以下简称《行动方案》），这是继《关于构建更加完善的要素市场化配置体制机制的意见》《关于新时代加快完善社会主义市场经济体制的意见》等一系列市场体系改革措施后的又一重要战略部署，《行动方案》的出台对推动我国快递业高质量发展起到了重要支撑与指导作用，体现了党中央、国务院对构建高水平现代化经济体系、市场体系的重视。有鉴于此，要实现流通业高质量与现代化发展，快递业的高质量前行之路还有诸多问题待解决。本书基于新发展阶段与新发展格局视角，在构建一个理论逻辑分析框架下，考察我国快递业市场体系的发展历程，对当前取得的成就，面临的问题、困难和挑战进行分析。继而在遵循这一理论逻辑分析框架的基础上，通过理论和实证研究，对中国快递业市场体系的内外部相关组织、制度环境进行设计，提出切实可行的政策建议，这对于"十四五"时期乃至未来更长一段时间的快递业高标准市场体

---

① 习近平. 在决战决胜脱贫攻坚座谈会上的讲话［M］. 北京：人民出版社，2020：10.

系建设的完善具有一定的现实指导意义。

第二节　相关文献综述

国内外学术界对于快递业相关研究成果视角不尽相同，研究方法也比较丰富，综合来看，主要包括以下几个方面内容。

一、快递企业发展研究

学者对快递企业的研究多从企业管理角度出发，主要包括企业的市场需求、竞争力、发展战略和策略研究四个方面。陈天鹏（2005）对中铁行包快递有限责任公司内外部环境进行分析的基础上，运用迈克尔·波特的竞争战略理论，对中铁行包快递公司发展战略选择进行了分析，提出了"优化运输组织、加强营销网络建设"等战略实施的举措。黄伟（2008）从管理学角度运用波士顿矩阵，对国有快递企业中国邮政速递物流（EMS）发展把握网络与信息优势，同时克服与民营企业竞争短板进行差异化竞争策略。林颖娟（2008）运用聚类分析法对快递服务价格、快递服务时限、快递服务内涵、快递服务品质、快递服务企业等方面构建起需求描述系统。朱敏（2009）运用委托代理理论与夏普利值法分别研究完全协作与部分协作模式下快递企业间的收益分配问题。侯丹（2010）以民营快递主体为研究对象，运用模糊综合评价方法构建核心竞争力评价体系设计，得出服务质量、人才效率、规范流程与政府规制、行业自律是民营快递企业构建核心竞争力的关键。

关于快递业市场主体结构与市场结构方面。耿松涛（2004）对我国快递市场的进入壁垒包括规模经济、产品差别化、必要资本和政策法规壁垒等方面进行分析研究，得出我国国内的快递企业提高其自身的竞争力需要通过加强网络体系的建设、提升 IT 信息网络技术和人才支持三个维度。钟俊娟（2010）测算了快递产业市场集中度指数（CRN），测算结果显示规模经济、进入壁垒、产品差异化和政策法规四个方面作用最为重要，从产业进入壁垒和政府规制两方面入手，能提升快递业市场集中度，进而优化市场结构。李航（2010）依据产业组织理论（SCP）框架对国际快递、国内异地和同城快递三部分市场集中度和进入壁垒情况进行分析，得出快递主体依托服务意识深化提高服务质量，品牌、技术和产业联盟优化行为及绩效是可行的。徐慧、潘旭华（2017）以中美代表性快递企业的比较为基础，总结出我国快递业在产业延伸、市场集中度、从业人员教育情况和服务质量四个方面存在着差异。

二、快递行业总体发展研究

早期国内外学者对快递业的研究体现在行业历程与展望等问题分析上。在国外，阿尔登·哈奇（Alden Hatch，1950）对美国运通公司（American Xpress）发展历程进行梳理，成为研究美国快递业发展历程的基础性文献。罗杰·弗罗克（Roger Frock，2008）以联邦快递（FedEx）为典型案例回顾美国快递企业与物流业发展。在快递行业总体发展研究中，最具影响力的是牛津经济预测团队发布的 *The Impact of The Express Delivery Industry on The Global Economy*（2005），该报告显著特点是以多国真实案例和调查问卷方法为基础，为各个快递相关领域的研究者提供观点与现实应用。

在国内，王俊之（1988）最早关注到快递业经营管理体制相关问题，提出要建立商品化发展的快递业务。李力谋、乔桑（2005）和张兵（2006）对快递业基础理论、快递业操作实务以及快递服务等方面对快递业运行进行了系统梳理，成为国内早期快递业研究的专业书籍。国内专家学者除了在快递业宏观与微观层面进行了解读外，也有部分学者针对中国快递业企业与国家发展战略、策略与目标的关系进行研究分析。董莉（2003）借助二次曲线的模型预测方法，认为现代企业制度、战略联盟与国有快递企业上市是快递业发展的关键。程军（2004）对国有和外资快递公司进行分析发现，快递供给主要由国际快递主体占据，快递主体大发展需要通过规范经营、优化配送、信息化建设和丰富增值服务四大维度出发。张洪斌、赵玉敏（2006）从需求和供给两个角度对影响我国快递市场发展的主要因素及其与快递发展的关系进行了定量分析，认为快递业发展与 GDP 增速、外贸进出口情况、互联网发展等因素密切相关。商务部课题组（2006）认为中国邮政业体制改革是快递产业的发展前提。匡旭娟（2008）通过动态演进分析了快递业网络形态的变迁及其作用机理。徐希燕（2009）采用多元逐步回归法、时间序列法和灰色系统法进行研究，认为快递业与国民经济发展关系密切，发展优势明显。郭淑芳（2009）基于钻石模型分析认为我国快递业竞争力通过加强政府扶持与并购联盟行为是有效的。

此外，国内学者还对快递业发展存在的问题及原因进行了研究。张洪斌（2006）认为中国快递业存在着五个方面问题，分别表现在快递业务准入限制、监管、执法、快递市场主体政策待遇与企业经营管理上。晏敬东（2008）认为我国快递业的主要问题分别是邮政专营范围窄、市场主体待遇较差以及技术水平落后，提出突破我国快递行业发展的瓶颈要着手于规范市场、技术、服务质量和加强企业间的强强联合等方面。

在产业环境和竞争力方面。李谦（2008，2017）运用迈克尔·波特五力模型，对典型民营快递主体战略选择分析，提出快递主体自身差异化发展是提升竞争力的关键。行业内部竞争环境与关联产业是影响快递主体在人才、技术等方面战略选择的关键。常楠（2010）运用 SWOT 分析方法认为民营快递企业优势在于地域、价格、经营机制上；而劣势在技术、规模、管理体制等方面。同时经济发展、信息技术也是重要条件，此外，国际快递巨头与国有快递企业的潜在威胁不容小觑。魏光兴（2010）设立了快递企业竞争力的评估体系，利用信息熵确定权重对 EMS、顺丰和申通等快递企业在市场规模、服务水平、价格水平等指标综合验证，得出市场规模、服务水平和网络水平是影响竞争力的重要因素。王均国（2019）研究了农村供应链问题：（1）农村物流的基础设施受到道路、需求环境的限制。特别在路况、仓储、车辆、加工冷藏综合物流服务等方面的能力较薄弱；（2）农村的物流需求与供给不平衡，农村地区的运营点前期投入较大，不发达经济地区的需求得不到满足；（3）配送网点各自为政，未实现资源、网点共享、"多站合一"的要求；（4）农村的供应链比较松散，也尚未形成稳定的价值链条。他建议要加大农村物流快递体系的系统运行机制，充分结合现有逐渐弱化的农村客运服务网络的支撑。

在快递业人口质量与结构方面。"快递员"在 2015 年已经被正式纳入《中华人民共和国职业分类大典》，同时快递企业的违规行为、快递员自身权益保障也成为关注焦点。龚美华（2015）通过对高校中企业人才需求"订单"式研究，提出符合市场快递行业专业与实训相得益彰的技能型人才，从而更好、更迅速地将人才需求与高校就业有机结合。王秋文、邵旻（2016）针对快递行业中快递员的社会保险缺失、劳动部门的监管不健全与快递员司法投诉困难等问题进行分析，提出构建符合快递员的社会保障体系与法律援助体系，从而实现人才与行业、人才与制度的更好匹配。张程（2019）认为我国快递格局正经历由"量"向"质"的裂变过程，要寻找到快递企业业务横向拓展的新动力，特别要寻求如何平衡不断攀升的劳动力成本与利润。孙静妍、桂华明（2018）在研究快递高速增长的同时，快递企业在业务淡旺季对于一线快递员数量与工作量的不合理调配而产生的快递企业人力资源管理问题，提出通过建立专业输出快递员的供应公司、快递企业人力部门、员工为一体的供应链人才培训，进而提高员工的稳定性和工作效率。张占斌、冯俏彬（2019）指出目前快递行业仍然处于粗放经营、低价竞争的扩张阶段，同时外部监管与政策支持也不适应当前快速发展；而快递行业的快速发展过程中必须着力解决邮政通道与普通通道竞争的税收环境、标准制定与跨境势能发展的不平衡。

快递业与物流业的具体业态存在差异，相应的高质量发展路径也存在差异。商务部研究院课题组（赵玉敏、张洪斌，2006；刘建新，2006）针对快递业的概念、发展现状、行业政策、市场发展、行业定位、快递业与邮政业的关联性等方面展开了系统的研究，在大量的实际调研数据基础上，分析快递业的现状和发展趋势，课题组认为快递业对中国经济的影响日益凸显，特别在促进国民经济产业结构调整、提高出口部门竞争力、扩大就业和推动行业改革等方面影响更为明显，同时针对快递业务准入限制、行业管理体制不顺、快递市场未统一企业管理水平等问题，提出要从完善法规政策、完善政府监管、放宽市场准入、加快结构调整等维度加快实现快递业现代化的进程。季彤（2012）尝试将快递业的发展因素从宏观和微观两个层面进行分析，微观因素影响较大的指标分别为人力资源、基础设施和网络资源，宏观上又受到网络化、工业化、市场化、全球化、运输化程度的影响。任国峰（2013）基于发展经济学的视角，构建计量经济学模型对快递业发展因素进行剖析，认为经济发展与快递企业服务能力是影响快递业发展的两大基本因素。徐慧、潘旭华（2017）立足中美代表性快递企业的比较，总结出我国快递业在产业延伸、市场集中度、从业人员素质和服务质量等方面存在的问题并提出相应解决方案。任隽姝等（2019）以建设绿色物流的维度为起点，通过对国内外典型快递企业的节能减排途径进行研究和探讨，提出快递业绿色低碳高质量发展的相关建议。高志军等（2020）从经济高质量发展的基础理论、研究对象、驱动激励和政策路径等方面对物流业高质量发展进行了系统性分析，认为高端化、信息化、集群化、国际化、生态化和融合化的"六化"和延伸产业链、提升价值链及完善供应链的"三链"是其科学内涵，进而提出采用新技术、衍生新业态、发展新模式及规划新路径等高质量发展的运行思路。

三、快递业发展影响因素与效率测度研究

许多学者和机构对快递行业的发展情况进行评价，以期可以客观反映快递业的发展实际。联合国邮政事务专门机构万国邮政联盟（Universal Postal Union，UPU）定期发布的"邮政发展综合指数"（2IPD）基于对可靠性、通达性、适应性和稳定性四项指标对成员国的邮政系统进行排名，该指标体系还兼顾了送达速度和可预测性、是否有广泛的合作网络、国际

业务量、服务需求水平等因素展开评价。此外，中国国家邮政局发布的中国快递发展指数（China Express Development Index，CEDI）是基于中国快递发展的基本特征和规律展开的量化评价体系，该指数以 2010 年为基期，包含发展规模、服务质量、发展普及和发展趋势四个方面共 11 个指标。杨振华（2019）基于 CEDI 对快递业高质量发展的转型升级路径进行深入探讨并提出相应的对策建议。国家邮政局发展研究中心自 2019 年起每年发布的《全球邮政快递发展报告》则是搜集了全球、区域、国别和企业等维度的数据，对全球邮政快递发展概况进行评价，这对我国的快递业高标准市场体系建设提供了重要参考。

对于快递业影响因素的研究集中在单因素对于快递业的影响，如考虑互联网发展（陈婷等，2021；Elliot Rabinovich and Joseph P Bailey，2004）、电子商务发展（尚扬，2021；冯居易等，2018；欧阳琴，2015；韩军涛，2014）、收派员工工作满意度（Martin F et al.，2021；吕慎等，2020）、客户忠诚度（Shao et al.，2013；Lu et al.，2011）、消费能级提升（苗娜娜，2020）、技术创新（李攀科，2020）、快递服务质量（Wang et al.，2020；Zhong et al.，2020；Rao et al.，2011；Fan and Zheng，2011）等。当然，在单因素的基础上也有对多重影响因素的计量分析，王维婷和黄宝章（2011）选取国内生产总值、进出口总额、社会消费品零售总额等相关数据为指标建立回归模型进行实证，研究各因素与快递业务量的关系。王莲花、牟丹凤（2014）选取了快递业收入、快递业务量、货物周转量、工业产值、批发零售业总额、网络网购快递企业营收规模、贸易进出口总额、交通运输业仓储业邮政业、快递从业人员数量、邮政网点数量等主要因素作为评价对象，采用灰色关联分析方法计算各因素对快递业的关联度。部分学者对快递业的区域性发展对策展开研究（钟静，2008；汤炎非等，2013；Song et al.，2015；宋芳等，2015；孙立霞，2020）等，围绕地区经济发展水平、城市化水平、人力资本情况、外贸进出口、交通基础设施、信息技术和互联网发展程度、市场结构、价格水平等指标，运用灰色关联分析、主成分分析等方法，对不同区域不同时期快递业发展规模、集中程度与空间差异进行了评价。郭明德和李红（2019）选取快递业投资、快递业信息化、快递业基础设施及从业人数等指标，采用空间误差模型（SEM）对我国省域快递业发展因素进行实证并提出相关对策建议。蔡燕琦、石懿（2021）运用层次分析从市场、产业、绿色、平台开放及政府规制五个维度 38 个影响因素构建快递业高质量发展评价指标。这些研究极大地拓展了我国快递行业的高质量发展影响因素的研究。

由于对影响因素的定义和认知上的差异，学者在研究时对快递业发展影响因素的具体研究对象及其计算模型的选择也略有差别，例如，采用灰色关联法（王莲花、牟丹凤，2014；Tang et al.，2015；孙立霞，2020；尚扬，2021）、层次分析法（吴金纺，2010；Fan and Zheng，2011）、主成分分析法（陈婷、薛亮、郑竞恒，2021）、结构方程模型（吕慎、田锋、张乾坤，2020；Zhong et al.，2020）、回归模型（王维婷、黄宝章，2011）、空间计量模型（郭明德、李红，2019）、时间序列模型（冯居易等，2018）、应用空间误差模型（SEM）（郭明德、李红，2019）、二次曲线预测模型（董莉，2003）等。

快递业是物流产业的一个细分行业，较多数学者关注快递业的服务业属性，以提高其网络布局及配送优化（Barnhart C et al.，1996；Armacost A P et al.，2002；Martin F et al.，2021；倪玲霖、史峰，2012；吴义生，2017；姬杨蓓蓓等，2019）。吴金纺（2010）针对低碳经济下的物流业发展因素进行研究，采取层次分析法对政府因素、企业因素、技术因素和社会因素四个维度的 14 个影响因子进行评价，提出了我国低碳环境下的现代物流业发展对策和建议。肖建辉（2020）采用描述性统计的方法对物流高质量发展的相关文献进行系统研究，较为全面地展示了物流业高质量发展的概念界定与内涵、影响因素及其评价体系、实现机理和演进路径。

此外，诸多学者对快递服务质量也进行了测评研究。狩野纪昭和高桥文雄（Noriaki Kano and Fumio Takahashi，1979）从顾客需求角度构建能够获得提升快递服务质量的优先属性模型，即 Kan 满意度和重要度指标，并依此模型来执行决策。潘拉·索拉曼、泽丝曼尔和贝瑞（Parasuraman，

Zeithma and Berry，1985）提出服务质量等式：SERVQUAL 测评分数 = 顾客实际感受分数 - 顾客期望分数，并将等式左边分为有形性、可靠性、保证性和移情性。潘拉·索拉曼（Parasuraman，1985，1991）分别提出了5GAP 服务质量评价和 ZOT 容忍区域模型，与 GAP 服务质量评价模型核心是顾客所期望的和顾客所感知的服务间的差距，他认为服务质量要弥合四个差距：一是未了解的顾客期望；二是不符合要求的服务设计和标准；三是提供服务不合理；四是服务的实施和承诺的不匹配。ZOT 容忍区域模型研究了消费者接受服务的容忍区域。克罗宁和泰勒（J. J. Cronin and S. A. Taylor，1992）服务评价模型是直接度量顾客在感知服务过程中的绩效，去除了差异分析。利詹德和斯特兰维克（Liljander and Strandvik，1994）从关系层面来度量顾客感知服务质量理论，着重研究顾客感知服务质量和感知价值、顾客满意和顾客忠诚以及企业竞争力要素之间的关系。日本学者赤尾洋二（2008）通过 QFD 模型将消费者或者市场的需求转化为对快递服务质量的测度。

四、快递业市场体系完善研究

任国峰（2013）基于发展经济学的视角，构建计量经济学模型对快递业发展因素进行剖析，认为经济发展与快递企业服务能力是影响快递业发展的两大基本因素。任隽姝等（2019）以建设绿色物流的维度为起点，通过对国内外典型快递企业的节能减排途径进行研究和探讨，提出快递业绿色低碳高质量发展的相关建议。

快递业作为直接作用于资源和环境的产业，必须把环境保护和资源利用放在首位，确保可持续发展，这使得学者对快递包装及回收决策方面的研究变得多样化。埃文盖洛斯和尼古拉奥斯（Evangelos and Nikolaos，2011）认为快递回收渠道不完善与成本过高问题，能依托互联网技术与社区快递包装回收利用相结合的新模式解决。刘光富（2013）设计了一种基于便利店的社区再生资源的回收模式结构，利用物联网技术将快递包装回收信息与社区居民储值卡相连接，并同步实现回收物的价值转化为相应账户的可兑现金额。关于促进快递行业的可持续发展而对快递包装物回收体系的研究，朱玛和查尔斯（Chuma and Charles，2015）建议通过激励机制以促进绿色物流理念的推广。迪马乔和雷恩（DiMaio and Ren，2015）建议对废旧快递包装物进行二次开发，促进循环生态的建立。路永华（2016）对包装的创新设计提出易识别、简明、快速、易拆卸，能重复利用的减量化原则。田昀翊、陈耀秋（2018）通过因子分析法建立模型发现，从消费者到生产者都在不同程度上与快递过度包装呈正相关关系。

针对具体企业在降本增效上的具体方法，张哲辉（2005）利用综合评分、系统聚类与层次分析法对快递服务网点的布局进行了相关的定性与定量的数学分析，提出层级集散中心模式和集散中心混合模式的分类方法，并提出快递企业国内服务网点的布局，快递需求量的影响作用要远大于行业竞争，数据模拟结果显示对于快递服务网点的布局以城市综合评分最优。姜艳、关雪（2008）针对快件的揽收和递送环节，以路径成本最小和等待时间最短为目标，建立数学模型对车辆路径优化问题分析决策，认为可以在解决快递车辆路径问题时综合运用扫除法、局部搜索、禁忌搜索、遗传算法等求解基本 VRPTW 的启发式算法。李炳会（2008）研究了多点配送线网优化问题，在蚁群算法中引入遗传操作、修改信息素更新策略等，并成功运用优化后蚁群算法在快递业配送网络优化的实践。张生润（2009）基于数据拓扑关系的理论研究基础，基于快递中转模式、直达模式、主流网络模式的对比提出快递网点布局优化，具体在组网模式、网络结构、节点选择、运输组织等问题逐一论证及具体方案。王之泰（2014）提出应将企业内部管理的内涵融入智慧物流的创新形态，具体可以选择在城镇之间的物流系统、快递服务与运行系统、仓库群、车站等物流节点以及城镇范畴内连锁企业的物流系统。陶瑟夫·艾兹、贾吉特·辛格·萨里（2014）通过 Petri 网方法对"最后一公里"路径的规划进行建模。周林（2016）开发出同时考虑送货上门和客户自提两种模式且终端共享的末端配送策略的集成优化模型及算法，通过实践验证共同配送模式比独立配送模式在降低成本与资源耗费、提高资源的利用率和节能减排方面具有明显优势。袁光辉（2018）提出一种对末端配送一、二级节点进行识别的聚类分析算法，仿真分析结果显示优化后的物流网络对服务范围与运转率提升影响显著。杨东林（2019）通过构建仿真方法证明了中央配单模式的系统效率要高于配送员抢单模式和驻点送单模式。

还有学者对快递业市场体系的构建和完善进行研究。祝健、牛振国（2016）提出从四个方面完善市场监管体系建设，分别是：多部门协作监管、监管信息化水平、市场准入退出机制与完善行业标准法规。张占斌、冯俏彬（2019）认为要实现我国"快递强国"目标，一是要扩大国家邮政局监管范围与监管责任；二是要启动中国邮政集团 EMS 的相关改革；三是要引入中性原则；四是要大力提高跨境通关便利程度；五是要法律上底线监管；六是要推进快递业政府治理现代化。黄伟、蔡远游（2019）通过对我国快递业的发展及其在国民经济中的作用分析后，认为我国快递业发展要契合国际化进程，同时在四个方面提出我国快递服务业新方向：一是走向资本市场，通过外部市场融资，帮助国内企业构建新的思维方式、优化商业结构的同时更加聚焦产业链；二是积极利用政策和行业机遇探索中国快递转型之路；三是依托新基建和资源要素红利把握高效模式；四是把质量作为企业内外发展的可持续之力。冯俏彬（2019）认为新经济背景下快递业的长远发展的突破点主要在以下四个方面：一是互联网环境下实体经济服务精准化的要求会倒逼快递领域业务范围的拓展；二是线上的趋势空间效益深刻改变快递业内涵；三是我国当前农业现代化、乡村振兴的国家战略要求延长快递业的服务深度；四是我国快递业的国际化道路一方面要依托平台组织形式来优化社会资源配置，另一方面还要全面转向智慧物流与绿色物流。焦志伦、马姣易、刘秉镰（2020）在对快递企业的调研数据基础上，用 Raiffa 模型选择与解释快递业和制造业的收益分配与合作稳定性之间的关系，为产业融合的量化分析提供了基础。魏莹（2007）和赵馨（2009）在快递业监管方面认为首先是邮政体制改革的问题，其次是多头监管问题，而德国、英国和俄罗斯等国在其邮政快递监管体制的改革值得借鉴。蔡燕琦、石懿（2022）从市场基础、产业基础、绿色发展、平台及开放、政府规制五个角度构建快递业高质量发展影响因素评价模型指标体系，依据评价结果对市场主体、快递网络、绿色低碳、产业融合、优化政府治理等维度提出快递业高质量发展对策。

快递业竞争主体中不仅包括市场占有率较高的民营企业，还包括发挥国有快递企业公益性作用的邮政快递。徐慧（2017）对中美快递企业的服务质量进行了对比，主要通过安全性、时效性、客户有效投诉率以及快递企业的"最后一公里"派送来考核衡量，特别指出美国快递企业采取的与便利店合作，顾客凭借编码上门领取的方式值得借鉴。吕佳奇（2018）对美国的联邦快递营销模式进行研究，认为我国可以借鉴美国经验，从五个方面发展快递行业，一是促进快递产业的法律规范，二是延伸企业的经营广度与服务种类，三是注重服务质量与员工技能的提升，四是加强在高新技术与信息领域的投入与构建，五是全面构建快递企业的企业文化。黄伟、蔡远游（2019）根据对不同所有制企业的政策待遇研究，发现国内快递企业的整体实力较弱，其中，民营快递企业在一定程度上受到政策制约发展；同时，国外快递企业的加速进入为国内快递服务业带来了双重压力和挑战。

五、研究述评

根据上述研究发现，近些年来，学术界对快递业发展及快递市场相关成因、效果等内容均做了较为全面的分析，对未来快递业发展与改革也给出了不同的政策建议。这些成果为本书提供了良好的研究基础，具体体现在：一是现有研究对快递业历史演进过程的梳理脉络较为清晰、资料丰富，对于当前我国快递业存在的问题基本达成共识，这为本书对快递业历史回顾提供了经验借鉴；二是在已有的研究中，目前学者对于市场体系的概念、内容、属性等理论问题都已达成基本共识，现代市场体系的健全能够进一步发挥市场在资源配置中的决定性作用，也是完善社会主义市场经济体制的基础性条件与前提；三是关于快递业市场影响因素的分析维度较多，既有从单因素的重点研究，也包含多因素、多层次的综合分析，为本书构建快递业高标准市场体系建设的逻辑框架提供了一定的理论参考；四是针对快递业发展中结构效应、服务效益、协同发展，现有分析的研究视角、研究方法和结论也呈现出多元化特点，为本书在相关问题的实证研究上提供了方法选择；五是关于快递业发展政策建议较为客观，一定程度上佐证了本书的研究正确性与可取性。

目前有关快递业的研究还存在一定的不足之处。第一，学者对于快递业发展的相关研究还停留在相对宏观的层面，对影响快递业发展的具体因素的研究和评价相对滞后且不充分。第二，当前多数研究中的影响因素评价指标多为统计年鉴中的经济指标，不够全面且针对性不足。在快递市场体系基本理论问题的研究上，能够将市场体系理论与快递领域相结合，并系统地、有针对性地对快递业高标准市场体系基本理论问题进行研究的学者较少。当前关于快递市场基本理论问题的研究主要集中在以下两个方面：一是快递市场体系的基本特点；二是政府与市场在快递市场体系建设中的必要性。但是上述要素发挥作用的机制与运行机理并未得到深入研究，尤其是在现实中如何操作更是面临困境。同时，这也是当前快递业高标准市场体系建设面临的棘手问题。

首先，在快递业市场要素的研究上，近年来对快递市场要素进行系统性研究的较少，多数研究集中在快递市场要素的具体层面。在快递市场监管体系的研究上，多数学者已经普遍认同建立快递市场监管体系伴随着快递业市场体系建立与运行的全过程，能够为快递业市场体系的宏观管理提供可靠依据。其次，在研究方法上，对于快递业发展的评价方法多以计量经济学的回归模型为主，无法全面客观地满足快递业发展的主要影响因素评价需求。最后，对快递市场发展多从传统的消费品、劳动力、资本、产权、技术与土地市场分析，落脚到快递业的市场体系构建研究则较为缺乏深入的分析，也未能给出适配行业发展的具体性建议。综上所述，当前学术界主要对快递业配送网点与路径优化、服务质量评价等进行研究。更进一步，我们应站在更高的视角，结合构建新发展格局的时代背景，来构建更高标准的市场体系以适配快递业发展。因此，本书尝试克服当前研究中存在部分不足，在借鉴前人研究的基础上，构建我国快递业市场体系运行机理和逻辑框架，总结快递业市场体系建设取得的成效与存在的不足，进而根据其运行机理与逻辑框架提出我国快递业高标准市场体系建设对策建议，力求为新发展阶段我国的快递业市场体系构建提供有益参考。

第三节　本书研究方案

一、研究内容

本书在马克思主义经济学相关原理基础上，首先，结合中国特色社会主义政治经济学相关理论，在现代化物流体系、高标准市场体系与优化国家治理体系的新时代背景下，重点剖析快递业高标准市场体系"四维七元"的运行机理与逻辑框架，而后考察和揭示我国快递业市场体系历史演进、实践困境与成因。其次，对我国八大经济区域快递业市场运行效率及影响因素进行实证分析，同时对发达国家快递市场实践进行研究。最后，根据理论与实证分析结果，从建构我国快递业高标准市场体系的目标、总体思路、基本原则以及具体对策的维度给出相应的政策建议。

具体而言，本书分为四个部分。

第一部分包括绪论、第一章。首先，介绍本书的研究背景、研究意义、对国内外快递业相关研究文献进行归纳梳理，而后阐述本书研究方法、思路与研究框架。其次，对快递业市场体系相关概念进行界定，重点梳理马克思主义政治经济学与中国特色社会主义政治经济学相关理论，以及西方经济学相关理论。

第二部分包括第二章，就快递业高标准市场体系运行机理与逻辑框架进行分析。将快递业高标准市场体系建设问题作为一个系统分析，对其内涵特征进行界定，进而从深层次讨论快递业高标准市场体系建设的本质问题，深入考察快递业高标准市场体系运行机理与"四维七元"逻辑框架。

第三部分包括第三章、第四章、第五章、第六章。首先，对中国快递业市场体系发展历史回顾和成就考察，分别为：快递业产业雏形期（1952～1978年）、快递业培育成长期（1979～1992年）、快递业市场体系探索改革期（1992～2012年）、快递业市场体系内涵提升期（2013年至今）四个重要发展阶段。通过对快递业市场体系每一个阶段的发展进行分析，试图探索总结快递业市场体系发展的历史规律。其次，在深入分析我国快递业市场体系建设现有成就、存在问题及原因后，利用Malmquist指数的DEA模型就2006～2020年我国31个省、自治区、直辖市的市场投入产出关系进行分析。最后，在研究国外发达国家快递业市场体系实践的基础上总结其特点并借鉴其经验。

第四部分为第七章、第八章、第九章。根据前文理论、实证与现实考察的结果，提出快递业高标准市场体系发展的目标、原则、重点环节与实施步骤的总体思路，分别对前文提出的关于快递业高标准市场体系中的市场要素协同、市场协同、产业协同与区域协同发展提出具体措施。最后，总结了研究结论和不足之处。

二、研究思路

本书研究的主体是快递业，对象是高标准市场体系建构以及相关影响因素，既包括政府、交易相关方，还包括主体与客体之间的相关关系，更进一步指出快递业高标准市场体系发展的内在逻辑与规律，同时还要对限制条件，即中国特色社会主义市场经济这个独特的情境下的快递业现状予以分析。具体对快递业所有制结构、市场结构、产业基础、市场行为、政府规制等核心环节及其协同作用进行研究分析。

在当前市场经济环境下，快递业从整个市场经济体系看，是物流行业中的子体系，但是这个子体系本身又是一个独立的行业，由大大小小的企业组成。构建我国快递业高标准市场体系，一方面需要企业按照市场规则自主地进行科学决策，另一方面需要政府进行引导和规划。在微观企业层面，诸多企业已经能够基于利益驱动引导自身的市场行为，因此，企业会尽力构建自己高效的市场体系。但是，企业会为了自己的利益，在决策与实践中伤害相关利益者的利益，因此，快递业市场体系的建立需要政府创造一个公平高效的竞争环境。高标准市场体系的构建能够推动高质量发展，高质量发展需要立足新发展阶段，贯彻新发展理念，构建新发展格局，完善所有制和产权，优化市场结构，厚植产业基础，提高服务水平，优化政府治理。本书把相关关键词纳入市场体系的建立过程之中，形成本书的研究框架（见图 0－1）。

三、研究方法

本书以马克思主义经济理论和唯物辩证法为指导，运用逻辑与历史相统一、定性与定量分析、规范与实证分析相结合等具体方法，对新发展格局下我国快递业高标准市场体系建设的理论和实践进行了较为系统的梳理和探讨。在遵循唯物辩证法和整理现有我国快递业相关资料的基础上，依据客观材料，在我国构建快递业市场体系的实践中，从现象与本质、形式与内容上考察其内在联系，力图从快递业市场体系质的内容与量的变化上探索新发展格局下快递业高标准市场体系建设的若干方面，进而在这一理论框架下，提出较为合理的政策。本书在写作过程中采用的研究方法包括以下三种。

（一）逻辑与历史相统一的方法

一方面，通过对快递业相关概念、高标准市场体系判断等形式研究快递业市场体系发展与构建的本质特点，研究其不同发展阶段的规律性；另一方面，按照快递业高标准市场体系历史发展进程探索其规律性。研究快递业高标准市场体系建设问题，需要在分析我国快递业市场体系历史发展和流通理论发展相关基础上，通过研究我国快递业市场体系构建过程中的新特点，找出影响高标准发展的症结所在，并根据不同维度提出快递业高标准市场体系建设的具体思路。

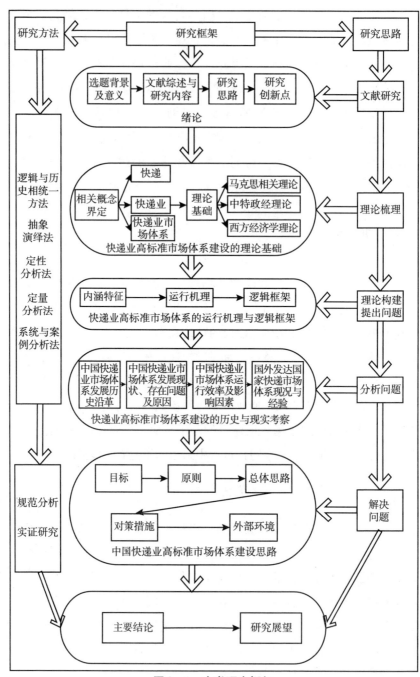

图 0-1　本书研究框架

（二）定性与定量分析、规范与实证分析相结合的方法

本书在快递业高标准市场体系内涵、特征及其相互关系分析的基础上，探寻快递业高标准市场体系运行机制和一般性规律的同时，运用统计数据、图表与统计学定量分析工具，增强对快递业高标准市场体系分析结果的可靠性。除了客观描述快递业市场现象外，总结快递业市场体系的定义，进一步探索构建快递业高标准市场体系理论框架，厘清快递业高标准市场体系的概念。本书在分析我国快递业高标准市场体系基础、运行机制与逻辑、影响因素和"四维七元"具体方面的过程中，将规范分析和实证分析进行了一定的结合。

（三）系统分析法与案例分析法

本书对马克思主义经济学相关文本进行研究，结合中国知网 CNKI 数据库、GOOGLE 学术等文献资料，对中国快递业相关领域发展实践文献进行梳理，并综合运用马克思政治经济学、中国特色社会主义政治经济学与其他经济学相关理论，将快递业市场体系作为一个研究系统，对其内涵、产生机理、运行逻辑等进行系统分析，全面把握快递业市场体系发展规律。此外，通过研究我国快递业龙头企业与国际上欧洲、美洲、亚洲的发达国家快递业发展的主要做法和经验，找出适合中国高标准市场体系建设的借鉴经验，找到中国快递业高标准市场体系发展的支撑点。同时，通过对行业内专家的深度访谈、实地调研等方式了解我国各类快递企业在快递业发展过程中遇到的问题及成因，这些调查研究分析可为我国快递业高标准市场体系建设找出当前面临的问题和背后产生的原因，在客观数据基础上对书中提出观点进行佐证。

四、本书创新之处

从政治经济学视角分析快递业高标准市场体系建设问题本身具有较强

的系统性与针对性，一方面需要通过对其发展与历史经验的总结，分析现实的具体问题；另一方面既需要高度概括源于历史的快递业实践性的理论依据，还需要根据相关理论指导具体实践，进而提出较为合理的政策建议。本书创新之处主要在于以下三个方面。

一是分析并提出快递业高标准市场体系运行机理及其逻辑框架。本书将流通领域中发展迅猛并具有现实意义的快递业单独分析，对快递业高标准市场体系内涵、运行机理等进行了梳理与分析，提出了快递业高标准市场体系"四维七元"的运行逻辑，围绕要素协同、市场协同、产业协同、区域协同四个维度，基于基础制度、市场结构、基础设施、组织形式、产业融合、对外开放、政府规制七个元素研究其相互间协同发展情况，既有各环节的内部协同，又有各环节之间的外部协同。其中，要素协同包括制度基础、企业组织形式、基础设施建设，要素协同是快递业市场体系由低阶向高阶状态转入的驱动点；市场协同包括市场结构与政府监管，二者是快递业高标准化建设路径的中介；产业协同是快递业与关联部门或产业的协同与融合，是贯穿快递业高标准市场体系建设的逻辑主线；区域协同是城乡区域、经济区域、国内外区域的协同发展，基于政府规制的有序开放而达到高阶状态的逻辑终点。这四个维度相互交织、相互作用，最终形成复合上升结构。在分析快递业高标准市场体系逻辑框架的基础上，本书结合快递业市场发展实际和国外快递业市场发展经验，对构建快递业高标准市场体系做了初步尝试，以期克服当前对快递业发展零碎、偏重某一方面探讨的局限。

二是目前学者对快递业市场运行效率实证研究虽有涉及，但缺乏对上市快递市场主体的动态分析。本书运用 DEA – Malmquist 方法对快递业与上市快递公司的动态效率进行研究对比分析，对快递业协同发展作了初步探索，试图突破对快递业内部或某一方面探讨的局限性与表面性，通过案例分析我国"快递 + 电商""快递 + 铁路"现状以及影响快递业协同发展构建的各种因素，探寻"快递 +"的底层支撑模式构建，对全面推行快递业协同发展模式与步骤进行了有益探索。

　　三是明确我国快递业高标准市场体系的发展战略及路径，强调在发展目标、总体思路、主导力量、涵盖领域、重点环节等方面调整快递业生产关系，形成中国特色的快递业高标准市场体系建设模式与路径。提出快递业存在区域和供需结构不匹配矛盾，需要进一步激发不同所有制市场主体的活力，特别是深入推进快递业混合所有制改革，同时激发民营快递企业的内生动力。而对不同市场运行效率的经济区域，要根据国家发展战略，依托企业优势差异化布局，着重支持邮政和混合所有制改革后的市场主体在欠发达地区的普惠服务，依托国有快递企业的战略布局进一步提升快递业的非经济价值。通过企业规模与技术效率的提升，做大做强各类快递市场主体，推进快递业高标准市场体系全球化发展，从而实现企业利益与国家利益相统一。

第一章　概念界定与理论依据

为进一步准确把握和深入研究快递业市场体系建设问题，本章首先对快递及与之相关的基本概念进行明确界定，同时基于马克思主义政治经济学、中国特色社会主义政治经济学和西方经济学相关理论对快递业高标准市场体系建设的经济学本质进行阐述。

第一节　相关概念界定

一、快递

（一）快递与物流

1. 快递的内涵

快递业是伴随着我国市场经济与现代服务业不断发展而出现的一个新兴的行业。对快递业的界定是非常重要的，快递这一概念起源于 20 世纪 60 年代末，是诞生于美国的新行业。世界贸易组织（WTO）在《服务贸易总协定》中按照联合国集中产品分类系统（CPC），将快递服务（CPC7512）定义为："除国家邮政当局提供的服务以外，由非邮政快递公司利用一种或多种运输方式提供的服务，包括提取、运输、递送信函和大小包裹的服务，无论目的地在国内还是国外，这些服务都可利用自有和公共运输工具来提供"①。我国也有明确规定："快递服务（express service, courier serv-ice）就是快速收寄、运输、投递单独封装的、有名址的快件或其他不需储存的物品，按承诺时限递送到收件人或指定地点并获得签收的寄递服务"②。

有的学者认为快递是指文件、包裹和物品的快速递送服务，本质上属于服务业，即第三产业③。也有的学者认为快递是快递企业收取寄件人托运的快件后，按照寄件人要求的时间，以最快的速度将其运到指定地，递交指定的收件人；掌握运输、派送过程的全部情况，并能向有关人员提供即时信息查询的门到门服务④。还有的学者认为快递是"将信件、包裹、印刷品等物品按照封装上的名址递送给特定人或者单位的活动，包括收集、分拣、运输、投递等环节。⑤"综上所述，我们可以看出，虽然国内外的组织和学者对快递业定义不尽相同，但其本质是相同的。快递是以文件、包裹和物品为对象，以时间敏感性为核心，通过多种交通方式组成合理的运输路线，运用专门工具、设备和信息服务系统，在承诺时间内快速地将特定物品运达指定地点或者目标客户手中的"点到点"物资流通活动。

2. 物流的内涵

根据国内外相关组织和学者的研究，对物流的定义主要有以下几种。

（1）美国物流管理协会⑥2003 年（Council of Logistics Management）修订后的定义："物流（Logistics⑦）是供应链管理的一部分，以满足顾客的

---

① 世贸组织官网：https：//www. wto. org/search/search _ e. aspx? search = basic&searchText = cpc&method = pagination&pag = 0&roles = % 2cpublic％2c。

② 中华人民共和国邮政行业标准 – 快递服务［EB/OL］. http：//www. spb. gov. cn/，2008 –01 –01.

③ 中国快递市场发展研究课题组. 中国快递市场发展研究报告［M］. 北京：中国经济出版社，2006：3.

④ 朱溪亭. 快递业务与运营实务［M］. 北京：北京理工大学出版社，2018（3）：13.

⑤ 于宝琴主编. 电子商务与快递物流服务［M］. 北京：中国财富出版社，2015（1）：4.

⑥ 2005 年，该协会更名为美国供应链管理专业协会（Council of Supply Chain Management Professionals，CSCMP）。

⑦ "Logistics"一词，最初由美军少校琼西贝克提出，原意指"军需后勤供应"。我国的英汉词典译为军事术语"后勤学"；日本人译为物流，即"实物的流通"。我国的"物流"则是从日语翻译过来的。

需求为目标，对商品、服务和相关的信息从发生地到消费地有效、合理流动和存储而进行计划、执行与控制的过程。"

（2）在我国，最早是在 20 世纪 70 年代末从日本引进"物流"一词。后在 2006 年的国家标准《物流术语（修订版）》中，我国对物流的定义修改为："物流是为物品及其信息流动提供相关服务的过程"。

进入 21 世纪以来，随着企业竞争焦点扩大到非生产领域和服务质量领域，从物流概念的提出到健全物流学科、如何降低物流成本和物流供应链体系，再到物流产业群即现代物流经济的形成，经历了漫长的发展过程，也对现代物流全面发展提出了新要求。总的来说，随着我国国民经济的不断发展，现代物流体系的建设对于物流的定义也不断赋予新的内容。一是不再单纯以货为中心，而是逐渐转向以客户为中心；二是从为非固定客户提供的共性化服务转变为固定客户提供的个性化增值服务；三是借助通信技术与数字化技术，扩大网络规模；四是从单纯运输转变为仓储一体、加工、包装、产业链等逆向物流服务。

3. 快递与物流的关系

在商品经济充分发展的前提下，随着社会对"实物流通"的多样化和个性化需求内涵的不断扩大，传统运输方式不再满足市场需求，快递和现代物流逐渐成为市场经济的必然选择。于是，在研究快递之前，需要先理顺快递与物流的关系，这也是在快递业务发展过程中必须要回答的问题。通过以上对快递与物流的定义与内涵，从表面上看，快递与物流都是实物的空间位移，但是从我国国民经济类别的划分上看，快递属于邮政业，拥有实物通信的性质，物流则是提供与生产、生活相关的物资资料供应。具体来说，二者存在显著差异，具体如表 1-1 所示。

表 1-1　　　　　　　　　　快递服务与物流服务的区别

序号	服务内容	快递服务	物流服务
1	服务形式	点对点，门到门	形式不限
2	封装要求	附有本企业专用标识的封装要求，包括封套、包装箱、邮袋，每件必须单独封装	无特殊要求，符合运输标准与要求即可

续表

序号	服务内容	快递服务	物流服务
3	内件性质	严格执行禁限寄递物品规定	符合运输要求框架下无特殊要求
4	受理方式	填写并确认快递运单	需要签订运输合同
5	重量要求	每件重量不超过 50 千克	不超载范围下重量不限
6	规格要求	每件包装规格任何一边的长度不超过 150 厘米,长、宽、高三边长度之和不宜超过 300 厘米	规格不限,不超高、宽即可
7	资费标注	按照不同重量收费,价格较高	价格适中
8	作业方式	收寄、运输、分拣、投递、无需存储	运输、存储皆可
9	时限要求	快速、及时,不超过 3 天	双方协商约定,周期较长
10	业务定位	国际:世界贸易组织 WTO 相关协议、联合国《万国邮政公约》 国内:《邮政法》《邮政法实施细则》等	国内:《中华人民共和国道路交通安全法》《道路运输管理条例》等
11	市场准入	经营邮政通信业务许可	经营道路运输业务许可
12	体系标准	执行《快递服务》标准(编号:YZ/T0128 - 2007)	执行物流标准规范化的相关规定
13	享受政策	税收、道路通行等国家规定相关政策	执行服务业政策或其他政策
14	政府规制	邮政管理部门	交通运输、流通管理、综合管理部门
15	名址要求	每件都需填写收、寄件人	不需要每件都填写名址
16	国家定位	邮政业属于国家重要的社会公用事业,邮政网络是国家重要的通信基础设施	服务业中的一项业务

在这里,需要商榷和说明的是,随着快递业的不断发展,特别是受新冠疫情的影响,快递业也在不断提升与整合,快递与物流之间在实际市场发展中的界限已经没有这么明确的界定,随着社会经济的逐步发展,快递与物流相互交织、相互融合。从图 1 - 1 中,我们可以更为直观看出,快递

是物流服务链条上的一个环节，快递从属于物流，其本质上是实物流通的一种形式。二者之间关系体现在以下五个方面：

（1）快递是物流业的高端服务，是物流连接生产、分配、交换、消费环节中，随生产而产生的独立部门；

（2）快递业对国民经济与全球经济的贡献，凸显了快递业在社会效益与经济效益上的双重意义；

（3）快递企业是物流企业的重要类型，并且在一定条件下快递企业能够转型发展为快递物流企业；

（4）快递服务是物流环节和服务内容的拓展与延伸；

（5）快递智能化、数字化与国际化是物流综合技术的集中体现。

图 1-1　快递与物流的关系

同时，物流市场的充分发展，也为快递业的发展创造了良好的外部经济环境，一方面，快递增值服务因物流需求的增长而拓展了空间；另一方面，物流技术进步也为快递业转型接轨提供了基础。更为重要的是，随着现代物流体系研究的深入，物流技术进步为中国快递市场主体迈入全球供应链体系找到了切入点。

（二）快递与邮政

虽然我国快递业是在改革开放以后发展起来的，但是快递在其本质上与邮政业有着紧密的关系。在我国国民经济的分类中，交通运输、仓储和邮电通信业为一大类，快递业和邮政业均属同一大类，二者关系见图 1-2。但是二者在实际发展过程中又显示出各自的特征。

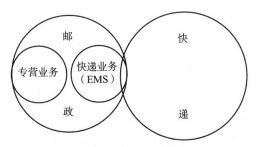

图1-2 快递与邮政的关系

首先，在性质上，邮政的快递服务不仅具有市场属性，它同时还要具备社会公共服务的公共属性。根据万国邮联的规定："邮政的普遍服务包括履行国家义务的对部分信函的专营，以实现国家保障公民用邮的义务，同时确保公民的基本通信需求①"。这里的普遍服务具有统一规范、低价普惠的特征，特别是在实现其公共属性时，国家会对其给予相关的优惠措施与补贴。同时，我国的快递服务（包括邮政改革后的 EMS）是我国市场经济发展的产物，这类快递服务是为社会有相关需求的个人与企业提供的商业服务，具有竞争性与商业性。

其次，除了邮政特殊服务以外，邮政的普遍服务与快递服务也存在一些区别，具体来说有以下几个方面。

一是经营范围差异。邮政普遍服务以私人信件、包裹为主；快递服务以商务往来文件、资料和小型物件为主。

二是服务对象与标准的差异。邮政普遍服务的对象是社会大众，满足其基本通信需求，受万国邮联的标准化与统一化要求约束；快递服务则是满足部分社会成员的个性化寄递需求，更注重时效性与便捷性。

三是服务标准差异。快递服务比邮政普遍服务更注重客户的个性化需求，此外，在传递渠道上也存在差异。国内邮政普遍服务通过邮局之间的网络连续投递而完成，国际邮政普遍服务在万国邮联的协议框架下进行；非邮政的国际与国内快递服务则是依托快递企业自身的国内、国际网络布

① https://www.upu.int/en/Home。

局以及相应的航空等代理货运公司进行。

四是定价机制差异。邮政普遍服务的定价遵循的原则是万国邮联关于所有人均可接受的低价原则,并且资费标准是统一的;快递服务的定价是企业遵循市场与供求规律,并依据市场条件变化而调整的。

五是政策补贴差异。为了确保邮政普遍服务公共性的实现,国家对邮政开展的普遍服务给予各项优惠政策,包括税收、邮政车辆通行便利、报关便利以及邮政扩大经营范围的专项补贴;快递服务则需各快递企业遵循公平竞争的原则与法律框架下依法经营与纳税,不享受国家特殊补贴。

六是企业经营规则差异。开展邮政普遍业务的企业属于国家事业单位,实行企业化管理,在企业出现亏损时,国家会对其进行补贴,并且企业员工有相对稳定的收入;快递服务企业按照市场规律,自负盈亏、优胜劣汰,同时快递员工的收入由企业效益营收状况决定,具有不稳定性。

二、快递业的内涵与特征

(一) 快递业的内涵

国内外组织和学者对快递业内涵都有不同的界定,但是其本质是相同的。根据 2003 年国家统计局对三大产业的划分,我国把快递业定位为第三产业,属于服务产业的范畴,并且包含于交通运输、仓储和邮政业下。但是由于产业构成的不断变化,邮政业内部出现了细分的产业分类。此外,我国国民经济行业分类标准 (GB/T4754 – 2017) 把快递服务归类在邮政业统计条目下,未对快递业进行单列。而在经济运行中,快递业作为新兴产业,其包括国营快递 EMS、国营非 EMS 快递、民营快递企业与外商快递等承运方,以时间为服务的核心要素,通过各自运输网络提供指定件寄递的服务活动。

快递业属性界定问题是快递业理论研究的起点,国内学者对此也存在一定争论。对于快递行业定位争论的焦点在于快递业务与邮政业务的联系与区别。中国快递市场发展研究课题组（2006）认为，我国快递业能够迅猛发展一是因为其是改革开放后外向型经济转型的产物；二是其发展依托我国已有的交通运输业外部环境和信息技术的普及。此外，由于寄递服务的内在性质决定了快递业是具有市场竞争性的业务，因此快递业具有排他性。邮政寄递业务在政府专营体制下是非竞争业务，具有公共产品性质。也有学者认为，快递业迅猛发展，快递企业进入供应链上端物流的竞争领域，快递物流成为行业发展新词汇。例如，肖艳（2019）认为快递是现代物流的核心环节，快递是现代物流的重要研究客体。

不可否认，上述学者所界定的概念范畴对本书理解快递的概念具有重要启示。快递需求是衍生需求，服务性是快递业的基本属性，同时快递服务是物流的精品化服务，运输是现代物流活动的核心，快递是运输的核心环节，因此快递就成为现代物流的重要研究客体。快递业具有促进经济与社会发展两重作用。

在经济上，首先，快递不仅对加快流通、便捷消费与推动经济产业结构调整产生正向作用，也在提升整个国民经济运行效率与质量上起到了关键作用，特别是电子商务的迅猛发展，快递在其中起到不可替代的作用，并成为畅通国民经济的基础性与先导性产业。其次，快递业加速了发达地区与不发达地区、农村与城市间经济的联系，成为不同区域协调发展的纽带和桥梁。最后，快递在国际贸易领域已跃升为相关供应链服务的重要组成部分，在全球范围内提高了供应链的运行效率和质量，一定程度上解决了生产企业远离主销市场的空间劣势问题。

在社会发展上，快递业具有更多的社会效益。第一，快递业是劳动密集型行业，能够创造大量就业岗位，吸纳更多就业。第二，快递业促进文化、教育、科技等知识和信息的传播。第三，快递业在后小康时期全面实现我国乡村振兴中，对农村和城镇一体化建设有正向作用。第四，实践证明，快递业在重大公共安全事件中具有支持和抵御各种突发状况，快捷提供救援物资和恢复保障正常生产、生活秩序的作用。第五，快递业还能为社会特殊群体提供上门运送服务①。

(二) 快递业的特征

通过对快递的内涵与相关概念的界定，可以看出，快递作为先进的生产力，它既与传统运输、邮政存在联系，在新发展阶段又有自身特有的特征，快递业的基本特征表现为以下九点。

(1) 快捷时效性。时效性是快递的本质要求，也是快递业最显著的特征之一。在快递服务中能够满足客户在不同时段的限时服务需求，突破和克服传统寄递的理念与运行机制的束缚。

(2) 网格化。具有一定资质的快递企业，具备包括国际国内的运输网络、操作网络、信息网络与结算网络覆盖。通过上述横向各网络的连接以实现快递同频发展的网格化协同系统。快递网格化发展一般与经济发达区域紧密相连，在网络覆盖范围上虽然不及公共邮政，但是快递业服务网络效率更高。

(3) 安全性与数字信息化。在快件转运过程中，如果出现快件的丢失、损毁、信息内容的盗取，或是传递易燃易爆物品，不仅会给消费者带来巨大损失，甚至将危害国家安全。因此，安全性成为快递业又一重要特征，同时也是消费者和行业发展对快递业的现实要求。一方面，随着信息技术的不断升级与优化，特别是5G、数字化、智能化的深入应用，快递过程被及时、有效的监管，使快递业服务质量提升有章可循，通过快递环节标准化、信息化、数字化，实现收、派、分、装、转、录、查、算等各环节的流畅，利用紧密的信息和数字化系统对递送物品的全程监控，以确保最大限度的寄递安全。另一方面，在疫情防控和经济社会发展背景下，医疗物资、生活必需品与政府储备物资等运输畅通需求尤为明显，快递业在维护人民正常生活生产秩序上具有稳定器作用。

(4) 融合性。快递企业不仅需要通过构建自身的交通、信息的网络化，在现代化经济体系中，作为依托于其他产业的服务业，快递业延伸横

---

① 杨清，覃伟赋. 快递管理实务 [M]. 北京：冶金工业出版社，2017：11.

向、纵向的价值链板块，横向服务于制造业、农业；纵向延伸至快递物流等产业链供应链的全链条板块。特别是电子商务的发展，使电商市场成为快递业的主要服务市场。

（5）综合性。快递业高标准高质量发展，不仅是快递业相关企业的发展，还涉及包括政治、经济、技术、运输和自然地理环境的影响，并且还需要综合统筹区域发展、城乡协调、环境协调等要素的综合性发展，快递发展速度与规模成为衡量区域与城市发展的先行指标。

（6）多目标性。快递业发展除了实现其经济效益、社会效益、消费者效益外，还要注重绿色快递的可持续发展，特别是要做到对生态环境的保护和对资源的节约，形成社会、企业与个人的经济效益、社会效益、消费者效益和生态环境效益的四维统一。快递业定价权由企业决定，体现了市场经济的竞争特性，也回应了企业经营盈利的经济诉求。正是由于快递市场的发展，很大程度上解决了民生就业问题，创造和拉动了大量的就业岗位，从而促进了国民经济的发展。这不仅能更好满足人民日益增长的美好生活的需要，更加突出了快递业先导性、基础性作用，也为快递业附加了社会性与绿色性。

（7）全球竞争性。与传统的运输服务相比，与电商平台充分协同发展的快递投资回报率较高，这也正是诸多企业、个人和外商看好并竞相分割中国快递市场的重要原因。

（8）规模经济。经济学上的规模经济是指由于生产规模的扩大引起的经济效益增加的现象。具体到快递业来说，当快递运输配送网络、企业规模达到一定程度，各类仓储资源的综合运用能力越高时，随着规模的扩大，其成本越低于行业平均水平，特别在成本相对固定的运输、中转环节，随着快递分拣与运输效率大幅的提升，能够使业务量增加并形成规模经济效应。郭云、谭克虎（2015）指出，快递业的网络和运输资源对快递业实现规模经济是最为关键的两部分。也正由于快递业规模经济特征，其依托的庞大基础设施与网络构建又使快递业具有重资产的特性，这就需要在正确认识和把握快递业资本特性和规律的基础上，完善快递市场准入、强化快递市场监管与支持、引导快递业资本的规范发展。

（9）与其他产业的关联度高。快递业近几年的飞速发展，不仅对畅通国民经济循环的支撑能力不断增强，还在物品传递、信息交流、文化传播、资金融通、国家战略等方面将其多功能性和多种特性相整合，业务涉及包括生产、消费、投资、流通等多个领域和行业，使快递业直接和间接地拉动相关产业发展。

不可否认，快递业实际上是在各国政府不断放宽和调整涉及快递业发展的各种规章制度中成长起来的。在新发展阶段，快递业的规模经济与日俱增，成为现代物流体系不断发展和完善的客观需要。因此，本书在总结快递业相关发展的实践基础上，竭力上升到学术高度，用马克思政治经济学的方法和相关理论进行分析、归纳和演绎，力求在现代物流研究中进一步推进有关快递业的相关研究。

三、快递业市场体系

快递业市场体系作为我国社会主义市场经济的市场体系组成部分，同样也具有市场体系的基本属性。本书对快递业市场体系定义为：该体系是一个由制度基础、市场结构、基础设施、组织形式、产业融合、对外开放、政府监管七要素共同构成的系统。具有高效、创新、融合、竞争、持续、开放、动态的特点，最终能够推动快递生产力和生产关系的变革。

制度基础指产权结构，即财产所有权，从内涵上看，是指所有人所享的对财产的所有、占有、支配使用与收益等具有排他性的权利，是财产主体围绕财产这个客体形成的经济权利和利益关系。《中华人民共和国民法典》第二百四十条规定："所有权人对自己的不动产或者动产，依法享有占有、使用、收益和处分的权利"。而在社会科学领域，产权理论最早是由马克思创立的。马克思在《关于林木盗窃法的辩论》一文中针对德国西部广大农民去被贵族地主霸占的森林和草地捡拾枯枝而被莱茵议会裁决为盗窃背后的经济问题进行初步的分析。区别于西方经济学中从产权的人与人之间的关系角度研究经济关系，马克思主义以产权关系为基础研究经济关系，认为财产权不仅包括所有权，还包括占有权、支配权、经营权等。马克思主义认为生产力决定生产关系，产权制度是生产关系的核心内容，产权是中国特色社会主义基本经济制度的根基。自1979年以来，在不改变社会主义性质的前提下，我国在法律层面对财产关系和经济层面对生产关系进行有利于生产力发展的改革与调整，在快递业产权制度建立方面也进行了相应的理论创新与改革探索，包括快递企业产权制度的形成与发展，以及快递业产权制度拓展外延到知识产权与自然资源产权的范畴。

市场结构既指构成快递业市场体系各要素之间的内在联系及特征，也指快递市场内竞争主体之间（包括卖家之间、消费者之间、消费者集团与卖家集团之间）的关系。同时，市场结构的变化也对快递市场行为与快递市场运行绩效产生深刻影响，具体包括快递市场主体的构成、业务量、业务收入、业务结构、区域结构、市场集中度与市场绩效。

快递业基础设施是快递活动中最基本的载体，也是快递各环节衔接与完成交付的最主要组成部分。本书对快递业基础设施的现状分析主要从人力资源水平、运输能力水平、仓储网络水平、末端服务能力、科技与服务创新能力以及资本运营能力六个方面入手。

组织形式是指快递业市场体系中市场主体采取的企业组织形式及经营机制。在完善产权制度的基础上，有效的公司法人治理结构是现代企业制度的关键环节，在保证邮政专营的前提下，如何提高各类快递市场主体的管理效率与企业竞争力，如何全面协调与有效制衡企业治理结构，成为快递企业组织形式新发展的探讨课题。

产业融合指将快递业与其他产业的深度融合协同发展，通过技术进步、市场开放和制度创新等手段，推动不同层次的产业在同一产业链或是产业网中相互渗透，从而实现高端带动低端、纵向带动横向，实现产业升级的发展模式。其具备两个特点：一是具有外部经济性，能够在快递业协同发展平台上产生与金融、供应链、电商与快递物流服务等有关的经济行为。二是具有可持续性，形成商流、信息流、资金流、快递物流和人才流的快递业协同发展平台模式生态圈，各方利益在协同发展平台体系的支撑下实现。当前，快递业的高标准市场体系发展处于新阶段，快递业市场体系发展从培育到成熟、从无序到高速扩张，已进入快递业生态重构阶段。因此，"快递+"成为快递协同发展平台模式在此阶段的原始公式，具体可以扩展为"快递+电商""快递+综合运输"快递业信息平台和快递业集约组织运作平台。

对外开放是我国快递企业走向国际市场、挖掘市场潜力的重要途径。我国从2020年开始实施"快递出海"工程，鼓励快递物流企业和先进制造业企业协同出海，建立自主可控、安全可靠的国际寄递物流供应链，支持快递企业发展海外业务。此外，《"十四五"邮政业发展规划》进一步明确服务"一带一路"建设，落实RCEP等多边协定的重点方向，重点巩固提升国际寄递枢纽能力，发挥公铁水航等多式联运的作用，更好增强国际寄递网络连通性和稳定性。

政府监管指的是政府对快递市场的监管，简单来说包括对快递市场的经济性监管和社会性监管。快递业的经济性监管，是国家快递监管部门借助快递业的诸多法律法规，对快递业信息、融资、价格、进入退出机制等方面的监管；而快递业社会性监管是指对快递业市场中的内部和外部的经济情况进行监管，具体来说包括对快递业监管机构、监管职责、监管法律依据与监管手段的具体化。

第二节 相关理论依据

一、马克思主义政治经济学相关理论

（一）马克思的分工与流通理论

1. 马克思的分工理论

分工理论是马克思政治经济学的重要理论之一，是马克思基于英国古典经济学家亚当·斯密分工理论，并对其进行批判发展而来的。马克思和恩格斯在《德意志意识形态》中以分工逻辑置换了异化逻辑，马克思认为分工作为生产力与生产关系的中介，运用唯物主义辩证法对其进行了肯定与批判、现实与抽象的双重逻辑分析，考察了资本主义制度下的分工在企业内部、社会以及国际不同层次的演变与规律。

首先，从生产力角度看，分工协作能够节约生产资料从而提高生产效率。马克思认为："资本主义生产实际上是在同一个资本同时雇佣人数较多的工人，因而劳动过程扩大了自己的规模并提供了较大量的产品的时候才开始的"[①]。"生产资料使用方面的这种节约，只是由于许多人在劳动过程中共同消费它们。即使许多工人只是在空间上集合在一起，并不协同劳动，这种生产资料也不同于单干的独立劳动者或小业主的分散的并且相对地说花费大的生产资料，而取得了社会劳动的条件或劳动的社会条件这种性质"[②]。可以看出，无论是社会分工还是企业内分工，生产专业化与上下游的生产协作是相辅相成的，分工协作的生产方式在流通中发挥作用时具有其优越性，在马克思主义指导下的现代快递业市场体系的高质量发展也需要围绕着分工与协作，在社会主义属性下，进一步激发与协调生产效率和生产矛盾。

其次，分工协作使劳动者脱离个人的局限性并创造了新的集体生产力。分工推进了人类社会发展，"单就劳动本身来说，可以把社会生产分为农业、工业等大类，叫做一般的分工；把这些生产大类分为种和亚种，叫做特殊的分工；把工场内部的分工，叫做个别的分工"[③]。"工场手工业分工通过手工业活动的分解，劳动工具的专门化，局部工人的形成以及局部工人在一个总机构中的分组和结合，造成了社会生产过程的质的划分和量的比例，从而创立了社会劳动的一定组织，这样就同时发展了新的、社

[①]　马克思，恩格斯.马克思恩格斯全集（第四十二卷）[M].北京：人民出版社，2012：206.

[②]　马克思，恩格斯.马克思恩格斯全集（第四十二卷）[M].北京：人民出版社，2016：331.

[③]　马克思，恩格斯.马克思恩格斯全集（第四十二卷）[M].北京：人民出版社，2016：360.

会的劳动生产力"①。虽然马克思将资本主义生产方式下的工场内部分工作为研究对象进行分析，但是马克思在具体的分析中抽象出了专业化分工的一般特点，包括摆脱空间束缚、节约非生产费用与协作合力，分工与协作的耦合关系也是协作一般化带来分工的现实意义。

最后，马克思将社会分工使产业部门与社会再生产得以扩大规模的作用扩大到世界市场，也对其进行了丰富的阐释，散见于《1861～1863年经济学手稿》《资本论》中，马克思对工场内部分工和社会分工都有考察与论述，马克思还进一步揭示了二者的区别。在对社会总生产过程的考察中，马克思认为生产资料和消费资料两大部类要按比例协调发展，生产资料与消费资料的供需平衡通过社会分工实现，而社会分工本身又是由社会生产力决定的，反之亦能促进社会生产力的发展，使社会各产业部门以及社会总生产在扩大规模的基础上得以实现，而率先实现生产工具的创新，分工就能促进资本主义生产方式在全球的扩张。"一个民族的生产力发展的水平，最明显地表现于该民族分工的发展程度"②。

从马克思的论述中，可以看出分工与协作在不同社会生产关系环境中具有不同的性质和表现形式。马克思分工理论对于快递业市场体系发展具有深刻指导意义，在社会主义制度下的分工与协作，能更好地推动社会主义快递业市场体系的发展，现代社会主义流通体系建设需要社会专业化分工，以促进生产效率的提高。在社会主义制度下，消灭异化分工与实现未来社会主动分工，要利用自身优势积极参与全球快递业社会分工。快递市场的现代化分工体系建设也成为现代流通体系建设的需要，通过分工和协作逐步形成我国特有的集体生产力，为社会主义快递业高标准市场体系建设提供一个新的方向指引。

2. 马克思的流通理论

马克思从偶然性的物物交换开始对流通的研究，交换形式由社会分工

---

① 马克思，恩格斯. 马克思恩格斯全集（第四十二卷）［M］. 北京：人民出版社，2016：375.

② 马克思，恩格斯. 马克思恩格斯文集（第一卷）［M］. 北京：人民出版社，2009：520.

与交换发展深入演进到货币的出现，此时商品与货币的交换关系深化替代了物物交换，在这里就出现了买卖相依相生的经济行为，同时产生了同种商品生产与消费的矛盾，而该矛盾的化解通过货币媒介化和交换次序达到买卖分离，此时商品流通随之而至，可以说，商品流通是商品交换的产物。

马克思研究了商品流通运动形式的两个形态变化。简单商品流通通过"商品—货币—商品"（W – G – W）完成商品交换，在这阶段是为了获得使用价值，为买而卖。而后在时间、空间和集散的矛盾在生产与消费之间进一步扩大时，由多个买卖活动连在一起的发达的商品流通应运而生，即"货币—商品—货币"（G – W – G），此阶段则是为了获得更多的价值，为卖而买。正如马克思所说："商品交换是这样一个过程，在这个过程中，社会的物质变换即私人特殊产品的交换，同时也是个人在这个物质变换中所发生的一定社会生产关系的产生。商品彼此间在过程中的关系结晶为一般等价物的不同的规定，因而，交换过程同时就是货币的形成过程。表现为各种过程连续进行的这个过程的整体，就是流通"①。马克思分析商品的运动形式时指出，从商品到货币第一形态变化是"商品惊险的跳跃"，而流通就是成功实现"跳跃"要经历的关卡。也就是说，商品进入消费者手中之前经历一系列的买卖交织而成的周转流通，这种连续买卖活动，形成了批发、零售的分离。

流通能够在一定程度上缓解生产和消费在时间、空间和集散上的矛盾。生产、分配、流通和消费是相互循环的链条，流通贯穿这个链条全过程的始终，流通机制成为生产和消费持续发展的后发力量。抽离资本主义特性，马克思在《资本论》中关于商品流通与资本流通、商品储备、商品运输以及资本周转都进行了深入考察，散见于《资本论（第二卷）》关于资本循环利润的讨论，提出资本循环运动连续性通过三个阶段的统一性来实现。马克思还提出创立了运输理论，认为有劳动产品位置的移动就有运

① 马克思，恩格斯．马克思恩格斯全集（第三十一卷）［M］．北京：人民出版社，1998：445.

输的需求,"没有商品的物理运动,商品也可以流通;没有商品流通,甚至没有直接的产品交换,产品也可以运输"①,因此,马克思的商品流通理论也成为研究商品交换关系的理论。

我国社会主义经济建设中,流通环节的通畅是国民经济健康运行的支撑,推动现代快递市场体系的建设。当前,面对双循环新发展格局,社会主义市场经济需要各个经济运行主体把相对独立的市场和体系统筹为一个整体,此时就需要把流通作为"生产、分配、流通、消费"大循环的承载机制加以思考。作为连接生产与消费的中间桥梁,连接生产与消费端并逐渐扩大连接相关产业横纵面的快递业,在我国市场经济中地位越发凸显。此外,社会再生产的生产与消费这两大重要环节,要在时间与空间上实现相互匹配,通过现代快递业连接生产与消费,可以使社会主义市场经济的效率大为提高,促进要素的自由流动和资源整合能力与效率。与此同时,快递作为流通环节直接作用于消费者的高级阶段,快递高标准市场体系建设需要充分把握其内涵,融入双循环新发展格局下的现代流通体系全局建设中。

(二) 马克思的产权结构理论

马克思在其著作或论述中未直接使用产权或者产权制度的概念,但是通过其相关的阐述,马克思对资本主义社会的所有权关系已有全面深入的分析,他把生产力的发展作为产权关系的起源,马克思认为产权是所有制的法律表现,离开一定的经济关系,所有权就变得抽象。实际上,在经济关系上的所有权表现为所有制,在这里所有制关系就是研究生产资料所有制关系问题。马克思产权理论主要包括以下几个观点:一是产权包含经济与法律关系;二是产权也是社会分工的产物;三是产权形态变化受生产力发展的影响。此外,马克思对产权的终极发展也做了探讨,马克思根据否定之否定发展规律,指出资本主义私有制是对"以自己劳动为基础"的个

---

① 马克思. 资本论(第二卷)[M]. 北京:人民出版社,2004:167.

人私有制的第一个否定，继而资本主义生产方式必然发展到对自身的否定，最终形成"在协作和对土地及靠劳动本身生产的生产资料共同占有的基础上，重新建立个人所有制"①。而这里的"重建个人所有制并非重建劳动者的私有制，而是重建劳动者人人有份的生产资料公有制"②。马克思认为产权制度的最终发展趋势是"生产资料的全国性的集中将成为自由平等的生产者的联合体所构成的社会的全国性基础"③。当时这个目标的实现是"只有在废除私有制所必需的大量生产资料创造出来之后才能废除私有制"④。

总的来说，马克思主义产权制度理论的主要内涵体现在四个方面。第一，公有制经济发展与生产力发展要求相适应，并且所有制经济应建立在先进生产力基础之上；第二，社会阶级关系需要通过所有制关系体现出来，因此，无产阶级要团结起来夺取资产阶级生产资料和资本，进而废除私有制建立公有制；第三，公有制的建立和随之改变分配关系；第四，公有制经济关系使得社会经济生产方式与运行方式也发生改变。根据马克思产权理论，我国国有快递发展的终极主体是全体国民，在双循环新发展格局下，还要充分考虑人民共同利益。特别是在快递高标准市场体系的构建中，国有快递企业的改革也要适应现有生产力水平，在保障非公有制快递企业的市场主体地位的同时，做大做强国有资本。

（三）马克思的资本循环与周转理论

1. 马克思的资本循环理论

马克思在《资本论》中提出了资本循环的基本模式。产业资本在物质生产过程中经历的模式为：产业资本家拥有一定量的货币，而后进入生产

---

① 马克思. 资本论（第一卷）[M]. 北京：人民出版社，2004：874.
② 卫兴华. 再析马克思"重建个人所有制"的涵义——兼评王成稼研究员的有关诠释与观点 [J]. 当代经济研究，2008（9）：22 - 26，73.
③ 马克思，恩格斯. 马克思恩格斯全集（第十八卷）[M]. 北京：人民出版社，1964：67.
④ 马克思，恩格斯. 马克思恩格斯全集（第四卷）[M]. 北京：人民出版社，1958：366 - 367.

资料市场购买生产资料，同时在劳动力市场购买劳动力，最后所生产的新产品进入到产品市场。此时这些产品的总价是最初投入的货币总量与剩余价值的总和。如果售卖过程顺利，上述过程就以资本家收到出售商品得到的货币收入为终点完成单个资本的循环。马克思看到了资本在生产不同阶段分别交换了不同的存在形式，资本完成一次完整循环可以表示为：$G - W - P - W' - G'$。在这个过程中，马克思强调劳动力在此过程中创造出比其在劳动力市场上所售卖的价值更多的价值，也就是剩余价值，包含着剩余价值的新产品在市场上售卖，这就为资本家带来了利润。对于资本家而言，这过程总是在"惊险的跳跃"之后，资本家将售卖所得的部分或全部货币再依据上述过程进入到下一循环。资本的这三种形态在空间上的并存与时间上的继起是一个连续运动的过程，特别是资本运动第一阶段——购买阶段与第三阶段——售卖阶段都属于流通过程，虽然只有生产过程才能生产价值与产生剩余价值，但是对于资本家来说，流通过程同等重要。

资本循环运动贯穿生产与流通全过程，如果在第一阶段货币转化为商品时停滞，货币就执行贮藏职能；如果在生产阶段停滞，不仅不能发挥生产资料作用，也会发生劳动力失业状态；如果最后售卖阶段停滞，堆积的商品就会造成流通的堵塞。不难看出，虽然流通过程的实质只是商品价值形式的转换，这个过程不发生增殖，但组织好商品流通，服务生产的前、中、后期以及消费一体化具有指导意义，虽然快递服务本身是无法实现资本循环过程的，但快递作为流通发展到现代物流的高端形态，通过帮助产业生产者通过流通时间的合理分配，进一步缩短生产要素购买与商品销售的时间，实现个人劳动转化为社会劳动，从而使商品生产者的劳动消耗得到补偿。快递业高标准市场体系的建设就是要通过快递活动的各个环节、各个层次与各个领域相互构成的有机体协同发展，实现更大范围的交易、推动快递业服务不同领域的分工协作，提高服务领域的生产效率。

2. 马克思的资本周转理论

马克思也深入分析了影响资本运动速度的影响因素，主要从资本周转的时间、资本周转的方式以及资本周转的速度等方面来阐述资本周转的内容，其中，资本周转的速度是资本周转的核心内容，提高资本周转的速度可以增加资本价值增殖从而提高剩余价值率，最终实现利润的提高。马克思对资本流通和资本周转从三个方面进行了探讨：第一，马克思认为资本流通包括生产过程和流通过程两大要素，并且资本周转时间取决于生产过程经历的时间和流通过程经历的时间，也就是生产时间和流通时间。在这里，马克思对流通时间的解释是："从它的出发点到它的复归点所经历的时间"①，就是指资本从转化为产品到产品转化为货币所经历的时间，一般来说，流通时间既制约生产过程，也影响资本增殖次数和年利润率的高低。第二，在对资本周转中，产品转化为货币的构成要素进行分析时，马克思认为只能是由"价值实现的巨大困难而产生的"②。在这一实现的过程中，涉及产品到销售地也就是市场距离问题，同时也涉及运输费用问题。马克思认为运输中耗费的时间同直接生产中物化在产品中的劳动时间一样，都属于产品生产费用的组成部分。第三，马克思认为在资本周转限度内，流通本身不仅是一般生产过程的要素，也是直接生产过程的要素，如运输就是生产过程的继续，运输环节是在流通过程中完成的。并且此时流通过程的时间、速度对资本再生产过程中的价值增殖也具有决定性影响，资本再生产的新循环也只有在资本生产的上一过程顺利通过流通阶段才能再开始。由此看来，资本再生产过程在一定程度上受到流通过程的限制。此外，马克思还从五个方面考察了资本周转中关于固定资本和流动资本这对关系的中心问题。其中两个方面与流通过程有关，一是直接生产过程之外的流通费用如运输等不创造价值的问题；二是对固定资本和流通资本的流通和补偿的问题。资本周转关键在于周转速度，周转速度又直接受制于流通环节的速度与费用。

资本循环与周转理论在深化国有快递企业改革上有着长远的意义，特

---

① 马克思，恩格斯. 马克思恩格斯全集（第四十五卷）[M]. 北京：人民出版社，2003：340.

② 马克思，恩格斯. 马克思恩格斯全集（第四十六卷）下册 [M]. 北京：人民出版社，1980：11.

别是在构建社会主义快递业高标准市场体系中，国有快递企业的平衡、健康发展成为实现"十四五"规划和制造业强国的重要依托，也是 2020 年国务院政府工作报告提出的提升国企改革成效的理论与实践意义所在。快递业高标准市场体系所要求的制度基础、市场结构、基础设施、组织形式、产业融合、对外开放和政府监管都是为了要释放制约快递物流的运输、仓储、包装、配送、信息等多个环节的流通时间和流通效率。流通时间在快递物流环节被压缩，也就缩短了资本停留在流通领域的时间，进而提高市场主体资本运作效率，同时，通过资本周转的加速能进一步节省生产费用与流通费用，提高企业的经济效益。

（四）马克思的再生产理论

马克思主义再生产理论认为社会再生产的核心问题是社会总产品的实现，对这一实现过程马克思认为："不仅是价值补偿，而且是物质补偿，因而既要受社会产品的价值组成部分相互之间的比例的制约，又要受它们的使用价值，它们的物质形式的制约"[①]。在这里可以看出，资本流通和一般商品流通、生产的消费和个人生活消费都包括在社会再生产过程中。这两种流通紧密联系在一起形成社会总资本流通，在这些流通过程中又包含着错综复杂的、相互制约的市场关系。此外，马克思指出："机器生产用相对少的工人人数所提供的原料、半成品、劳动工具等等的数量不断增加，与此相适应，对这些原料与半成品的加工也就分成无数的部门，因而社会生产部门的多样性也就增加"[②]。在这里不难看出，马克思对于产业结构与产业发展已有雏形研究，一个产业的发展不仅能够带动其他产业的发展，还能使其自身发展获得更多可能性。

马克思对再生产的研究表明，单个产业的优先增长会对整个社会产业结构优化产生影响，而产业结构的升级发展离不开市场机制和流通过程的

[①] 马克思. 资本论（第二卷）[M]. 北京：人民出版社，2004：438.

[②] 马克思，恩格斯. 马克思恩格斯文集（第五卷）[M]. 北京：人民出版社，2009：512.

调节。随着知识经济、信息经济、服务经济、数字经济的兴起，现代流通已经逐渐替代工业化社会中一般意义上的生产过程与流通过程相对独立的形态，呈现出涵盖生产与流通过程的全过程流通。诸多无形要素进入流通，并加速生产与流通过程的融合，生产、分工、交易、消费、服务都被流通所囊括。因此，在社会主义市场经济再生产过程中，如何准确理解流通从被动的"交换要素"跃升为主动的"再生产组织者"，进而重构生产逻辑与过程？如何通过提高快递业市场体系运行效率，进而疏浚国民经济运行中的堵点？成为我国进一步深化改革，实现可持续发展与构筑无障碍全循环现代流通能力的战略目标的关键所在。

二、中国特色社会主义政治经济学相关理论

（一）以人民为中心的思想

"以人民为中心的发展思想"是习近平总书记在 2015 年党的十八届五中全会提出的治国方针理论。有关"人民"的思想则散见于马克思的各部著作中，并且其将人民置于主体地位看待。马克思在考察前人各类"理性"思想的基础上，形成颠覆以往、内涵丰富、阐述系统的人民思想，包括了人民的本质、主体、地位、主体的表现形态等。其中，实践是马克思人民思想的基础，马克思在《关于费尔巴哈的提纲》中开篇就批判了旧唯物主义对其对象、现实、感性认知是不全面的，遗漏了真正的主体。马克思还特别指出唯心主义没有把人的活动本身理解为有目的性的活动，实践才是真正表现了主体的能动性，而与实践相对应的主体，就是人民。对于此，习近平总书记指出："马克思主义第一次站在人民的立场探求人类自由解放的道路，以科学的理论为最终建立一个没有压迫、没有剥削、人人平等、人人自由的理想社会指明了方向"[①]。

---

① 习近平．在纪念马克思诞辰 200 周年大会上的讲话［M］．北京：人民出版社，2018：8.

习近平总书记提出的"以人民为中心思想"是对马克思主义的继承与发展。2017 年，党的十九大报告强调："坚持以人民为中心。人民是历史的创造者，是决定党和国家前途命运的根本力量。必须坚持人民主体地位，坚持立党为公，执政为民，践行全心全意为人民服务的根本宗旨，把党的群众路线贯彻到治国理政全部活动之中，把人民对美好生活的向往作为奋斗目标，依靠人民创造历史伟业"[①]。由此看来，"以人民为中心"的思想在中国共产党对马克思主义中国化的理论中贯穿始终，这对中国特色社会主义快递业高标准市场体系建设有着理论与实践指导意义，此外，我国正处于社会主义建设的新发展阶段，坚持以人民为中心，坚持实践的观点就是通过快递业高标准市场体系建设，推进现代物流体系发展新阶段。

（二）社会主义市场经济理论

我国社会主义市场经济发展之路，不仅不同于西方的私有化的道路，也有别于苏联和中东欧国家的全面私有化改革，中国的道路是结合中国实际进行的渐进式改革模式，在坚持我国基本经济制度前提下，妥善处理了"有为政府"与"有效市场"的经济关系。商品市场与要素市场推进企业改革、价格机制改革和市场竞争机制改革，在社会主义制度下探索市场经济发展，形成了中国道路与中国特色的改革模式，逐步建立了中国特色社会主义市场经济体制。其中，宏观上社会主义制度与市场经济关系、微观上企业主体结构与价格竞争机制一直是建立中国特色社会主义市场经济体制的核心主线。马克思提出："设想有一个自由人联合体，他们用公共的生产资料进行劳动，并且自觉地把他们许多个人劳动力当作一个社会劳动力来使用。……这样，劳动时间就会起双重作用。劳动实现社会的有计划地分配，调节着各种劳动职能同各种需要的适当的比例。另一方面，劳动时间又是计量生产者在共同劳动中个人所占份额的尺度，因而也是计量生

---

① 习近平. 决胜全面建成小康社会 夺取新时代中国特色社会主义伟大胜利——在中国共产党第十九次全国代表大会上的报告 [M]. 北京：人民出版社，2017：21.

产者在共同产品的个人可消费部分中所占份额的尺度。在那里，人们同他们的劳动和劳动产品的社会关系，无论在生产上还是在分配上，都是简单明了的"①。可以看出，未来社会的生产关系与商品经济是不相融的，实现这个"自由人联合体"的大前提条件就是未来社会不存在商品经济关系。从当时的历史环境看，社会主义制度尚未建立，社会主义市场经济还没有实践基础，因此，马克思对未来社会的预见是有其历史和实践条件的。而从新中国成立以后到改革开放，我国突破了计划经济思想，从党的十一届三中全会到党的十四届三中全会确立了市场经济理论，并提出我国经济改革的目标是建立社会主义市场经济体制，正是基于对经济体制不断深入与完善，为我国改革开放后四十多年的经济发展奠定了基础。习近平总书记围绕完善社会主义市场经济体制理论作出了一系列重要论述。习近平总书记以党的十八大以来我国经济新常态为依据，围绕我国社会主义经济建设重要问题，提出一系列创新性理论观点和政策举措。习近平总书记指出："发展社会主义市场经济，既要发挥市场作用，也要发挥政府作用，但市场作用和政府作用的职能是不同的。全会决定对更好发挥政府作用提出了明确要求，强调科学的宏观调控，有效的政府治理，是发挥社会主义市场经济体制优势的内在要求。全会决定对健全宏观调控体系、全面正确履行政府职能、优化政府组织结构进行了部署，强调政府的职责和作用主要是保持宏观经济稳定，加强和优化公共服务，保障公平竞争，加强市场监管，维护市场秩序，推动可持续发展，促进共同富裕，弥补市场失灵"②。

习近平总书记指出："我们也要看到，虽然我国社会主义市场经济体制已经初步建立，但市场体系还不健全，市场发育还不充分，特别是政府和市场的关系还没有理顺，市场在资源配置中的作用有效发挥受到诸多制约，实现党的十八大提出的加快完善社会主义市场经济体制的战略任务还

---

① 马克思，恩格斯. 马克思恩格斯全集（第四十四卷）［M］. 北京：人民出版社，2001：96 - 97.

② 习近平关于社会主义经济建设论述摘编［M］. 北京：中央文献出版社，2017：53.

需要付出艰苦努力"。① 其中，商品流通市场体系建设助力国民经济发展关键性地位凸显，习近平新时代中国特色社会主义经济思想的重要内容之一就是建设现代流通体系，习近平总书记指出："使市场在资源配置中起决定性作用、更好发挥政府作用，既是一个重大理论命题，又是一个重大实践命题。科学认识这一命题，准确把握其内涵，对全面深化改革、推动社会主义市场经济健康有序发展具有重大意义"②；"政府和市场的关系是我国经济体制改革的核心问题"③。以上一系列关于我国市场问题的重要论述，进一步强化了流通的地位，揭示出现代快递物流构建新发展格局的基础性地位，而流通的发展也直接关系到市场经济制度的完善和市场资源配置效率的高低。

（三）"双循环"新发展格局理论

2020 年 4 月，习近平总书记在中央财经委员会第七次会议上强调，"构建以国内大循环为主体、国内国际双循环相互促进的新发展格局"。2020 年 5 月，习近平总书记在两会期间再次强调，要"逐步形成以国内大循环为主体、国内国际双循环相互促进的新发展格局"。党的十九届五中全会通过了《中共中央关于制定国民经济和社会发展第十四个五年规划和二〇三五年远景目标的建议》，将"加快构建以国内大循环为主体、国内国际双循环相互促进的新发展格局"纳入其中，这显示我国经济已发展到了主动选择适应阶段，是推动我国经济向更高层次发展的重大战略部署。双循环新发展格局战略，是根据我国现阶段发展环境与条件变化提出的，相对于我国原有外向型经济和国际大循环经济发展为主的战略，其对于我国应对国际环境变化、寻求合作和竞争新优势具有战略意义。面对逆经济全球化、重塑经济全球化的新动力的国际形势和新一轮科技革命下的全球产业链重构、供应链稳定的诉求，双循环新发展格局是我国在这样的客观

---

① 十八大以来重要文献选编：上 [M]. 北京：中央文献出版社，2017：551.
②③ 习近平关于社会主义经济建设论述摘编 [M]. 北京：中央文献出版社，2017：59.

条件下调整的，符合个人利益与国家利益相统一的战略部署。与此同时，国内国际环境在 2008 年世界金融危机后发生深刻变化，流通业的地位不断提高，国家相关部门也出台了一系列促进现代流通体系发展的政策，例如"加强现代流通体系建设"①"构建现代流通体系，推动从流通大国向流通强国转变"②。中央财经委员会第八次会议中指出："建设现代流通体系对构建新发展格局具有重要意义"，不难看出，高效的流通体系能将生产与消费更大程度地连接起来，扩大交易的维度，加深社会分工，从而提高流动效率和国民经济运行效率。基于上述思想，目前学者对现代流通体系的研究主要包括两个方面。

一是关于现代流通体系内涵的认识。在双循环新发展格局提出以前，学者主要围绕现代流通的载体或流通体系的初步构架进行探讨。在新发展格局下，学者对现代流通体系的讨论，扩展到流通主客体与标准化上，对流通运行体系、流通保障体系与流通规制体系进行更为系统化的框架研究。二是对现代流通体系建设的构建进行设想。有的学者认为应侧重国际化接轨，统筹要素市场开放与规章制度开放；也有的学者侧重以供应链创新为突破口引领消费变革；还有的学者侧重于研究流通体系与制造业的耦合发展及政府主管部门的统筹监管管制与规则上。综上所述，目前，对于双循环新发展格局背景下，我国现代流通体系的建设思路与重点方向的深入研究尚未形成，这就为本书研究快递高标准市场体系留有了探讨空间。

三、西方经济学相关理论

（一）产业组织理论

产业组织理论是研究市场行为主体之间关于竞争与垄断的关系与矛盾

---

① 国务院 . 关于深化流通体制改革加快流通产业发展的意见 ［EB/OL］. http：//www. gov. cn/zhengce/content/2012－08/07/content_1244. htm，2012－08－22.

② 商务部，发展改革委，等 . 国内贸易流通"十三五"发展规划 ［EB/OL］. http：//www. mofcom. gov. cn/article/b/g/201612/20161202438906. shtml，2016－11－12.

问题，并就其相互影响、作用与效率进行系统化的理论体系。在经济学领域中最早关于产业组织的研究源于亚当·斯密（Adam Smith）在分工理论和竞争垄断问题上的论述。阿尔弗雷德·马歇尔（Alfred Marshall）在其《经济学原理》中提到生产要素理论，马歇尔也是正式把组织一词引进经济学研究领域的第一人，他提出的"马歇尔冲突"即规模经济与完全竞争市场之间的矛盾，成为分析现代产业组织、反垄断政策和技术演进研究的代表。1933 年，英国经济学家琼·罗宾逊（Joan Robinson）对垄断和竞争关系进行了修正与发展，产业组织理论也正式创立。近代以来，英国经济学家梅森（Mason）、贝恩（Bain）基于完全竞争理论、垄断竞争理论和有效竞争理论，提出"架构—行为—绩效"的模式，即 SCP 模式。该框架以实证研究为依据，把产业分解成了特定的市场，并按照市场结构（structure）、市场行为（conduct）、市场绩效（performance）三个方面的内容对产业进行分析，这三个方面既相互独立，同时又有着相互影响的系统逻辑关系。

产业组织理论是推动社会主义市场经济秩序持续健康发展和提高经济效率的重要理论依据。结构主义的 SCP 理论范式为研究社会主义市场经济体制下的产业问题提供了较为完整的理论研究框架，也是建立快递高标准市场体系的重要依据。从微观上看，快递市场主体的结构在一定程度上决定了快递主体的行为，继而决定了快递业市场体系效率的高低；从宏观上看，快递业市场体系结构在很大程度上也决定了整个体系的具体运行方式，最终直接作用于快递业市场体系的运行效率。因此，要提高快递市场效率，不仅要在结构上进行调整，同时也要结合政府的规制实现双向促进。

（二）产业发展与产业关联理论

1. 产业发展理论

英国古典经济学的创始人威廉·配第（William Petty）是最早研究三次产业比重变动的学者，配第通过对各个产业收入不同的观察，揭示了产业间收入的相对差异规律，也被后人称之为"配第定理"，但彼时对三次产业划分及其变动规律都尚未明确。到 20 世纪 30 年代，澳大利亚经济学家费歇尔（Fisher）首次提出三次产业分类法，这对产业结构理论产生了深远影响。而后英国经济学家克拉克在配第和费歇尔研究的基础上，基于40 多个国家、地区不同时期的三次产业在劳动的投入和总产出的资料分析研究认为：随着国民收入水平的提高和经济的发展，劳动力首先由第一产业向第二产业转移；当国民收入提高到一定程度时，劳动力又继续向第三产业转移，劳动在第一产业与第二、三产业之间呈现负相关关系。这一发现在一个国家纵向时间比较和不同国家同一时点横向比较中都能被证实，也被后人称为"配第—克拉克定理"。美国经济学家西蒙·库兹涅茨（Simon Kuznets）在克拉克研究成果的基础上，对产业结构变动与经济发展关系进行了更为彻底的考察，他揭示了随着人均收入水平提高产生的产业重心转移以及三次产业产值变动与就业构成的关系，在产业结构演变的诱因方面取得了突破性进展。库兹涅茨还把三次产业细分为了农业、工业和服务部门，并在此基础上从不同的角度分析了发达国家与不发达国家的差距原因以及不发达国家的发展产业发力点。钱纳里（Chenery）在克拉克和库兹涅茨研究基础上，进一步扩展到对低收入发展中国家的考察，深化了对产业结构变动及其一般规律与趋势的认识，这一研究也是我们判断社会主义市场经济产业结构是否合理化的一个粗略参考标准。

由上可知，不同历史时期，产业结构的研究与考察不断地进行了丰富与发展，但是产业发展过程中所呈现的影响因素、发展规律、产业政策等问题一直是产业结构发展理论的基本研究内容。落脚到快递业市场体系来说，就是能进一步研究快递业发展的影响因素、产业政策与产业结构，并试图通过对快递业市场体系的分析找到具有共性的规律。

2. 产业关联理论

产业关联理论和方法主要是源于 20 世纪 30 年代美国经济学家华西里·列昂惕夫（Wassily Leontief）开创的投入产出经济学。产业关联就是指在宏观经济行为中，相关产业之间各种复杂交错的经济联系，主要包括产业之间的产出、供需的实际数量关系。列昂惕夫借助投入产出联系表对产之间在生产、交换和分配上发生的联系进行分析和研究，依据产业之间的关系为制定的产业政策提供依据和服务；并且按照产业关联的供需联系，分为前向、后向和旁侧关联；根据产业间技术和方向的特点分为单向、双向和环向的联系。快递业作为连接生产和消费的基础性、战略性、先导性行业，有许多产业的部门与快递业具备高关联性。因此，分析快递业与电子商务、批发零售、交通运输、制造业等产业的关联有其理论与实践意义。

（三）交易费用理论

从制度经济学的角度看，在制度选择上付出的成本也属于一种交易费用。构建快递业市场体系本质是为了在市场交易中寻求到一种低成本的制度安排。1937年，经济学家罗纳德·科斯（Ronald Coase）在《企业的性质》一文中首次提出"交易费用"概念，他认为企业是市场发展到一定阶段的产物，通过构建一个组织来集中管理各种生产要素，从而达到节约市场交易成本的目的。同时，科斯的交易费用一方面是指通过市场机制组织经济互动所必须支付的费用，其中包括收集交易信息、谈判、签约和管理的支出；另一方面还包括谈判、监督和履约的费用。科斯还认为，企业可以通过签署长期的合同以避免支付寻找伙伴和谈判的费用，进而降低整体的交易费用。威廉姆森在科斯等的基础上发展了交易费用理论，他认为交易费用的问题在有限理性和机会主义信息不充分、不对称的环境中显得尤为突出，若想解决此问题可以借助各种预防措施和惩戒手段，以保证交易的完成和利益的获得。威廉姆森认为通过制度设置和习惯的养成，能够抑制交易中的机会主义行为与交易成本。此外，威廉姆森认为交易费用和资产专用性有关，资产专用性的收益依赖其支持的专门交易，他认为场地资产、物质资产、人力资产和专项资产的专用性是影响交易特征最为关键的要素。此外，在企业持续经营、交易不确定性的环境下，可以借助有效的组织形式形成一体化治理，来有效缓解因机会主义导致的交易费用而产生的正相关关系。在交易过程中需要协调的方式，威廉姆森提出了混合规制并将其划分为四种类型：一是对资产专用性较低的产品或者具有通用性的商品使用市场规制来调节；二是对具有混合性、高度异质性与交易频率皆高的交易使用三方规制的方式；三是对于交易双方既保持各自独立地位，又期于维系双方的长期合作关系使用双边规制；四是采取纵向一体化的方式，即统一规制。总的来说，混合规制的治理结构是调和市场交易与组织交易的过渡形态。

快递业市场体系建设是一种制度选择与创新，快递业市场体系本质就是一种联盟，它类似于威廉姆森提出的混合规制中的双边规制的方式。从交易全过程看，快递高标准市场体系的建立，能够有效减少快递合作伙伴之间在交易过程中产生的交易费用，通过提供个性化的快递服务从而建立起来的相互信任和承诺，可以降低各种履约风险；从交易主体行为看，快递高标准市场体系的建立能通过"组织学习"提高双方因环境不确定性造成的认知能力差异，从而减少交易主体在"有限理性"认知中的原有交易费用。快递业高标准市场体系也需要快递企业之间进行联盟与合作，这种长期的合作将在很大程度上抑制交易双方机会主义的行为，从而降低交易费用。快递业高标准市场体系的建立与完善将促进快递企业之间、快递企业与其关联产业企业之间形成联盟伙伴关系，而快递业高标准市场体系的建设归根到底需要快递经济组织合理的制度安排。

四、现代物流相关理论

随着物流活动的兴起，围绕物流进行的研究也迅速发展起来。美国管理学家彼得·德鲁克在 1962 年提出"流通是经济领域里的黑大陆"，由于流通领域中物流活动的模糊性较为突出，是流通领域中最具潜力的领域，因此在物流活动中，黑大陆理论认为物流领域需要探索的理论和实践部分还有很多，在理论层面和实践层面还需要不断探索，寻找亟须照亮的"黑暗大陆"。此外，以唐纳德·J. 鲍尔索克斯（Donald J. Bowersox）为代表的物流战略学说认为物流更具有战略性，并指出"物流的战略整合是一个企业成功的基础"。美国物流管理协会（CLM）分别于 1998 与 2002 年在物流管理定义中把"物流"定义为"供应链过程的一部分"和"供应链运作的一部分"。不难看出，物流战略学说把物流提升到了较高的位置，认为物流影响了企业总体的生存与发展，一个企业应该在战略高度看到物流对企业长期发展带来的影响，而不只是在某个或者某几个环节进行优化或节约成本。

现代物流经历着从传统的围绕运输和储存为主的辅助性生产活动向现代生产性服务业的转变，在现代经济中的地位也不断攀升，物流的发展作为未知领域，其战略地位越加凸显，起到了服务和调节经济的作用。由此可见，在经济全球化背景下，面对供应地与消费地空间距离拉大、周期变长、物流环节增多的背景，快递物流由辅助服务向主动参与市场转变的需求越来越高，逐渐成为企业或是国家实现资源合理配置的关键领域，也成为了在全球供应链体系中快速响应的战略性行业。因此，分析、构建快递业市场体系，从战略角度对国家、行业、企业的物流进行系统规划具有现实的理论和实践意义。

本 章 小 结

本章内容包括快递业市场体系相关概念界定与理论基础两部分，为本书后续研究分析提供了理论支撑。基于相关概念的界定，本章一方面运用马克思主义政治经济学理论对快递业高标准市场体系本质层次进行分析，另一方面基于西方经济学产业组织理论框架阐述快递业市场体系在产业结构调整中的基础性作用，并结合现代物流相关理论分析以快递业为代表的现代流通正经历着广阔而深刻的社会化、国际化、融合发展过程，全球供应链体系建设与各国供应链重构，日益成为国际共识与各国共同的战略选择。同时，中国特色社会主义政治经济学理论是贯穿快递业高标准市场体系建设的核心。基于以上理论分析，为后文分析和构建快递业高标准市场体系建设运行机理与逻辑框架奠定了理论基础与依据。

第二章 快递业高标准市场体系的运行机理与逻辑框架

基于前文的理论基础，构建一个相对完善的逻辑分析框架对研究快递业高标准市场体系建设具有重大意义。因此，本章试图界定快递业高标准市场体系内涵与特征，并抽取出我国快递业高标准市场体系的运行机理与内在逻辑。

第一节 快递业高标准市场体系的内涵及特征

一、快递业高标准市场体系的内涵

市场体系经历了由无到有、由小到大、由发育到成熟、由封闭到开放的历史发展进程，在此过程中，市场体系的内涵和外延也在不断丰富和扩展。其中，围绕商品交换为基本内容形成的快递市场就是为商品交换、流通而提供服务的。因此，快递市场的发展水平能够反映整个市场体系总体的完备程度。我国经济发展正处于由高速增长向高质量发展转变的重要阶段，也由此国家对快递业市场体系高质量发展提出了更高的要求。

2021 年，随着《建设高标准市场体系行动方案》《"十四五"邮政业发展规划》《交通强国建设纲要》《国家综合立体交通网规划纲要》《"十四五"现代综合交通运输体系发展规划》的正式发布，快递企业需要进一步深化在双循环新发展格局下对快递市场面临的老问题或新矛盾的认识，从而对快递业高标准的含义进行更为明确的界定。为此，需要进一步推进快递业市场体系的建设和改革，具体来说，健全完善的快递基础制度，是快递业高标准市场体系运行的基础；良好的快递市场结构和市场环境，是快递业高标准市场体系建设的重要任务；完善的快递相关基础设施，是快递业高标准市场体系的重要支撑；自由流动且价格浮动区间合理、统一调控的平台模式是快递相关要素市场化配置实现的基础，也是快递业高标准市场体系建设的重难点；高水平的双向开放，形成以国内循环为主，国内国际双循环的新发展格局是快递业高标准市场体系的内在要求；协同有效的现代化快递市场监管机制，是构建快递业高标准市场体系的重要前提。

快递业高标准市场体系是快递业发展到高级阶段的构建目标，具体以完善产权制度、提高全要素生产率、加强基础建设、推动深度产业融合的快递业龙头为核心，以人才、技术、资本、数据等高端要素的自由流动为依托，构建兼备国际竞争力、低耗绿色、体制机制灵活全面的快递业市场体系。

"高标准"不仅是"十四五"时期快递业生产方式及生产组织形式的深度变革，也是重视制度的完备性，强调市场经济与社会主义的深度结合，注重市场的决定性作用，公平竞争、有效市场与有为政府的交织作用，对接国际市场规则与提升全球竞争力的内在要求。

二、快递业高标准市场体系的特征

快递业高标准市场体系是高效竞争的、创新的、融合的、可持续的、开放的，同时具备内在自我发展与自我调节的动态市场体系。(1) 快递业高标准市场体系是高效竞争的，能够与更多垂直电商、大型卖家、综合交通等紧密合作的整体网络，与市场各类主体形成有序、协同的组织体系。同时具备先进技术和较高的全要素生产率，能够凭借足够的市场规模主导全球市场，参与国际竞争。(2) 快递业高标准市场体系是创新的，人才和资源作为最核心的生产要素，体现在快递物流全过程的透明、供应链的数字化赋能、优化企业运营和助力企业转型几个方面。（3）快递业高标准市场体系是融合的，首先是促进快递业内部融合，其次是加深跨业融合程度，借助新基建、5G等技术促使原有垂直式模式变为扁平、矩阵、弹性式新模式，构建快递业系统化程度高、技术先进的良性业态。（4）快递业高标准市场体系是可持续的，快递业高标准市场体系能够促进行业内平衡发展并缓解环境污染、资源匮乏等问题，通过合理的顶层设计和科技应用加强"绿色快递"工作的全面落地。（5）快递业高标准市场体系是开放的，一方面表现为产业内部之间、跨业之间的融合与共享发展，另一方面是国际产业链的开放，通过优化升级产业结构和产品结构，占据全球快递产业链高端环节。（6）快递业高标准市场体系是动态的，快递业应对市场需求变化有迅速调整的能力，有能够根据社会主义市场经济不同发展阶段、不同区域、不同所有制主体进行自我修复与调整的能力。

第二节　快递业高标准市场体系的机理分析

基于前面的理论研究结果，构建一个相对完善的能够较好地解释中国快递业高标准市场体系特征的逻辑分析框架，对于研究我国快递业市场体系具有重要的意义。推进我国快递业高标准市场体系建构和实现高质量发展，是本书的研究主题，也是本书研究的根本任务，本书拟基于以下机理展开分析和研究。

一、所有制关系是市场体系的核心内容

制度基础是快递业市场体系的所有制安排与核心制度安排，关系到快递业的所有制性质和市场主体的经济利益，是中国特色社会主义基本经济制度在快递业市场体系中的具体体现。本书拟深入探索我国快递业的所有制结构，为深化快递业所有制改革，构建与我国快递业发展的阶段性特征

和发展水平相适应的所有制结构，切实发挥中国特色社会主义生产关系对快递业生产力发展的积极推动作用提供理论依据。

二、市场结构合理是市场体系运行的前提

市场结构是快递业市场体系的组织结构，对快递业市场主体的组织行为和市场绩效有直接作用。本书拟对我国快递业市场结构的特点和属性进行深入研究，为调整和完善我国快递业市场结构，有效规范市场主体的市场行为，充分释放快递业市场活力，切实提高快递业运行效率提供理论依据。

三、基础设施的技术支撑是市场体系运行的根本动力

基础设施的技术支撑是快递业市场体系运行的根本动力，其体现了快递业的科技水平和发展质量，对实现快递业高质量发展具有重要的基础性支撑作用。当前，以智能技术、数字技术为特征的新一轮科技革命和产业革命正快速发展，对人类社会的生产方式、生活方式、思想观念产生着重大影响。本书拟以智能技术和数字技术革命为背景，深入研究快递业智能化、数字化的必要性和实现路径，为打造以智能技术、数字技术为核心的基础设施，用智能技术、数字技术改造快递业，加快提高快递业智能化、数字化水平提供理论依据。

四、组织形式是市场体系发展的基础

组织形式是快递业市场体系中市场主体采取的企业组织形式及经营机制，企业组织形式和经营机制合理与否，直接影响着快递业市场主体的决策效率和运营效率，进而影响着整个快递业的运行效率和发展质量。本书拟对中国快递业市场主体建立现代企业制度及治理机制的必要性和实现路径进行深入研究，为快递业市场主体建立和健全现代企业制度、完善经营机制、增强市场主体活力、提高组织运行效率提供理论依据。

五、产业融合是市场体系完善的催化剂

产业融合是快递业市场体系中市场主体完善的催化剂，通过与非快递行业的跨界合作和融合，助推快递业市场主体快速成长和快递业快速发展。本书拟对中国快递业跨行业发展的目标和机制进行深入探索，为快递业市场主体寻找合作主体，开辟融合渠道，推动强强联合，实现互利共赢提供理论依据。

六、对外开放是市场体系全球化的实现路径

对外开放是快递业市场体系参与经济全球化的实现路径。而快递业对外开放主要依靠"走出去"战略来完成，这可以促进快递业完善基础设施建设与提升服务生产能力，加强我国快递业推动外循环的能力。本书拟对中国快递业对外开放的重点地区与服务能力进行研究，为我国"快递出海"、增强快递业国际竞争力提供理论依据。

七、政府监管是市场体系健康有序运行的保障

政府监管是快递业市场体系的法律制度安排，旨在对快递业市场体系中的所有制结构改革、市场结构调整、基础设施建设、组织形式选择、产业融合推进进行科学规范，本书拟对中国快递业市场监管体系建构的目标和原则进行深入研究，为建立和健全快递业市场竞争秩序，对快递业资本无序扩张进行有效规范，推动中国快递业健康有序发展提供理论依据。

八、总结

上述七个方面是快递业市场体系的构成要素，它们是一个有机整体，

相互间密切联系、互为条件、彼此制约，缺一不可。所有制关系是快递业市场主体围绕生产资料形成的占有关系，决定着市场参与者各自的地位和相互关系。作为产业运行的基础性制度安排，所有制关系不仅影响到所有市场主体的物质利益，也能引起快递业市场结构、基础设施、组织形式、产业融合、对外开放和政府监管的根本运行环境的变化，运行环境合理与否，从根本上决定着快递业的发展和效率。市场结构不但受制于所有制关系，而且对市场主体的竞争行为、基础设施建设、组织形式选择、产业融合、对外开放的推动都有重要影响，只有形成合理的市场结构，才能为市场体系有效运行奠定基础。基础设施体现快递行业的技术水平，只有加快技术创新，提高快递业的技术现代化水平，实现创新引领，才能保证快递业实现高质量发展。技术创新的动力来自市场主体对物质利益的追求，来自物质利益关系的和谐，只有建立科学合理的所有制关系和市场结构，才能有力地推动快递业的技术创新和技术进步。快递业的企业组织形式和经营机制是所有制关系的具体实现形式，建立科学的企业组织形式和经营机制必须立足于基本经济制度，并体现出基本经济制度的要求。产业融合的核心在于利益协同机制的构建，其发展进程既受到基本经济制度的内在驱动，也受制于经济体制的规范框架。技术创新与产业协作构成产业融合的关键路径，其中先进技术体系是支撑基础，只有将技术创新与产业协作结合起来，才能实现跨产业要素的有效整合。对快递行业而言，基础设施现代化程度和技术创新水平直接决定其跨界融合效能与开放发展质量。行业发展的战略目标应聚焦于效率提升与质量优化双重维度，其中市场秩序规范是必要前提，有序规范通过健全市场规则体系引导市场主体有序竞争，从而形成有效供给能力，最终实现产业升级的良性发展循环。

加强政府监管，就是要实现各类所有者平等参与市场竞争，保证所有市场主体在市场竞争中一律平等；就是要合理调整市场结构，保护竞争，反对垄断；就是要推动技术进步，实现创新引领快递业发展，加快我国快递业智能化、数字化转型；就是要加快快递业市场主体建立现代企业制度的进程，不断改善经营机制，提高企业决策和运营效率；就是要大力推动快递业产业融合，加快快递业市场主体跨界联合和融合发展，实现快递业高质量发展。

可见，快递业市场体系是由制度基础、市场结构、基础设施、组织形式、产业融合、对外开放、政府监管七个方面有机统一构成，缺一不可，只有从这个统一逻辑出发，才能科学认识我国快递业高质量发展面临的一系列难题，才能找到构建中国快递业高标准市场体系的正确路径，为指导我国快递业高标准市场体系建设、实现快递业高质量发展提供理论遵循。

第三节　快递业高标准市场体系的逻辑框架

一、快递业高标准市场体系建设的主要内容

快递业高标准市场体系，是指市场在资源配置中起决定性作用，基于快递运行各环节与各要素，建立在法治基础上的统一开放、竞争有序的市场体系。加快建设和完善快递业高标准市场体系，既要面临新的发展机遇，也需要迎接复杂多变的外部挑战。

（一）制度基础

在我国改革实践中，自20世纪80年代起对国有企业围绕政企关系进行了企业管理的微观改革，但是此阶段尚未触及企业的所有权与产权。我国邮政改革起步较晚，90年代在我国市场经济体制改革发展中，邮政业面临市场竞争带来的传统业务市场冲击、因邮电分营导致了邮政亏损而难以为继、邮政管理体制和运行机制不适应市场经济的三重挑战。由此，面对国内市场挑战和国际邮政改革经验，我国邮政体制经历了两次大规模变革，第一次始于1998年，我国自上而下推进邮电分营。1999年伴随邮电分营的完成，邮政作为国民经济体系的一部分开始运营，至此，邮政独立

运行体制形成[①]。党的十五届四中全会通过了关于国有企业改革发展的决定，专门就国有企业的改革和发展作出了决定。党的十六届三中全会提出"建立归属清晰、权责明确、保护严格、流转顺畅的现代产权制度"[②]，同时也明确指出产权是所有制的核心和主要内容，包括物权、债权、股权和知识产权等各类财产权。

党的十八届三中全会将知识产权保护和自然资源保护纳入现代产权制度的适用范围，包括对专利、商标、版权等由《与贸易有关的知识产权协定》（TRIPs）所保护的客体，也包括在法律层面对新业态出现的知识产权诉求的保护。就快递业知识产权保护而言，根据国家知识产权局商标局的数据显示，截至2024年8月，在运输、商品包装和贮藏大类，顺丰注册了101个商标，圆通53个，中通65个，百世29个。现有的快递企业除了申请注册与快递服务相关的类别，也尽可能地申请注册了与之相关的大类。此外，在口号、宣传语、产品包装设计、专利发明等方面都进行了相关注册并申请保护，最大程度保护了快递企业的品牌形象。就健全自然资源产权制度而言，快递业虽未涉及自然资源产权归属与权责划分问题，但是在我国"双碳"目标和经济可持续发展背景下，快递业绿色低碳转型成为快递业在自然资源产权上的优化配置基础；运输环节的降耗提速、集约化和智能化的水平提升、大数据运用和基础设施绿色化也是快递业在自然资源产权中的特殊表现，监管问题是快递业自然资源产权管理的重点。

（二）市场结构、行为与绩效

快递业市场体系运转的顺利进行，要充分发挥市场在资源配置中的决定性作用，依托快递业市场主体的驱动机制，实现快递业经济效益与社会效益相统一。快递业市场主体的驱动机制包括利益与成本两个方面：第一，在利益驱动中，快递市场需求的不断扩大是快递业发展的根本动因，

---

① 安冉. 中国邮政体制改革大幕开启 [M]. 武汉：湖北人民出版社，2006：11.
② 马克思主义政治经济学概论编写组. 马克思主义政治经济学概论（第二版）[M]. 北京：人民出版社，2021：292.

由于快递业市场主体构成具有丰富性与多样性，因此快递业市场主体也需要不断协调共同利益与个体利益之间的关系，建立相对稳定的市场主体之间的利益分配关系，实现快递企业之间、快递业与其他行业之间的利益平衡；第二，在成本驱动中，从外部引入机制能够提升整个生产过程的价值链，并通过引入制度和硬件创新达到节约成本的目的。如前述及，快递业的区域结构、主体结构、产品结构和企业经营结构都影响着快递市场主体行为。

（三）基础设施

马克思一直关注基础设施和设备对生产力发展的影响，他指出，"改善交通运输工具也属于发展一般生产力的范畴"[①]。在资本形态变化及其循环的考察中，马克思在对流通费用中，保管费用储备环节的生产资本储备形式进行探讨时也提出，"一个过程的产品能够以什么样的速度作为生产资料进入另一个过程，取决于交通运输工具的发展"[②]。同样在对流通时间进行考察时，马克思认为"交通运输工具的改良，会绝对缩短商品的移动期间"[③]。马克思在对资本流通过程中的固定资本进行分析时提出："真正的经济——节约——是劳动时间的节约……而这种节约就等于发展生产力"[④]。因此，国家与产业发展的基础设施建设是万事之基，具体到快递领域，通过快递业基础设施和基础设施各要素的改良与提升，缩短快递时间能够调整生产关系，促进生产力的发展；特别是快递业发展在满足消费者与其他产业生产需要时，不仅能发挥国民经济的骨架作用，还具备乘数效应，促进社会主义市场经济发展。

此外，从世界经济发达国家市场经济发展的历史逻辑上看，基础设施完善与市场经济发展往往是同频的。美国在其经济上升时期通过对铁路与

---

① 马克思，恩格斯. 马克思恩格斯全集（第三十卷）[M]. 北京：人民出版社，1995：520.

② 马克思. 资本论（第二卷）[M]. 北京：人民出版社，2004：160.

③ 马克思. 资本论（第一卷）[M]. 北京：人民出版社，2004：277.

④ 马克思，恩格斯. 马克思恩格斯全集（第三十一卷）[M]. 北京：人民出版社，1998：107.

公路的投资带动了股市与金融市场的繁荣，完善基础设施恰恰扩大了市场，降低了成本；在德国，第二次世界大战以前德国的工业产出处于欧洲的霸主地位，尤其在铁路、公路、电话设施建设领域更是世界第一，这为德国的崛起与市场经济的完善奠定了重要基础；第二次世界大战之后日本经济的发展，同样也是依托此期间日本建设的基础设施进入世界第一梯队，特别是其高速铁路与公路的密集程度居世界领先地位。可以看出，一般而言，在经济较发达的地区都拥有更为密集的运输网络和基本投资，这造就了完善的市场体系，而这种市场体系建设奠定了快递业发展的基础。

快递业基础设施是快递活动中最基本的载体，也是快递各环节衔接与完成交付最主要的组成部分。但是目前学者对快递业基础设施尚未作出明确的界定，但有学者将快递的基本要素分为包装、装卸、运输、情报这几个方面（徐希燕，2008），高淮成（2010）认为现代物流基础设施分为专门化和专业化两类，并且是将运、储、装、整、送和信息等方面有机结合而形成的完整供应链，是一种多功能与一体化的服务；专业化设施包括各类运输方式的运输枢纽、场站和仓储设施等。快递作为物流的一个细分子业，同时也是物流的高端和精品服务化层次，快递业基础设施既包括与物流相关的一般意义上的元素，也包括快递业与时代发展特殊属性的元素。基于此，本书对快递业基础设施界定为运输、仓储、物流中心、人力资源、融资渠道和服务质量六大系统。

根据上文对快递业基础设施的含义的界定，快递业基础设施应当包括在各个环节中提供相匹配的完成快递服务的软硬件支撑（见图2-1）。

1. 人力资源水平

快递业具有劳动密集型特点，快递业人力资源状况直接决定了快递业市场体系中其他协同要素的发挥水平，包括人力资源总体水平和快递业人才培养状况。

2. 运输能力水平

运输能力是各类快递主体在构建各自运营网络中最基础的条件，主要是依托已有的航空、铁路、公路和水路组成快递业运输网络。

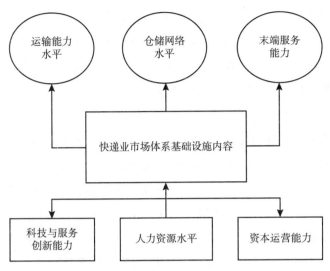

图 2 – 1　快递业市场体系的基础设施内容

3. 仓储网络水平

仓储设施作为流通的节点，在调节流通的过程中，市场具有商品与生产、需求之间在时空上的不统一性。仓储分拨中心和物流枢纽中心是提高效率、节约成本和提升服务的专门化基础设施。

4. 末端服务能力

末端网络体系的构建需基于货物流向特征与品类结构进行系统规划，末端服务能力是能够集成基础分拣作业与弹性运营保障功能的枢纽节点，确保集散效能与旺季服务承载能力等方面形成动态适配机制。因快递市场的动态变化，各类快递主体需要对快递末端服务网点进行相适应的优化与调整。网点覆盖是末端服务能力的主要衡量指标，作为快递企业拓展市场最基本的单位，网点覆盖需要满足综合供求关系、区域战略和利润最优的原则。

5. 科技与服务创新能力

快递活动中需要统一相互联系的组织与设施等要素，通过科技、网络和服务创新手段提升经营效率。科技网络创新来源广泛，并具有连续性的特点，不仅包括信息网络化、快件分拣设备研发与定位、影像监控等技术，还延伸出无人机、智能化、绿色化的新模式、新业态以及冷链、即时递送等新领域。快递主体在科技基础上实现基本与增量的创新，有可能为企业甚至整个行业带来颠覆性和领先性变革。

6. 资本运营能力

快递业由于其规模化特性，只有实现规模经济才能保持持续盈利和提升竞争力的可能。因此，快递业发展需要大量的资金支持，通过对专业人才、网络、技术、运输工具、经营流程和模式等基础性设施的持续性资金投入，保证快递业在各类市场规则下实现效益增长。可以说，资本运营贯穿快递业发展始终，并呈现出不同的特点，在不同发展阶段为快递业提供符合发展规律的资本市场支持，具体包括内涵式与外延式两种资本运营方式。内涵式资本运营方式通过投资、上市与企业内部重组来实现；而外延式资本运营方式包括企业兼并收购、企业间持股、风险投资和资金借贷等。

（四）组织形式

快递企业组织形式指快递企业的运营机制，在运作过程中由快递运行各环节和各要素组成的相互作用和约束关系。快递业运营机制是"一体两翼，四级推动"条块状发展模式。其中，"一体两翼"是指快递业运营体制的一个主体循环与两个外部支撑，并且各循环与支撑环节相互促进与发展。快递运营机制主线由驱动机制、传导机制、交付机制和管理机制构成，这是快递市场运营机制的核心，是其主体循环部分。"快递运营机制—快递运营效率—推动机制"与主体循环组成快递业运营机制其中一翼，"快递运营机制—快递运营效率—保障机制"与主体循环组成快递业运营机制另一翼。"四级推动"包括驱动机制推动、传导机制推动、交付机制推动、管理机制推动。驱动机制是快递业市场主体决策的基础与核心；传导机制与交付机制规范快递市场主体运转；管理机制对快递市场主体市场行为起规范、监督与协调作用（见图2-2）。

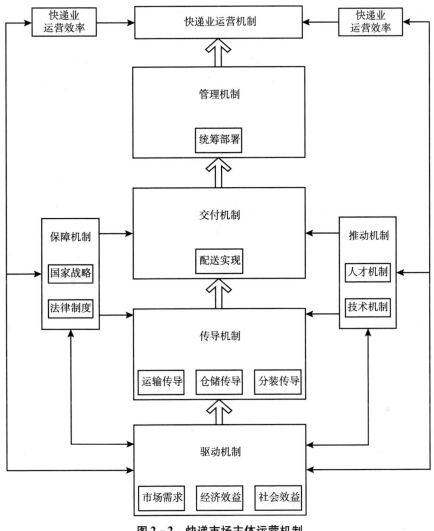

图 2-2 快递市场主体运营机制

(五) 产业融合

快递业产业融合是我国快递业长期发展的目标，就现阶段而言，我国快递业在产业融合深化之前应先基于共享理念构建协同发展平台模式。在对快递业平台协同发展模式进行定义之前，我们先考察共享经济、平台经济的含义并对其进行界定。共享经济就是指闲置资源的机构或者个人有偿让渡资源使用权或者闲置资源收益的经济模式；而与共享经济一同发展的还有平台经济，平台不是指某一个产品、某一个渠道，而是指一种新业态的思维方式。商品市场平台是商品买卖双方或多方之间交易的场所，在万物互联的经济时代，这个场所可以以具体形式存在，也可以是通过互联网形成的虚拟平台。通过向买卖双方提供线上或线下服务而形成的获得收益的经济活动就是平台经济。当前我国社会主要矛盾已经转化为人民日益增长的美好生活需要和不平衡不充分的发展之间的矛盾。这里的人民对美好生活的需要，具体到快递业领域最直接的表现是物美价廉且多样化需求的满足。快递企业及其行业发展由低级走向高级，不仅是产品、标准本身，还包括平台的升级。因此，快递业平台协同发展模式是一种新型运营机制，既要满足消费者的价格敏感性，又要创新供需协作方式；既要发挥协同各方的优势资源，又要实现全行业资源优化配置，并在协同发展时实现盈利特性。

总的来说，快递业平台协同发展就是源于马克思共同利益与个人利益立场、分工协作理论，基于新时代社会主义市场经济共享理念，利用平台经济的新型商业模式。

构建快递业协同发展平台是形成系统的、科学的"十四五"高质量发展的现代快递业基本路径的基础。快递业协同发展平台具有立体、交叉和综合的特征，能够在多业融合共生、创新国内现代快递业市场体系平台协同新业态基础上，提升快递体系应急安全的能力，更好参与国际竞争的开放快递业市场体系。其平台构建包括三个层次：一是基础层协同发展平台的构建，即"快递＋综合运输"，基础层注重快递业服务主体与交付实现手段的结合，即一方面完善"快递＋航空""快递＋铁路""快递＋公路""快递＋水运"的立体网络；另一方面保障"快递＋快递物流枢纽"的衔接畅通。二是运作层协同发展平台的构建，以"快递＋电商"为主要协同发展模式，在两个成熟市场主体的优势互补中逐步实现快递业的多维服务和产业组织创新，发展与电商共生的新形态。三是保障层协同发展平台的构建，打造结合信息技术与行业信用为一体的支撑协同模式，包括快递业信息平台与快递业集约组织运作平台（见图2-3）。

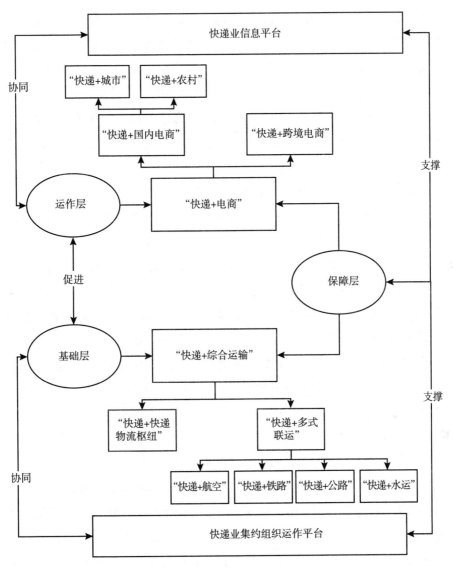

图2-3 快递业协同发展模式

1. "快递 + 综合运输"协同发展平台

我国各种交通方式的基础设施网络已快速向网格化发展，这为依托于交通运输发展的快递业提供了实现一体化运输的可能性。特别是交通运输体系从各自的孤立发展向综合协调发展转变，为高标准快递业市场体系建设中的协同平台发展提供了整合快递业综合交通的基础，尤其是快递物流企业对运输需求结构的变化，对均等化、多样化、高质量、高效率提出了更多的运输服务需求。可见，"快递＋综合运输"协同发展平台能够帮助快递业在自身已有的基础网络建设基础上，通过各种运输方式集中整合国家物流枢纽、物流园区、物流枢纽、配送中心的资源，提高快递业供应链的运行效率。

2. "快递＋电商"协同发展平台

协同发展平台具有现实基础，电子商务平台本身可以为各方参与者提供多元化商品供给、自由化的交易选择、便捷的信息沟通与优质化的支付服务、信息服务、快递服务等。随着网络购物的进一步发展，线上线下融合的商业模式已经不能满足电子商务的飞速发展，快递业迅猛的发展趋势为电商发展提供了基础底盘，由零售业态变化带来的快递业态更迭，促使电商快递边界不断拓展，相互竞争。为了提升各自竞争力，电子商务和快递服务在协同深化发展中产生的跨界竞争现象也日益凸显。"快递＋电商"协同发展平台模式能帮助电商做好全链条服务，在消除不确定性的同时，满足快递企业突破电商包围圈的发展模式，具体包括"快递＋国内电商"与"快递＋跨境电商"两种模式。

3. 快递公共信息与信用信息协同发展平台

快递公共信息与信用信息协同发展平台是以构建高效快递网络、发展网络化快递服务为目标，借助信息化与数字化手段实现快递服务功能一体化的服务支撑平台。具体包括两类平台，一是快递集约组织运作平台，其基于国家物流枢纽而建，能帮助分散、小规模快递服务资源整合；以国家级物流枢纽为核心载体，串联不同城市或同一城市不同类型的国家物流枢纽中心，该平台是以国家级物流枢纽为中心，向周边区域的物流园区、货场、配送中心、仓储基地等基础设施辐射的利益共享信息化合作平台，实现了快递服务要素的高度集聚，形成快递辐射点、线、面成网的资源优势互补，是业务协同发展的保障平台。二是互联共享的快递信息平台，以互联网、物联网、AI 人工智能等技术为依托，是链接快递业产业链供应链环节、快递运作环节、生产流通环节的快递信息新平台；同时结合嵌入金融中心、结算中心和运营中心的技术服务，为快递业降本增效、提升快递业高标准市场体系与快递业"两进一出"工程提供有力保障。

（六）对外开放

国际快件竞争成为快递企业全球化竞争的新领域，随着跨境电商新业态的发展与日益复杂的国际形势，跨境快递物流与"一带一路"建设对快递物流提出了迫切需求；也对我国快递龙头企业在构建制度基础、市场结构和行为绩效、基础设施、组织形式及产业融合五个方面体系的基础上，打破国际供应链服务壁垒提出更高的要求。

（七）政府监管

政府监管通过制度来约束和规范社会生产关系，从不同层面约束市场行为，使经济运行保持较高效率。具体对于快递业市场体系来说，包括信息网络监管、政策法规以及风险防御机制等。

快递业市场体系的有效运行依赖于有效的政府监管，快递系统本身决定了快递业运转与发展状态。电商自营快递与快递企业自营是当前快递业市场提供的两种主要服务方式，其中电商自营快递与第三方快递最为不同的是由于资源掌握在自己手中，企业可以在信息变化中及时调整经营战略，同时在成本控制方面也降低了不确定性，提升了品牌整体形象。总的来说，政府监管通过快递市场外部规制，影响市场主体内部传导机制和交付机制，并作用于信息交付、资源转化与快件交付效率。

二、快递业高标准市场体系建设的运行逻辑

经过上文的分析，本书认为，在"十四五"时期我国减污降碳的新阶段，快递业市场体系内协同发展成为快递业高标准市场体系建设的落脚

点，而协同发展的运行逻辑是在全局观下进行阶段性、重点性调整，遵循全局中的重点、阶段性中的难点，在动态调整过程中实现由低端向高端的升级。因此，快递业高标准市场体系的运行逻辑是"四维七元"的协同发展，即围绕要素协同、市场协同、产业协同、区域协同四个维度，基于制度基础、市场结构、基础设施、行业内外融合、新型平台、有序开放、政府规制七个元素的协同发展。既有各环节的内部协同，又有各环节之间的外部协同，是以价格机制、信息机制与竞争机制构成的运行机制协同。其中，要素协同包括制度基础、企业组织形式、基础设施，是快递业市场体系由低阶状态向高阶状态转变的驱动点；市场协同包括市场结构与政府监管，二者是快递业高标准化建设路径的中介；产业协同是快递业与关联部门或产业的协同与融合，是贯穿快递业高标准市场体系建设的逻辑主线；区域协同是城乡区域、经济区域、国内外区域的协同发展，是基于政府规制有序开放而达到高阶状态的逻辑终点。这四个维度相互交织、相互作用形成复合上升结构，具体如图 2-4 所示。

（一）要素协同

要素协同，即结合新发展阶段技术革命在快递业高标准市场体系中的使命与特征，以技术、数据、智能科技、人才、资金和基础设施等关键要素协同发展，利用平台共享、联通的特征推动产业升级。需要政府在遵循客观规律的基础上，完善快递业的法律法规体系和管理体制机制，特别要规制市场不能有效配置资源的领域，补短板，为快递业的发展营造良好环境。通过动态地调整供应链、产业链、人才链、数据链、资金链和技术链的不同主体，构建突破传统要素资源的快递业要素配置方案。

（二）市场协同

在快递业高标准市场体系中，市场协同要求通过快递业市场主体结构、产品结构、市场主体组织形式构建达到供需的互动反馈，激发市场潜能。市场行为和市场绩效是快递业市场结构调整的出发点，能够影响快递业市场结构。同时，快递业的市场协同一是包括快递行业各类所有制企业间的内外部协同关系；二是包括消费者之间以及各类所有制企业和消费者之间的供需协同关系；三是包括中国快递业市场的垄断竞争协同关系。具体来说，快递业不协调的问题应通过政府规制，从公平、效率、整体福利的角度来解决。

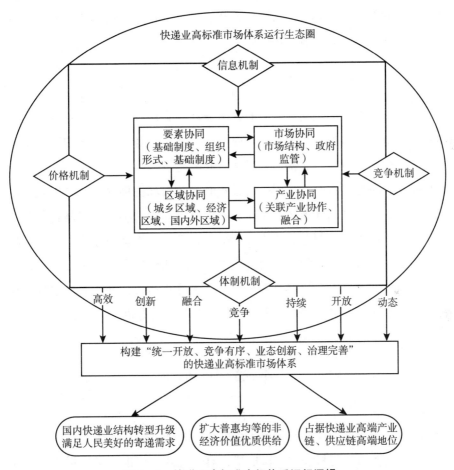

图 2 - 4　快递业高标准市场体系运行逻辑

（三）产业协同

产业协同是快递与相关产业的融合协调关系，通过构建业内与跨业共享平台，致力于打造实体经济产业链。强大的实体经济是快递业的发展基础，同时快递业的发展也能反过来助力实体经济的发展。助力我国制造业、农业、交通运输业迈向全球产业链、供应链、价值链的中高端，更是中国快递业高标准市场体系发展的必然选择。快递业既能加速供应链变革，又能推动快递物流普惠的实现，而快递物流供应链涉及生产、分配、流通、消费等一系列环节，这使快递企业可连接产销两端，能有效助力改造传统产业，进一步释放市场潜能。

（四）区域协同

区域协同即各区域实现资源的自由流动与合理配置。基于供应链和价值链各环节分工协作，我国快递企业提升了在国内各经济区域和国际不同区域间的快递业竞争力。快递业区域协同就是发挥市场在资源配置中的决定性作用，更好发挥政府作用，通过不断强化市场主体地位，布局城乡地区、经济地区和国内外地区的快递发展，引导和支持不同所有制企业做强做优，培育各类所有制企业的核心竞争力，更好地推动快递业市场体系高端发展。在接近长期高阶目标的过程中，动态地调整短期低阶目标与长远高质量发展关系，既让快递业市场体系发展具有活力，又能通过主观能动性调和发展矛盾，从而实现个人利益与社会利益的有机统一。

本 章 小 结

本章基于快递业高标准市场体系内涵与特征，分析阐述了我国快递业高标准市场体系运行机理与逻辑框架，对快递业高标准市场体系的本质问题进行理论概括，也为后文解决我国快递业高标准市场体系建设对策问题提供了理论依据。首先，快递业高标准市场体系的本质特征是高效竞争的、创新的、融合的、可持续的、开放的，同时具备内在自我发展与动态自我调节能力的市场体系。其次，本书构建了围绕要素协同、市场协同、产业协同、区域协同四个维度，具体以制度安排为核心内容，市场结构合理为前提，基础设施技术支撑为根本动力，组织形式为发展基础，产业融合为催化剂，对外开放为实现路径，政府监管为运行保障的"四维七元"运行逻辑。

第三章　中国快递业市场体系建设的历史回顾

基于前文的理论研究，本章试图通过纷繁复杂的历史脉络，抽取出我国完善快递业市场体系进程中蕴含的内在逻辑，并追问新发展格局下构建快递业市场体系的多维度、多层次的原因。通过对我国快递业市场体系历史逻辑与基本特征等具体或抽象的概括，本章将其历史发展划分为成长期、探索改革期与内涵提升期三个重要阶段，同时结合快递业市场体系每一个阶段的具体实践，进而总结快递业市场体系发展的历史规律。

第一节　快递业培育成长期（1978～1991年）

1978年不仅是共和国历史上不平凡的一年，也是我国快递业发展的标志性节点。党的十一届三中全会明确提出"公有制基础上有计划的商品经济"的改革方向，并同时确立"加快建立和培育社会主义市场体系"的改革目标，进一步明确了"国家调节市场，市场引导企业"的改革路径。彼时我国快递业相互竞争的市场结构尚未建立，微观市场主体也仅指邮政部门，但邮政部门作为执行政府计划任务的生产单位，在经营、销售上不具有自主权。为了解决以上问题，国家一方面对国有企业进行经营权改革，提升企业积极性；另一方面也鼓励非国有企业发展，增强经济活力，逐步放开了个体和集体经济的市场准入，工业品产量大规模增加，也成为建立市场流通体系的重要基础。在这一时期诞生了我国现代快递业，其发展主要呈现以下几个特点。

（一）快递业市场主体增多，业务规模不断扩大

伴随着商品市场供给增加，对外贸易和文化交流的频繁往来，国内出口企业数量随之增多，由此产生了对于高效便捷地获取国外资讯和对外联络的需求以及我国快递业在中外双方商业文件、包裹、票据上服务空白的现实冲突。我国的快递主体与快递市场在此阶段呈现并行发展，最早于1979年通过签订代理协议的方式，中国对外贸易运输总公司先后与日本海外新闻株式会社（OCS）、德国敦豪国际（DHL）、美国联合包裹运送服务公司（UPS）、联邦快运（FedEx）、荷兰快递服务商（TNT）签订国际货物运输的代理协议，由中国对外贸易运输总公司（以下简称"中外运"）代理其开展相关服务。此外还有通过国内企业独立由内向外开展快递服务的方式，这种方式始于1980年中国邮政开办的全球邮政特快专递业务，而后在1984年延伸到国内特快专递业务。1985年我国成立了第一家专业的快递企业，专营国内外快递业务。在这个阶段，我国快递发展规模相对较小，运营模式也未突破原有的传统邮政运营模式，经营快递业务的市场主体数量相对较少。国家统计局资料显示，1988～1992年，我国邮政特快专递业务从153万件增加到959万件，增幅超过5倍。此外，党的十一届三中全会不仅确定了以经济建设为中心，实行对内改革，同时也实行对外开放的新国策。快递领域在改革开放之初，结合我国实际情况，将"中外运"[①]作为我国涉外运输的唯一指定窗口单位。而后市场主体逐渐多元，最早进入我国快递市场的外国快递公司是OCS，其于1979年进入中国市场；随后1984年，FedEx与中外运签订协议，正式进入中国市场，在中国开展快递业务；1985年，大通国际运输有限公司（以下简称"大通"，EAS）成为了国内最早的合资物流快递公司之一。1986年，经原外经贸部

---

①　我国当时实行的由政府统制的对外贸易管制体制，对外经贸部运输局与中国外运股份有限公司合二为一为"中外运"。

的批准，成立具有独立法人资格的中外合资企业"中外运—敦豪国际航空快件有限公司"（以下简称"中外运敦豪"），它是我国第一家中外合资的快递公司；1988 年，UPS 进入中国；同年原 TNT 快件公司进入中国与中外运总公司合作，中外运—天地国际快件有限公司成立。

（二）市场准入法规初步形成

此时正值我国工业生产资料价格实行双轨制向单轨制的发展过渡阶段，生产资料市场迅猛发展而产生的较为混乱的市场秩序也开始得到重视。在快递市场发展过程中，与快递相关的法律法规体系逐步形成。1987 年 1 月 1 日起施行的《中华人民共和国邮政法》对于邮政专营问题进行了规定和说明："信件及其他具有信件性质的物品寄递业务由邮政企业专营"①。这对其他市场主体构成了潜在的进入壁垒，但是也为快递市场主体进入留有了一定的法律空间。1986 年和 1991 年国家邮电部对国际邮件、国内邮件的操作流程、规范和收费标准等内容进行了具体规定，相继颁布并修订实施了《国际邮件处理规则》（1986 年颁布，1991 年修订）和《国内邮件处理规则》（1988 年颁布，1992 年修订实施）。这一系列法律法规的出台和修订标志着我国快递法律法规体系的初步形成。

（三）市场定价机制有效性不足

在这个时期，国家推动商品流通体制的改革，首先，打破了计划经济体制下的"三级批发"制度，将一部分自主权交由国有流通企业；其次，在 20 世纪 90 年代初期培育和建立了一批商品批发交易、集贸等交易中心，增加了计划外生产的商品交易渠道；最后，国有流通企业进行了股份制改造，以吸收新的市场主体。具体到快递业市场的发展，雏形阶段快递市场主体较少，市场主体主要就是中国邮政的特快专递与外商在华国际代理服

---

① 中华人民共和国邮政法 ［EB/OL］. https：//flk. npc. gov. cn/detail2. html？MmM5MDlmZGQ2NzhiZjE3OTAxNjc4YmY3Yml2MzA3ZjM.

务，因此市场竞争也相对较小。在此期间，我国的快递由邮电部垄断经营，且其市场价格需报国家物价局（现已并入国家发展改革委）审批，体现政府定价属性。在非邮政快递企业（如民企、外资）在 20 世纪 90 年代兴起之后，其价格需"参照政府指导价"或自主定价。

在快递成长期到来之前，快递是我国邮电经营的高盈利的业务，其价格水平包含了较高的利润要求，属于高端服务，是普通人偶尔使用的高端或奢侈性服务（见表 3-1）。

表 3-1　　　　　　　　　　快递专营时期价格情况

时间	国际快递收费标准	国内快递收费标准
20 世纪 80 年代	到美国：起重 <500g，为 49 元；续重 500g 或其零数为 16 元	起重 >200g 或其零数，为 8 元；续重 200g，为 2 元，不足 200g 按照 200g 算
20 世纪 90 年代	到北美特快专递：首重 <500g，为 100 元；续重 500g 或其零数为 40 元	起重 >200g 或其零数，为 12 元；续重 200g，为 3 元

资料来源：黄伟，蔡远游. 中国快递史话 [M]. 厦门：厦门大学出版社，2019：90，表由笔者整理。

可以看出，在此时期，我国经济仍然处于计划制度主导期，快递市场发育与建设有着明显的局限性，快递业进一步市场化的改革需求日益增长。

第二节　快递业市场体系探索改革期
（1992~2012 年）

从 1992 年邓小平南方谈话到党的十四届三中全会通过的《中共中央关于建立社会主义市场经济体制若干问题的决定》，我国社会主义市场经济体制的基本框架和目标被具体勾画，也同时明确了"建立全国统一开放的市场体系"的重要改革任务。至此，我国市场化改革大步前进，也开启了全面推进市场体系建设的进程。在这一时期，快递业市场体系呈现以下两大特点。

（一） 市场主体不断丰富，初步形成多元化格局

我国市场经济体制改革在产权上的探索建立始于 1990 年上海证券交易所和深圳证券交易所的成立，虽然尚未带动快递相关产权制度变革，但在这一阶段，随着证券和产权市场迅速发展，国有快递企业改革和民营企业发展都加快了步伐。

1. 民营快递企业的涌现与成长

中国市场经济的全面发展也带来了中国快递服务需求的激增，根据海关总署的数据显示，1993 年中国进出口快件为 669 万件，到 1998 年，这个数值增长到 1034 万件；1998～2000 年快递量累计达到 2.77 亿件，其中 EMS 快件量在 2000 年达到了 1.1 亿件①。按照当时的情况，中国邮政速递无法满足各个行业特别是外贸行业关于外贸物件的递送需求，由此，在邮政改革之前，我国的民营快递企业就作为快递业发展的后备力量应运而生，并逐渐成为与国有邮政企业、外资快递企业三足鼎立的多元化格局。民营企业挣脱束缚源于 1992 年的邓小平南方谈话，由此民营快递获得了新的发展空间和机遇。此时民营快递企业服务的主要区域集中在长三角、珠三角地区，提供的业务主要针对以工商、金融、贸易和海运业为主的商务文件和小包裹，通过提供差别化服务，民营快递企业迎来了国内快递市场百花齐放的时代。根据国家统计局资料，1993 年，我国吸引了大量外资来我国投资，出口总额达到 917.44 亿美元，特别在我国加入世贸组织后，世界市场的扩大使得社会对快递服务需求直线增长，大量的样品、单证、商函、文书等都需要快递传送。全国快递量从 1992 年的近 1000 万件增长到 2012 年的 56.9 亿件，有力拉动了我国快递行业发展。国内主要快递企业成立情况如表 3 - 2 所示。

---

① 黄伟，蔡远游. 中国快递史话 [M]. 厦门：厦门大学出版社，2019：90.

表 3 – 2　　　　　　　　　国内主要快递企业成立情况

企业名称	成立时间	总部城市	企业名称	成立时间	总部城市
顺丰	1993 年	深圳	圆通	2000 年	上海
申通	1993 年	杭州	韵达	1999 年	上海
宅急送	1994 年	北京	中通	2002 年	上海

资料来源：各公司官网。

2. 现代企业制度下的邮政体制改革

改革开放以前，我国是公有企业一统天下的格局。在传统的计划经济体制下，执行上级行政部门的指令性生产，国家对企业财务实行的是"统收统支"，一定程度上的政企不分使国有企业并未成为市场主体和利益主体，抑制与束缚了企业和员工的积极性和主动性。这种状况起起伏伏到 1992 年党的十四大有了转变，在 1993 年党的十四届三中全会通过了《关于建立社会主义市场经济体制若干问题的决定》第一次在党的文件中明确国有企业改革是建立现代企业制度，并指出其特征为：产权清晰、权责明确、政企分开、管理科学，这也标志着我国国有企业改革进入到制度创新和市场主体过渡阶段。邮政体制改革最早可以追溯到 2003 年党的十六届三中全会，此次会议通过的《中共中央关于完善社会主义市场经济体制若干问题的决定》为邮政体制改革奠定了基础，该文件提出，"加快推进铁道、邮政和城市公用事业等改革，实行政企分开、政资分开、政事分开"①。2005 年，国务院通过了《邮政体制改革方案》，提出改革的基本思路：实行政企分开，加强政府监管，完善市场机制。2007 年，重组后的国家邮政局成为国家邮政监管机构，国家邮政局的重组和中国邮政集团公司的组建，标志着邮政领域政企分开取得阶段性进展，建立了国有邮政企业的现代企业制度。

---

①　中共中央关于完善社会主义市场经济体制若干问题的决定（2003 年 10 月 4 日中国共产党第十六届中央委员会第三次全体会议通过［EB/OL］. https：//www. gov. cn/gongbao/content/2003/content_62494. htm，2003 – 10 – 04.

除了邮政自身改革以外，1996 年民航快递有限责任公司成立；1997 年中铁快运股份有限公司成立；2010 年，中国邮政速递物流公司经国务院批准成立。上述里程碑的事件，为快递市场营造公平的法治环境和监管环境提供了制度基础。我国国有快递企业股份制改革建立了现代企业制度，突破了西方经济学认为市场经济只能与私有制结合的经济学原理的束缚，实现了社会主义市场经济与公有制、国有制的结合。

3. 外资快递公司的进入

自我国加入世界贸易组织后，按照承诺我国逐步取消外资在中国设立快递公司的股权限制，到 2005 年底已经允许外资在华设立快递公司，我国快递市场参与主体再次丰富。在原有合作的基础上，DHL 继续以合资快递企业形式在中国发展；1997 年 FedEx 结束与中外运的合作，而后与天津市大田航空代理公司成立合资公司"大田—联邦快递有限公司"，这是外资快递企业首次与国内民营企业合资快递公司；UPS 于 2005 年结束与中外运的合作，成为独资运营公司；美国 FedEx 也于 2007 年开启了在中国独资发展之路；与上述国际快递公司发展不同的是，TNT 持续与中国邮政合作，并进一步深化合作范围，在原有的快递、物流、直邮、货运的基础上进一步拓展合作内容和高校合作联合培养人才模式。

可以说，在探索改革时期，我国快递市场形成了多层次服务共生、多种所有制并存、多元主体竞合的发展格局。根据国家统计局数据显示，1993 年我国快递量为 2156.2 万件，2012 年这个指标增长为 56.85 亿件，共增长了 263 倍；2012 年快递业务收入增长到 1055.33 亿元，与 1993 年相比增长了 308 倍。随着快递市场主体的丰富，快递服务的受众也从高端奢侈向普惠民生扩张，快递消费群体日渐扩大，此时，我国快递服务价格结构可以分为三个梯度：第一梯度是以 EMS 和顺丰快运为代表的高价格水平；第二梯度是以"四通一达"① 为代表的中间价格水平；第三梯度

---

① "四通一达"，是申通快递、圆通快递、中通快递、百世快递、韵达快递五家民营快递公司的合称。

是以区域性中小快递企业组成的低价格水平。根据国家邮政局数据显示，2011 年，行业快递平均单价为 20.65 元，到 2012 年，快递平均单价下降为 18.5 元。

（二）快递业法律制度建设起步

在国家宏观层面，国家针对快递市场主体，先后颁布了《中华人民共和国公司法》《中华人民共和国合伙企业法》《中华人民共和国个人独资企业法》等法律法规。在民商事与市场行为规范立法上，《中华人民共和国合同法》、《中华人民共和国反不正当竞争法》、《中华人民共和国消费者权益保护法》、《中华人民共和国价格法》、《中华人民共和国证券法》、《中华人民共和国合同法》（现已废止）等的出台逐步为我国商品流通主导的市场体系建设奠定基本框架，实现了快递市场主体的多元发展。特别是2007 年出台的《中华人民共和国反垄断法》，为快递业市场体系的创新探索提供了重要的制度保障。与此同时，为了让快递业能与国家经济体制改革下的市场体系接轨，国家邮政局于 2009 年正式颁布修订后的《中华人民共和国邮政法》（以下简称《邮政法》），该法的实施，明确了快递业务范畴与快递企业的法律地位。以《邮政法》为基础，2001 年国家信息产业部发布了《邮政用品用具监督管理办法》等配套快递法律法规。在解决企业发展实际问题上，国家邮政局协调相关部门出台了《快递服务》邮政行业标准、《国家邮政局关于贯彻落实物流业调整和振兴规划的实施意见》、《国家邮政局　中国民用航空局关于促进快递与民航产业协同发展的意见》等。2011 年，国家发展改革委颁布了《产业结构调整指导目录（2011 年本）》，快递首次被纳入国家鼓励产业，为快递业发展过程中的用地难、通行难、融资难等问题提供了解决方案，这一系列法规为快递服务规范发展营造了良好环境。除了上述法律法规体系建设之外，2009 年中国快递协会制定了《中国快递协会企业自律公约》，成为我国快递管理体制和市场机制深化完善的标志，同时伴随着交通运输系统和信息技术在快递业的广泛运用，快递业发展的外部环境显著提升。

第三节　快递业市场体系内涵提升期
（2013 年至今）

在这一时期，快递业市场建设呈现以下特点。

（一）明确快递业发展的新目标

党的十八届三中全会明确提出"使市场在资源配置中起决定性作用和更好发挥政府作用"，要求"加快完善现代市场体系"。党的十九大后，习近平总书记进一步提出："要建设统一开放、竞争有序的市场体系，实现市场准入畅通、市场开放有序、市场竞争充分、市场秩序规范，加快形成企业自主经营公平竞争、消费者自由选择自主消费、商品和要素自由流动平等交换的现代市场体系"①，以上论述为新时代中国快递业市场体系建设明确了方向和目标。同时，快递业作为服务人民的基础性行业，2013年，在全国邮政管理工作会议上，国家邮政局提出到 2020 年建成与小康社会相适应的现代邮政业的战略目标。② 经过多年努力，截至 2021 年这一目标已顺利完成③。

（二）快递市场主体活力在制度改革中激发

党的十八届三中全会后全面的商事制度改革使得微观市场主体成长得到快速发展。根据世界银行《营商环境报告》，2015 年和 2016 年连续两年中国的营商环境排名都比上一年提前六位。其中，2015 年，中国在 189 个

---

① 2018 年 1 月 30 日中共中央政治局第三次集体学习会上习近平同志的讲话［EB/OL］. http：//cpc. people. com. cn/n1/2018/0228/c117005 – 29840000. html，2018 – 02 – 28.

② 全国邮政管理工作会议在京召开［EB/OL］. http：//www. cea. org. cn/content/details_10_10426. html，2013 – 01 – 11.

③ 国家邮政局：与小康社会相适应的现代邮政业建成［EB/OL］. http：//fiance. china. com. cn/news/20211014/5671908. shtml，2021 – 10 – 14.

经济体中排名第 84 位，表明中国营商环境持续改善。同时，快递业市场主体培育也大步前进，在此阶段，中国邮政在世界 500 强排位中由 2012 年的 258 位跃升至 2020 年的 74 位，位列世界邮政企业的第二位。以民营快递企业为例，2020 年，顺丰主营业收入 1500 亿元，圆通、申通、中通、德邦业务收入超过 200 亿元。截至 2020 年已上市快递企业包括京东、韵达、顺丰、德邦、申通、百世、中通、圆通，其中，顺丰在 2020 年《财富》中国 500 强排行榜中首次进入 100 强，韵达首次进入 500 强。截至 2020 年，我国已有知名快递企业 9 家，每家企业的服务网点都有 4000 处以上，从业人员 20 万人以上，我国快递业已经形成具有较强竞争力的企业群。

此外，2015 年国家出台一系列法规、意见为快递业健康发展提供良好的制度环境。具体包括：国务院《社会信用体系建设规划纲要（2014—2020）》《关于建立完善守信联合激励和失信联合惩戒制度加快推进社会诚信建设的指导意见》《关于促进快递业发展的若干意见》《关于加强快递业信用体系建设的若干意见》。2015 年，国家放开了国内特快专递、明信片寄递、印刷品寄递和单价重量不超过 10 千克的包裹寄递等竞争性包裹寄递资费，以保持资费总水平的基本稳定为前提，调整简化邮政普通包裹寄递资费体系结构。允许邮政企业在遵循政府指导价、上限管理原则下，不超过国家规定资费标准范围内，自主确定具体资费水平[①]。

（三）快递业服务规模和质效改善

根据国家统计局、国家邮政局与《邮政行业发展统计公报》数据显示，邮政快递行业收入由 2012 年的 1980 亿元增长到 2021 年的 12642 亿元，邮政快递行业收入规模迅速扩大，年均增长 24%，快递业务量从 2012～2021 年的 9 年时间内从 57 亿件增加到 1083 亿件，首次突破了千亿件，净增了 18 倍，年均增长 40%。快递平均单价从 18.5 元降至 10.6 元，

---

① 国家发展改革委. 十八大以来价格改革成就专题报告之六［EB/OL］. https：//www. ndrc. gov. cn/xwdt/xwfb/201710/t20171021_954699. html，2017 - 10 - 22.

快递申诉率显著下降。2020 年，中国快递总量占全球 60% 以上，且我国日处理量突破 2.3 亿件；2021 年快递业发展动力强劲，日均快件处理量更是近 3 亿件。从业务增量和增速上看，2013~2021 年我国快递业务量年均增速在 26.6%~61.6%，平均增速高达 40.8%。从快递业务收入增速上看，2013~2021 年，快递业务收入呈现波动增长态势，此间，快递业务收入年平均增长 30.2%，2016 年增速最快，达 43.5%。此外，邮政营业网点到 2021 年已建成 47.8 万处，是 2013 年的 174 倍；同年乡镇网点覆盖率达到 98%，直接投递到村的服务比重超过了一半，重点地区快递服务的全程时限缩短到 58 小时。

在此阶段，以时效件为代表的龙头企业——顺丰在中高端市场奠定了领先优势，同时面对综合快递物流的扩张需求，2021 年成为顺丰新一轮扩大竞争优势的新起点，形成了从品牌协同到业务协同的多元布局，使顺丰向综合物流企业转型的空间增加。

本 章 小 结

本章对我国快递业市场体系建设进行了历史回顾，以邮政快递市场化改革为主线，客观认清我国快递业在市场主体活力与市场规模质效改善上的显著变化，并为后文研究快递业市场体系存在问题及原因的剖析奠定基础。本章将快递业市场体系发展划分为快递业培育成长期（1978~1991年）、快递业市场体系探索改革期（1992~2012 年）、快递业市场体系内涵提升期（2013 年至今）三个重要发展阶段。

第四章　中国快递业市场体系
建设的现实考察

上文对快递业发展历程进行了梳理与审视。按照研究逻辑思路，本章拟从我国快递业市场体系"四维七元"的发展现状出发，探索快递业市场体系建设所取得的成就，从而梳理总结其规律，将快递业市场体系发展的特殊性上升到一般抽象化阶段，并重点分析我国快递业市场体系呈现出的"低质量"发展困境及成因。

第一节　中国快递业市场体系
建设的现状及成效

改革开放 40 多年来，在国家相关改革措施的推动下，快递业市场发展水平大幅度提高，快递业市场体系结构更趋于合理，相应的体制机制不断完善。快递业市场主体发展为快递业市场体系的高质量发展提供了重要支撑。

一、快递业产权制度改革日益深化

（一）现代快递企业产权制度的形成与发展

要研究快递企业的产权问题需要先追溯我国邮政体制改革，邮政体制重大变革是在 2005 年 8 月国务院出台《邮政体制改革方案》，确定政企分开后的国家邮政局作为行业主管部门独立出来，启动了新一轮的邮政改革。随着我国邮政改革实践的探索和市场经济的发展，在此期间非国有的快递企业实现了从萌芽发展阶段到全面发展阶段的巨大转变，但由于立法滞后问题，快递和邮政监管未彻底分开，民营快递企业由于缺乏明确合法身份而游离于法律的"灰色地带"。这一局面从 2006 年各省、自治区、直辖市邮政管理局的组建到 2007 年国家邮政局重组完成，从而彻底改变了政企合一的管理体制。特别是 2009 年，作为行业根本性法律的《邮政法》的修订通过成为我国邮政改革的标志性事件。截至 2024 年 7 月，据国家邮政局官方发布，我国各层级已经出台主要快递业法律法规、其他行业与快递业相关的规定政策 300 个[1]，其中最为重要的也是唯一一部法律，就是《邮政法》。《邮政法》的颁布实施并经多次修订、修正，一是明确了包含快递业在内的邮政业在国民经济中的作用；二是厘清了邮政公益性和商业化服务不同性质的业务运作方式和发展方式；三是明确了邮政业的政企分开，规范政府监管与企业行为；四是给予了邮政业维护国家信息安全的法律地位；五是历史上第一次明确了快递服务概念与快递企业的法律地位，不仅确定了快递市场的准入制度，还规定了快递业务的基本规范，实现了快递企业合法化经营，解放了束缚快递业生产力发展的生产关系，更是确立了"鼓励竞争、促进发展"的原则。逐渐形成了国家、省、市三级规范的监管体系，确保了国家邮政监管机构的独立性与公正性。市场主体由快递企业与邮政公司组成相对公平的竞争市场，二者同为邮政管理部门的监管对象。也为后来快递业的井喷式增长奠定了前提条件。总的来说，2015年修订的《邮政法》使快递业政策环境逐步完善，推动了统一、开放、竞争有序的快递业市场体系的构建。

除《邮政法》以外，2018 年《中华人民共和国电子商务法》（以下简称《电子商务法》）的通过，也填补了全面规范快递业的空白。快递业是

---

① 中华人民共和国国家邮政局. 政策法规标准 ［EB/OL］. https：//www.spb.gov.cn/gjyzj/c100037/c100150/common_listmore.shtml？channelId = de7de12df24948b98dcb8420d3777c04&code = c100012，2024 - 07 - 30.

电子商务的下游行业，一方面得益于电子商务的发展，另一方面也在根本上支撑了电子商务的发展。由《邮政法》《快递暂行条例》《电子商务法》及其他有关快递业的法规、文件基本上形成了快递业的法律体系。

（二）快递业产权制度建设扩展到知识产权与自然资源产权

党的十八届三中全会将知识产权保护和自然资源保护纳入现代产权制度的适用范围。包括对专利、商标、版权等在内的由《与贸易有关的知识产权协议》（TRIPs）所保护的客体，同时也包括对新业态出现的知识产权诉求在法律层面的保护。就快递业知识产权保护而言，根据国家知识产权局商标局的数据显示，截至2024年8月，在运输、商品包装和贮藏大类中，顺丰注册了101个商标，圆通注册53个商标，中通注册65个商标，百世注册29个商标。中国邮政速递物流股份有限公司在1993年申请了EMS的商标。现有的快递企业除了申请注册与快递服务相关的类别，也尽可能地申请注册了与之相关的大类。此外，各市场主体在口号、宣传语、产品包装设计、专利发明等方面都进行了相关注册并申请保护，上述行为最大程度地保护了快递企业的品牌形象。就健全自然资源产权制度而言，快递业虽未涉及自然资源产权归属与权责划分问题，但是在我国"双碳"目标和经济可持续发展背景下，快递业绿色低碳转型成为快递业在自然资源产权上的优化配置基础。运输环节的降耗提速、集约化和智能化的水平提升、大数据运用和基础设施绿色化也是快递业在自然资源产权管理中的特殊表现，快递业自然资源产权管理重点关注的是监管问题（见表4-1）。

表4-1　　　关于快递业绿色发展自然资源产权的相关规定

年份	文件名称	相关内容
2017	《关于协同推进快递业绿色包装工作的指导意见》	国家邮政局等十部门联合印发，围绕快递包装"绿色化、减量化和可循环"，明确了工作任务，快递包装治理上升到部门共治的层面

年份	文件名称	相关内容
2018	《快递暂行条例》	第九条"国家鼓励经营快递业务的企业和寄件人使用可降解、可重复利用的环保包装材料,鼓励经营快递业务的企业采取措施回收快件包装材料,实现包装材料的减量化用和再利用。"
	《中华人民共和国电子商务法》	第五十二条第三款"快递物流服务提供者应当按照规定使用环保包装材料,实现包装材料的减量化和再利用。"
	《国家邮政局关于全面加强生态环境保护坚决打好污染防治攻坚战的实施意见》	针对快递包装和节能减排,明确了邮政业绿色发展指标和计划完成的时间节点
2019	《邮政业寄递安全监督管理办法》	办法自 2020 年 2 月 15 日起修订施行,增设了生态环保条款,强化了快递包装治理的刚性约束
	《国家邮政局 2019 年行业生态环境保护工作要点》	聚焦快递包装和节能减排系统提出年度工作任务,大力实施"9571"工程
2020	《中华人民共和国固体废物污染环境防治法》	自 2020 年 9 月 1 日起修订施行,规定快递企业应当优先采用可重复使用、易回收利用的包装物,优化物品包装,减少包装物的使用,积极回收利用包装物,并为快递业塑料污染治理提供了法律保障
	《关于开展快递包装绿色产品认证工作的实施意见》	市场监管总局、国家邮政局两部门联合发文,推进快递包装绿色产品认证制度,加快培育快递包装绿色供给
	《国务院办公厅转发国家发展改革委等部门关于加快推进快递包装绿色转型意见的通知》	围绕推进快递包装"绿色革命"总目标,按照坚持绿色发展、创新引领、坚持协同共治的基本原则,提出八方面23条举措,对于加快建立与绿色理念相适应的快递包装法规、政策、标准体系,促进快递包装标本兼治具有重要作用
	《国家邮政局 2020 年行业生态环境保护工作要点》	聚焦快递包装和节能减排系统提出年度工作任务,大力实施"9792"工程
2021	《邮件快件包装管理办法》	《邮件快件包装管理办法》分为总则、包装选用、包装操作、监督管理、法律责任、附则共6章,总计47条

　　总之，我国的产权制度建设有别于西方的新自由主义指导，以适应社会主义市场经济为目标，以公有制为主体、多种所有制经济共同发展的基本经济制度为重点，快递业产权制度实践取得一定成效。党的十八届三中全会以来，国家积极推进混合所有制改革，在快递领域，借助我国产权市场的平台交易功能，国有快递企业引入社会资本。在航空快递领域，东方航空物流公司在 2017 年引入德邦、普洛斯等快递业龙头企业作为战略投资者，同时也引入了联想、绿地等民营资本，还特别推行了核心员工持股形成利益共同体。在引进上述各类资本后，公司经营效率显著提升，利润总额同比增长率 62.87%[①]。2018 年，中铁顺丰国际快运有限公司（以下简称"中铁顺丰"）在深圳成立，其是由铁路总公司属下的中铁快运股份有限公司（以下简称"中铁快运"）与顺丰控股股份有限公司（以下简称"顺丰控股"）属下的深圳顺丰泰森控股（集团）有限公司共同组建，其中，中铁快运和顺丰控股占股比例分别为 55%、45%。中铁顺丰经营范围主要包括高铁快运、快速货物班列等特色物流服务产品研发销售，也涉及铁路跨境电商货运平台设计建设等。同时也致力打造具有仓储、装卸、包装、搬运、加工、配送等多种服务功能的综合物流中心。不难看出，高铁快递是合资公司主要发力的业务方向。这一案例说明国有快递企业在深化供给侧结构性改革中，积极发展混合所有制经济与促进国有快递企业货运结构优化调整方面已有充分实践，也在统筹中铁快运运力与顺丰市场等资源的优化中降低了社会物流成本。根据顺丰控股公开数据显示，截至 2020 年，顺丰高铁极速达产品覆盖城市 74 个，开通 420 个流向；除高铁运力外，还有特快班列 6 条、普列运力 108 条，拥有 800～1500 公里稳固的中长距离铁路运输能力。除快递快运业务外，顺丰已形成常态化发运粮食、化肥、铝制品等大宗物资能力，同时与陕西（西安）、浙江（义乌）、新疆等地的中欧班列平台公司合作，开展中欧班列国际业务。相较于航空和铁

---

　　① 郜志宇. 充分发挥产权市场功能　助力混合所有制改革稳妥推进［J］. 产权导刊，2018（8）：22－24.

路快运，中国邮政速递物流公司的混合所有制改革尚未启动，中国邮政集团 2020 年发布的《中国邮政集团有限公司改革三年行动实施方案（2020—2022 年)》，明确了中国邮政国有企业改革三年行动的总体要求、首要任务以及 37 项改革任务、173 项主要措施，其中 EMS 就是混合所有制改革的重点。

二、快递业市场结构逐渐优化

我国快递市场规模位居全球前列。1978～2020 年，中国社会消费品零售总额从 0.16 万亿增长至 47.15 万亿①。伴随着消费品市场的兴起，中国快递业业务量从 2005 年的 2.28 万亿件，增长到 2023 年的 1320.71 亿件；快递业务收入从 2005 年的 204.6 亿元，增长到 2023 年的 1.2 万亿元，中国快递业务量自 2014 年跃居世界首位后连续六年保持全球第一的快递规模。2020 年快递业务收入占国内生产总值比重达 8.6‰。公路快递货运量、航空快递货运量和铁路快递货运量等主要指标都取得较大突破。根据国家铁路集团的数据，2020 年我国 980 条高铁线路推出高铁快递服务，覆盖全国 80 多座城市；连接西部 12 个省份的西部陆海新通道已建立跨省市运输协调机制。

当前快递市场供给充分丰富，市场化程度显著提高，多元化快递市场主体空前活跃。在 2005 年邮政改革以后，伴随市场准入的开放和企业制度深入改革，逐渐形成了由公有制经济主导到非公有制经济、民营企业为主，形成了国有快递企业、民营快递企业、外资快递企业多种所有制共同发展的市场竞争格局。根据天眼查专业版数据显示，截至 2020 年，我国目前企业名称或者经营范围含"快递、物流"且状态为在业、存续、迁入和迁出的快递物流相关企业超 117 万家。快递上市企业数量达到 8 家，除了刚刚上市的京东物流以外，根据各企业 2021 年半年报数据，7 家上市快递

---

① 国家统计局. 国家数据 [EB/OL]. https：//data. stats. gov. cn/easyquery. htm？cn = C01，2024 – 07 – 30.

企业的投递包裹量占比达到了全部包裹量的 96.9%。伴随快递市场供给的不断改善，中国快递市场供需不匹配问题得到初步缓解与改善。

（一）市场规模

我国快递业虽然起步较晚，但是发展十分迅速。快递业已发展成为物流系统中对时效与质量要求较高的高端业务，也逐渐形成了我国在东部地区以沿海大城市为中心的四大区域性快递圈：一是以北京、沈阳、天津、青岛和大连五个省份为中心的环渤海快递圈；二是以上海、杭州、南京和宁波四个省份为中心的长江三角洲快递圈；三是以福州、厦门、泉州三个省份为中心的环台湾海峡快递圈；四是以广州和深圳两个省份为中心的珠江三角洲快递圈。这四大快递圈又辐射带动我国中部、西部地区快递产业发展。

1. 市场主体构成

按照企业的所有权性质划分，国有、民营和外资快递企业构成我国现有快递市场主体。国有快递企业包括中国邮政速递物流股份有限公司（EMS）、民航快递有限责任公司（CAE）和中铁快运有限责任公司（CRE）。分别成立于 2009 年、1996 年和 1997 年。

民营快递企业经过 20 多年的发展已涌现出多家大型民营企业和中小型民营企业。目前我国国内已有 8 家快递企业上市，根据艾瑞咨询和中商产业研究院数据，从快递包裹量来看，2019 年包裹量前六名的企业分别是中通、圆通、顺丰、申通、韵达和百世，市场份额分别是 19.6%、19.1%、15.8%、14.4%、11.6% 和 7.6%，占总市场份额的 88.1%。此外，还有一批小型快递企业共同参与市场竞争，这类企业数量众多，虽然管理上存在一定滞后性，但承担了一定量的同城和省内快递业务，丰富了快递市场的活跃度。

外资快递企业自 20 世纪 80 年代进入中国，最初受限于政策，国际四大快递巨头 DHL、FedEx、UPS 与 TNT 均与中外运合资运营。截至 2024 年，除 DHL 继续与中外运合作以外，其他三大快递均已在中国境内独资经营，占据我国国际快递服务市场 90% 的份额。

2. 业务量

2020 年突发的新冠疫情对快递业发展带来巨大挑战，快递业在打通人民的生命和生活通道上作出了重要贡献，不仅催生了"宅经济"，也加速了购物的线上化，电商渗透不断加深，快递业也凭借支撑线上服务的巨大优势，在助力恢复生产后逆势发力。2020 年，我国快递业务量累计完成 833.6 亿件，同比增长 31.2%（见图 4-1），依然延续逐年跨百亿量级的增长态势。2020 年初受疫情影响，一二月快递服务企业业务量出现负增长，但随着各行各业复工复产，消费市场回暖，快递业务量快速恢复正常水平，并出现超常规增长。特别是在后疫情时代，快递业务量同比增速不断攀升，根据国家邮政局发布的统计数据，2020 年第四季度我国快递业业务量约为 300 亿件，同比增速均保持在 35% 以上，全年行业增速超预期。其中，2020 年 11 月单月业务量近百亿件，创下全球单月快递量最高纪录。2020 年全年整体业务量连续 7 年稳居世界第一，占全球业务总量六成以上。① 2020 年增量 198.4 亿件已接近 2015 年全年业务量，日均快件处理量超过 2.3 亿件。

图 4-1　2014~2020 年全国快递企业业务量及增长率

资料来源：国家邮政局。

_____

① 2021 年快递业务量预计将超千亿件　收入将超万亿元［EB/OL］. 人民网，http://m. people. cn/n4/2021/0509/c32-14982645. html，2021-05-09.

从图 4 - 1 中可以看出，2014 ~ 2020 年业务总量增长了 5.97 倍，增长率最高的是 2014 年。根据国家邮政局数据，以增速为标准，快递业务规模发展最快的阶段是 2010 ~ 2016 年，其间快递业保持 50% 左右的增速，业务量规模从 2010 年的 23 亿件提升到 2016 年的 312.8 亿件。

此外，在人均水平上，2020 年，快递企业日均服务 4.5 亿人次，第二季度最高为人均 5 亿人次，相当于每天每 3.5 人中就有 1 人使用快递服务。年人均快递使用量从 2012 年的 4.2 件大幅上涨到 2020 年的 59.0 件，2020 年同比增长 31.1% 。年人均快递支出也由 2012 年的 77.9 元增加到 2020 年的 623.0 元，2020 年同比增长 16.3% （见图 4 - 2）。

图 4 - 2　2012 ~ 2020 年全国快递人均使用量及人均快递支出

资料来源：国家邮政局。

3. 业务收入

从快递业务增速与增长幅度上看，2014 ~ 2020 年，我国快递服务企业业务收入从 2045.4 亿元增加到 8795.4 亿元，2020 年同比增长 17.3% ，实现连续 6 年的千亿元量级的增长。总体来看，我国快递企业业务收入总量不断增加，但是增速整体呈现下降趋势，快递业务增速有所放缓。图 4 - 3 为 2014 ~ 2020 年我国快递服务企业业务收入及增长率。

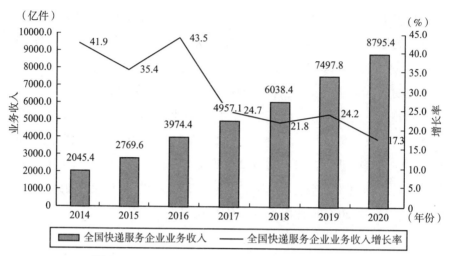

图 4-3 2014~2020 年快递企业业务收入及增长率

资料来源：国家邮政局。

　　2020 年快递业务收入占邮政业业务收入比重为 79.7%，同比提高了 1.9 个百分点。2020 年，快递业务收入占国内生产总值①比重达 8.6‰，同比提高了 0.9 个千分点，2014~2020 年快递业务收入的增速是国内生产总值增速的 5.7 倍，为稳增长作出了积极贡献。图 4-4 为 2010~2020 年快递业务收入占邮政业务收入比重变化情况。较 2019 年，2020 年快递单件价格从 11.8 元/件降至 10.55 元/件，单件价格同比下滑 10.6%。②

　　量收增速差能够反映市场结构的变化。在快递行业，2020 年我国快递服务企业业务量增长率较 2019 年上升 5.9 个百分点，但业务收入增长率较 2019 年下降 6.9 个百分点，量收增速差出现大幅增长，2020 年这一数值高达 13.9%。究其原因，一方面，随着下沉市场的不断拓展，快递业务发生结构性调整，价格敏感度高的业务比重越来越大，冲减了因业务量增加而

---

　　① 2020 年国内生产总值为 1015986.5 亿元（国家统计局. 国内生产总值［EB/OL］. https：//data. stats. gov. cn/easyquery. htm？cn = C01&zb = A0201&sj = 2020，2020 - 12 - 30）。

　　② 根据国家邮政局《邮政行业发展统计公报》（2019、2020）数据计算而得（2020 年邮政行业发展统计公报［EB/OL］. https：//www. spb. gov. cn/gjyzj/c100015/c100016/202105/3597fc5befd 4496a8077d790f0888ee8. shtml，2021 - 05 - 12）。

带来的收入增量；另一方面，2020 年各快递企业价格竞争更加激烈，更大程度上影响了收入增量，导致量收增幅不匹配。

图 4 - 4　2010～2020 年快递业务收入及占邮政业务收入比重变化情况

资料来源：国家统计局、国家邮政局。

（二）市场结构

1. 主体结构

根据国家邮政局数据显示，2014 年，国有、民营和外资快递企业业务量市场份额分别为 10.0%、89.8% 和 0.2%，业务收入市场份额分别为 15.0%、75.0% 和 10.0%。这个占比到 2020 年发生了较大变化，2020 年国有、民营和外资企业业务量占全部快递和包裹市场比重分别为 13.0%、86.0% 和 1.0%，三类快递市场主体业务收入占全部快递与包裹市场比重分别为 8.7%、86.0% 和 5.3%。图 4 - 5、图 4 - 6 分别为各市场主体 2014 年与 2020 年快递业务量、业务收入占快递和包裹市场比重变化情况。

从图 4 - 5 和图 4 - 6 可以看出，与 2014 年相比，2020 年国有快递企业的快递业务量占比减少 3 个百分点，对应的收入从 15% 下降到 9%；外资企业业务量占比下降了 0.8%，业务收入占比下降了 5%；民营快递企业的业务收入增长了 11%，其业务量超过了 4% 的增长幅度。

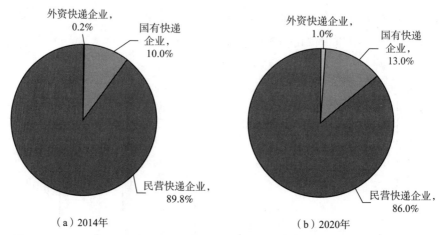

图 4－5　2014 年与 2020 年各市场主体快递业务量占快递与包裹市场比重变化情况

资料来源：国家邮政局。

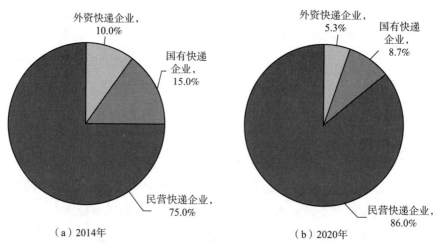

图 4－6　2014 年与 2020 年各市场主体业务收入占快递与包裹市场比重变化情况

资料来源：国家邮政局。

2. 业务结构

我国快递业现有业务结构分为同城快递、异地快递和跨境快递三类。根据国家邮政局数据，2014～2020 年我国快递业务分布及业务收入都有大幅增长。2014 年，我国的快递业务量接近 140 亿件，首次超过了美国，这标志着我国已成为快递大国。① 2014 年全年同城快递业务量完成 35.5 亿件，业务收入 265.9 亿元；异地快递业务量完成 100.9 亿件，实现业务收入 1130.6 亿元；国际及港澳台快递业务量完成 3.3 亿件，业务收入 315.9 亿元。② 到 2020 年，同城、异地和国际及港澳台快递业务量占全部业务比例分别为 25.4%、72.3% 和 2.3%，业务收入占全部收入比例分别为 13.0%、55.3% 和 15.4%。③ 2020 年受新冠疫情影响，线上消费火爆，带动快递业快速增长，2020 年全年我国快递业务量突破 800 亿件。业务结构格局未变化，但是三类快递业务增长速度加快。2020 年全年同城快递业务量完成 121.7 亿件，同比增长 10.2%；实现业务收入 766.4 亿元，同比增长 1.9%。异地快递业务快速增长，全年异地快递业务量完成 693.6 亿件，同比增长 35.9%；实现业务收入 4531.3 亿元，同比增长 15.0%。国际/港澳台快递业务持续增长，全年国际/港澳台快递业务量完成 18.4 亿件，同比增长 27.7%；实现业务收入 1073.4 亿元，同比增长 43.6%。异地业务占比提升，同城、异地、国际/港澳台快递业务量占全部比例分别为 14.6%、83.2% 和 2.2%，业务收入占全部收入比例分别为 8.7%、51.5% 和 12.2%。④ 图 4 - 7、图 4 - 8 分别为 2014～2020 年快递业务结构分布及业务收入分布情况。

从图 4 - 7、图 4 - 8 可以看出，2014～2020 年，异地快递业务量和业务收入增长的幅度远大于同城快递业务和国际/港澳台快递业务，而国际/港澳台快递业务量的增幅是同城快递业务量增幅的 1.88 倍，凸显了我国快递市场向外扩张的趋势。

———————————

① 国家统计局. 快递量 [EB/OL]. https：//data. stats. gov. cn/easyquery. htm? cn = C01&zb = A0G0U&sj = 2024，2024 - 12 - 31.

② 国家邮政局. 2014 年邮政行业发展统计公报 [EB/OL]. https：//www. spb. gov. cn/gjyzj/c100015/c100016/201504/83b97cb01b7a4e97b986e19aced8c0f0. shtml，2015 - 04 - 29.

③④ 中华人民共和国交通运输部. 2020 年邮政行业发展统计公报 [EB/OL]. https：//www. mot. gov. cn/tongjishuju/youzheng/202105/t20210519_3594476. html，2021 - 05 - 12.

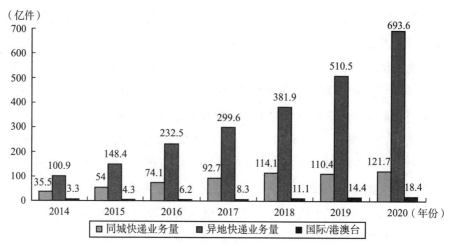

图4-7 2014～2020年快递业务结构分布情况

资料来源：国家邮政局。

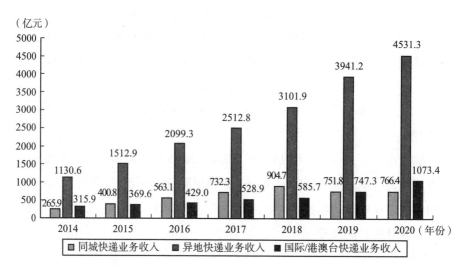

图4-8 2014～2020年快递业务收入分布情况

资料来源：国家邮政局。

3. 区域结构

随着我国多种形式区域协调发展战略的实施，区域间快递在互联互通、利益共享方面有了新的探索。统一快递市场基本形成，特别是电子商务的发展，形成了电商平台覆盖全国的网格化市场格局，使商品流通空间和范围极大扩展，不仅减少了交易环节，降低了流通成本，还逐渐形成了全国统一市场的四大快递圈。此外，农村快递网络的建设，成为加快农产品流通与农民增收的新切入点；不断凸显农村地区在流通经济中的重要作用。

根据国家统计局与国家邮政局数据计算，从三大经济区域来看，2014年，东部地区完成快递业务量114.5亿件；实现业务收入1694.3亿元。中部地区完成快递业务量14.8亿件；实现业务收入191.6亿元。西部地区完成快递业务量10.3亿件；实现业务收入159.5亿元。东部、中部、西部地区快递业务量比重分别为82.0%、10.6%和7.4%，快递业务收入比重分别为82.8%、9.4%和7.8%。2020年，东部、中部、西部地区各项快递业务均保持了持续稳定的增长势头，中部地区业务增长持续提速，市场份额继续上升。全年东部地区完成快递业务量661.9亿件，实现业务收入6999.5亿元。中部地区完成快递业务量111.2亿件，实现业务收入1045亿元。西部地区完成快递业务量60.5亿件，实现业务收入750.9亿元。东部、中部、西部地区快递业务量比重分别为79.4%、13.3%和7.3%，快递业务收入比重分别为79.6%、11.9%和8.5%。不难看出，中部地区快递业务量和收入的增速要高于东部和西部地区。

为了进一步研究我国快递业区域结构情况，本书考察东北地区、东部沿海、北部沿海、南部沿海、大西北地区、西南地区、长江中游、黄河中游八个经济区①2020年快递业务收入总量与平均增长率分布情况，如图4-9所示。

---

① 31个省、自治区、直辖市八大经济带分为：东北地区包括辽宁、吉林、黑龙江3个省份；北部沿海包括北京、天津、河北、山东4个省份；东部沿海包括上海、江苏、浙江3个省份；南部沿海包括福建、广东、海南3个省份；黄河中游包括山西、内蒙古、河南、陕西4个省份；长江中游包括安徽、江西、湖北、湖南4个省份；西南地区包括广西、重庆、四川、贵州、云南5个省份；大西北地区包括西藏、甘肃、青海、宁夏、新疆5个省份。

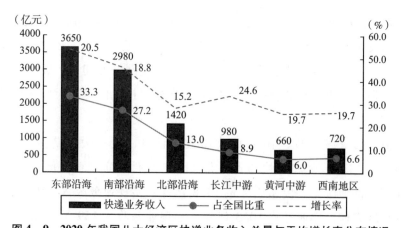

图4-9 2020年我国八大经济区快递业务收入总量与平均增长率分布情况

资料来源：根据国家邮政局、各省邮政局、《中国区域经济发展报告（2021）》数据计算绘制。

从图4-10可以看出，在我国八大经济区中，东部沿海与南部沿海在2014~2020年的快递量占我国八大经济区总和的比重分别达到35.99%和29.74%，大西北地区占比最少只有0.56%，长江中游、黄河中游、西南地区占比在4.8%~7.5%浮动。快递收入总量与快递业务量的分布趋势是相同的。

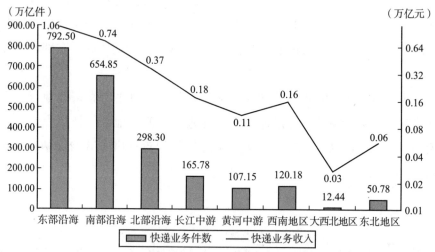

图4-10 2014~2020年我国八大经济区累计快递量与快递业务收入累计总量分布情况

资料来源：根据2014~2020年国家邮政局、各省邮政局、《中国区域经济发展报告》公布数据计算绘制。

从各省份快递业务量排名上看，2014 年、2020 年广东、浙江、江苏、上海 4 省份的快递业务量均排名前列（见图 4 - 11）。与快递业务量相匹配的是，2014 年、2020 年广东、浙江、上海、江苏 4 省份快递业务收入排名靠前，同时河北、云南 2 省份的快递业务收入增长率均超过了 50%，2020

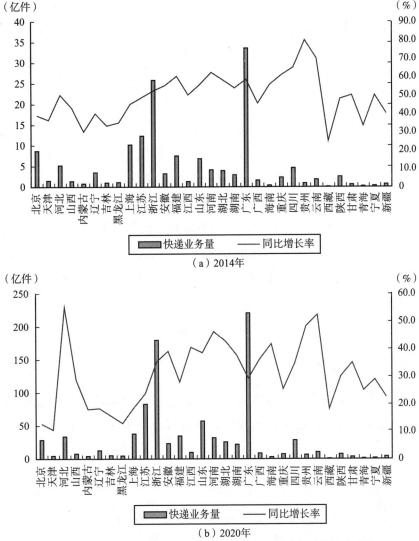

（a）2014年

（b）2020年

图 4 - 11　2014 年、2020 年我国各省份快递业务量与增长率分布情况

资料来源：国家邮政局。

年快递业务收入排名前 5 位的省份总量合计占全部快递业务收入的比重达到 65.5%。快递业务量和快递收入占比最高的省份分别来自南部沿海、东部沿海和北部沿海地区，这三个地区的快递发展集聚效应明显。

从城乡结构上看，2020 年拼多多的兴起，代表着新电商平台积极开拓农村市场，快递网络不断向三四线城市和农村拓展，农村网络通达率达到 50% 以上，收投合计超过 300 亿件①。从城乡结构上看，2022 年农村地区快递业务量超 580 亿件，同比增长超 20%，增速连续 5 年高于城市地区。农村地区快递业务量占比从 2019 年的 25% 提升到 2023 年的 32%。② 从区域增速上看，2022 年中西部地区快递业务量增速分别达到了 18.5%、16.8%，显著高于沿海地区。③ 从市场发展上看，2022 年农产品网络零售额达到 5313 亿元，④ 农产品上行规模不断扩大与电商平台下沉市场渗透，形成双向驱动，使得快递由"沿海集中"向"全国均衡"转型。快递行业呈向下沉市场转移趋势，一方面伴随着企业战略调整，如顺丰的"丰网速运"布局下沉市场，通达系推出的"电商特惠件"以及中通在 2022 年中西部新增分拨中心 12 个，占比超 70%；⑤ 另一方面，2021 ~ 2023 年中央财政累计安排 30 亿元补贴"快递进村"。⑥ 这一系列政府与企业的措施推动快递基础设施网络的进一步完善，下沉市场的快递服务更加便捷高效，普惠化程度不断提升，成为行业增长的重要动力。

（三）市场集中度

市场集中度通常作为重要指标，来衡量某一行业市场结构。特别是通过行业买卖双方的相对市场规模来确定行业竞争或垄断程度。该指标

---

①② 国家邮政局。

③ 根据国家邮政局《中国邮政快递业发展报告》《快递市场监管报告》，商务部《中国农村电子商务发展报告》，艾瑞咨询《下沉市场物流发展白皮书》相关数据计算而得。

④ 中华人民共和国农业农村部．农产品网络零售增势向好［EB/OL］．https：//www.moa.gov.cn/ztzl/ymksn/jjrbbd/202302/t20230202_6419710.htm，2023 – 02 – 02．

⑤ 顺丰、中通、京东物流年报。

⑥ 中华人民共和国财政部、国家邮政局。

越高，说明行业内规模企业对行业市场的支配能力越强，企业的垄断程度就越大，竞争程度就越弱。本书运用行业集中度（CRN）和赫芬达尔－赫希曼指数（HHI）两个指标综合分析解释快递业企业生产规模的差异性。

1. 行业集中度指数（CRN）

其中，行业集中度的计算公式为：

$$CR_n = \sum_{i=1}^{n} X_i \Big/ \sum_{i=1}^{N} X_i \qquad (4-1)$$

式（4-1）中，CR_n 表示行业内规模最大的前 n 位企业的行业集中度；X_i 表示行业内第 i 个企业的销售量、销售额、员工数、产量及资产总额等数值；n 表示行业内规模最大的企业数；N 表示行业内企业总数。在行业分析时，一般取 $n=4$ 或 $n=8$，来计算前 4 家或前 8 家最大企业的集中度。

从快递业的集中度变化看，我国快递业的 CR8 和 CR4 总体上呈下降趋势，CR8 从 2007 年的 85.9 下降到 2020 年的 82.2%，下降了 3.7 个百分点。CR4 从 2007 年的 70.6% 下降到 2020 年的 43.4%，下降了 27.2 个百分点。图 4-12 为 2007~2020 年我国快递业 CR8 和 CR4 的变化。

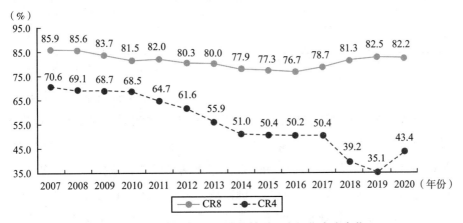

图 4-12　2007~2020 年我国快递业市场集中度变化

资料来源：国家邮政局、各企业年报。

根据美国经济学家贝恩和日本通产省的划分标准（见表4－2），我国快递市场结构由寡占Ⅱ型演变为现在的寡占Ⅲ型，可以看出现有快递市场竞争激烈，特别是快递头部企业竞争更加激烈。从快递业规模经济的属性可以看出，集中度较低不利于行业规模经济效应和基础设施网络效应的发挥，并在一定程度上制约快递业的持续发展。但是从2007～2020年总体变化趋势上看，2014～2017年快递业CR8指数变化趋势呈现"U"形结构，2017年出现触底反弹。快递业的先发优势较为明显，也就意味着快递业今后将进入更加激烈的竞争阶段，行业优势企业会逐步加速收购资产整合头部企业，整个行业的竞争者趋于减少态势，朝寡头垄断方向发展。

表4－2　　　　　　　　　　　市场结构的划分标准

市场结构	CR4 值	CR8 值
寡占Ⅰ型	CR4≥85%	—
寡占Ⅱ型	75%≤CR4<85%	CR8≥85%
寡占Ⅲ型	50%≤CR4<75%	75%≤CR8<85%
寡占Ⅳ型	35%≤CR4<50%	45%≤CR8<75%
寡占Ⅴ型	30%≤CR4<35%	40%≤CR8<45%
竞争型	CR4<30%	CR8<30%

2020年民营快递企业竞争持续加剧。当前头部快递企业产能储备充足，行业需求增速趋向稳定，逐步由增量竞争走向增量、存量并存竞争，各快递企业通过价格战及自身优势扩充市场份额，整个市场需求逐渐向龙头快递企业集中。顺丰在疫情期间发挥直营网络优势，依托时效实现业务量快速增长；"通达系"快递依托价格战使件量增速出现分化，韵达、中通、圆通增速高于行业平均增速。整体上看，顺丰在业务增速方面远超其他企业，而中通、韵达、圆通在业务量上位于领先地位，如图4－13所示。

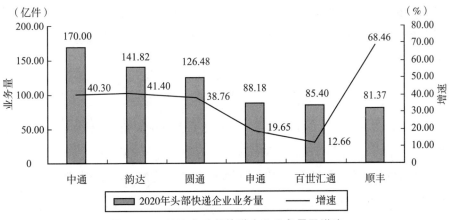

图 4 - 13　2020 年头部快递企业业务量及增速

资料来源：各企业年报。

　　此外，新进入的市场主体也改变了现有快递市场格局。特别是极兔速递（以下简称"极兔"）、京喜快递（以下简称"京喜"）等新进快递企业快速发展，快递市场格局不断分化。2020 年，CR8 龙头快递企业市场占比为 82.2%，较 2019 年下降 0.3%，是 2016 ~ 2020 年首次呈现下降趋势。极兔仅在"双十一"当天订单量就接近 2000 万件①；京喜除京东下沉市场外，还在未来将承接京东社区团购的配送服务，配送规模进一步增大。2019 年，顺丰丰网以特惠专配业务对标"通达系"，进入竞争激烈的电商领域，以期提升市场份额。2023 年，极兔收购顺丰丰网，不难看出我国国内快递市场格局演变加快。根据各上市快递企业财报，2021 年 3 月，韵达单票收入 2.19 元，同比下降 13.4%；申通单票收入 2.25 元，同比下降 27.7%；圆通单票收入 2.25 元，同比下降 11.0%；顺丰单票收入 15.74元，同比下降 12.1%，环比增加 4.2%。从集中度上看，2021 年 3 月，快递行业 CR8 为 80.5%，同比上升 0.6%。

　　2. 赫芬达尔 - 赫希曼指数（HHI）

　　赫芬达尔 - 赫希曼指数（HHI）通常是用来表示市场集中度的另一种

---

① 国家邮政局发展研究中心. 中国快递物流发展报告［R］. 2021：5.

指标，其表示一行业各市场竞争主体所占行业总收入或者总资产的百分比平方和，用以考量整个市场分布的集中度和分散度。该指标越大，表示市场垄断程度越高。公式表示为：

$$HHI = \sum_{i=1}^{n} (X_i/X)^2 = \sum_{i=1}^{n} S_i^2 \qquad (4-2)$$

在式（4-2）中，X_i、X、S_i 分别表示产业中 i 企业规模、市场总规模以及 i 企业市场占有率，n 表示快递业企业数。

从数据可得性角度看，本书对快递业赫芬达尔 - 赫希曼指数计算选取已经上市的 8 家快递企业，包括中通、圆通、申通、德邦、顺丰、百世[1]、韵达和京东物流的相关数据。由于未能详尽市场中的所有企业，故本书测算的 HHI 略小于实际值。我国快递业的 HHI 指数从 2007 年的 2303 降到 2020 年的 807，由此可见，快递业市场集中度有较明显的下降（见图 4-14）。

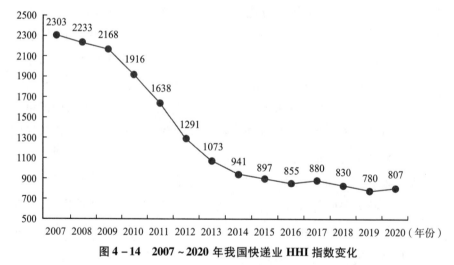

图 4-14 2007~2020 年我国快递业 HHI 指数变化

资料来源：各企业年报、网络资料整理。

———————————

① 百世集团在中国区快递业务于 2022 年 5 月正式并入极兔中国网络。

从图 4 - 14 中可以看出，我国快递业 HHI 指数总体上呈现下降趋势，且下降效果明显。2017 年出现一点小幅回升，随之又继续呈现竞争加强态势。国际上现有的以产业 HHI 为基准的市场结构分类标准，为美国司法部公布的标准，具体见表 4 - 3。我国快递市场从 2007 年的高寡占Ⅱ型演变为 2020 年的竞争Ⅰ型，这与我国快递市场竞争加剧实际相符。

表 4 - 3　　　　　　　　　美国司法部对市场结构分类标准

市场结构	寡占型				竞争型	
	高寡占Ⅰ型	高寡占Ⅱ型	低寡占Ⅰ型	低寡占Ⅱ型	竞争Ⅰ型	竞争Ⅱ型
HHI	HHI≥3000	1800≤HHI<3000	1400≤HHI<1800	1400≤HHI<1800	500≤HHI<1000	HHI<500

三、快递业先导性与基础性地位确立

在我国乡村振兴战略实施期和新发展格局构建期，快递业在服务国家发展大局下逐渐与农业农村、电商平台、交通运输系统深化融合。通过大数据和电商平台精准预测消费者消费偏好，大大提高了仓储布局与配送效率。2016 年，"快递进村"工程作为国家工程，被列入当年中央一号文件，在其推动下，我国快递业现代化发展加速。截至 2020 年，在我国日均 3 亿件快递中约有 2.4 亿件的电商件[1]，2023 年我国网上零售规模超 15 万亿元[2]。截至 2024 年，全网每天 4 亿件包裹中就有 1 亿多件寄送至农

① 国新办举行为全面建成小康社会提供交通保障新闻发布会 [EB/OL]. https://www.spb.gov.cn/gjyzj/c100015/c100016/202108/54b47fbb1eb64526a01717ed7f58dc9c.shtml, 2021 - 08 - 24.

② 2023 年我国网上零售额超 15 万亿元 [EB/OL]. https://www.gov.cn/yaowen/shipin/202401/content_6927216.htm, 2024 - 01 - 19.

村地区①。同时将农村地区农产品通过快递物流体系向各方向输出，优化了农村地区物流流程和效率。在与交通运输系统的融合上，在国家邮政局"上车上船上飞机"工程支持下，开通了高铁快运和电商快递班列、快件航空运输，快递综合运输能力大幅提升。由此可见，快递市场体系转型升级，快递业已经成为我国国民经济和现代生产生活中不可替代的重要组成部分，也成为推动流通方式转型、消费升级现代化的重要力量，不仅实现了生产消费的无缝衔接，更在减少流通环节和流通成本，甚至是重大公共安全事件上发挥关键性、保障性作用。与小康社会相适应的现代邮政业已经全面建成。

（一）快递业人才

快递业因其包括装、卸、运、送、存和流通等功能，是显著的劳动密集型产业。根据各企业年报显示，2020年各快递企业员工数分别为德邦37693人，顺丰121925人，极兔15万人。从业人员基数大，同时也提供了一定的就业规模。因此，在研究快递业基础设施具体内容前，首先需要对快递业相关人力资源情况进行研究。根据牛津经济研究院研究数据，快递业带来的直接就业规模远不及间接就业规模，并且直接就业规模与间接就业规模的比重为1：1.24②。当前我国快递市场主要由国际快递、国内快递和国内同城快递组成，因此，快递需求与快递服务的对象也存在较大差异。特别是快递市场覆盖领域较广，从机场、海关的经理人，到运输环节、分拣环节的收件、分拣、配送人员等，能够为不同能力和专业背景的人提供合适的就业机会。在稳定民生、缓解就业压力和促进经济繁荣上有着积极作用。

根据人社部公布的数据，我国2019年城镇登记失业率为3.6%，是

---

① 快递服务现代农业加速发展 小快递激发乡村大市场（大数据观察）[EB/OL]. http：//paper. people. com. cn/rmrb/html/2024－03/29/nw. D110000renmrb_20240329_1－07. htm，2024－03－29.

② 牛津经济研究院官网，https：//www. oxfordeconomics. com/。

2002 年以来的最低水平，2020 年上升到 4.2%。根据国家统计局数据，2020 年全国城镇新增就业 1186 万人，2019 年城镇失业人员再就业人数 546 万人，同比下降 0.91%。受新冠疫情影响，2020 年这一数值为 511 万人，同比减少 35 万人，下降 6.41%。物流快递是新增就业和失业再就业主要的集中领域之一。根据国家邮政局数据显示，仅仅是快递业，2019 年快递业从业人员超过 300 万人，其中新增就业人口超过 20 万人。2020 年快递业从业人员超过 400 万人。占当年全国新增就业人数的 3.6%，保持较高的增长速度，成为第三产业中中高速增长的产业之一。2020 年我国快递营业网点达 34.9 万处，其中农村 11.1 万处。快递营业网点 22.4 万处，其中农村 7.1 万处。2020 年 7 月，国家邮政局发布的《2019 年快递市场监管报告》显示，截至 2019 年，快递业从业人员超 300 万人，而在 2010 年，我国快递业从业人员为 54.2 万人。9 年间，快递业从业人员增长了约 4.5 倍。同时，根据国家统计局和国家邮政局测算，2014 ~ 2020 年我国快递业务总量增长了 5.9 倍，增长率最高的是 2014 年。以业务量增速为标准，快递业务规模发展最快的阶段是 2010 ~ 2016 年，其间快递业保持 50% 左右的业务量增速，业务量规模从 2010 年的 23 亿件提升到 2020 年的 833.6 亿件，2020 年快递企业达到 2 万家。此外，根据中国产业网调查，快递头部企业包括 EMS、顺丰、"三通一达"、京东、百世 2015 年的快递员工数共超 120 万人，而上述企业包裹寄送数占总量的 80% 左右，到 2020 年我国快递业 CR8 为 82.2%。再者，根据中国物流与采购联合会资料显示，2020 年快递物流相关行业从业人员数量约 400 万人，是 2010 年的 6 倍左右，随着"宅经济"的发展，这一年农村网点扩张新增约 80 万岗位。[①] 图 4 - 15 是快递业相关工作从业人数。

---

① 国家邮政局历年《邮政业发展统计公报》，中国物流与采购联合会年度报告，艾瑞咨询《中国快递从业人员生存状况调查》。

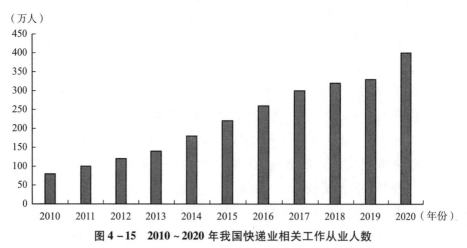

图 4－15　2010～2020 年我国快递业相关工作从业人数

资料来源：根据国家邮政局历年《邮政业发展统计公报》，中国物流与采购联合会年度报告，艾瑞咨询《中国快递从业人员生存状况调查》相关资料整理。

　　菜鸟裹裹 2020 年发布的快递员报告数据显示，该年新增员工 3 万人，日均服务量增长 20%，每月平均增收超 3000 元，特别是"90 后"成为寄快递服务主力。在其收入上，2020 年菜鸟裹裹带动行业增收超过 130 亿元。根据申通数据显示，2020 年 1 月～11 月单量同比增长 122%，超过 3.9 万名申通快递员也接入了菜鸟裹寄快递服务，月收入均增加 3000～6000 元。在人才培养上，教育部和国家邮政局大力推动与遴选，在高等学校、职业院校开设邮政快递相关专业，加快培养行业急需的各类人才。北京邮电大学于 2017 年开设邮政管理、邮政工程本科专业，南京邮电大学、重庆邮电大学、西安邮电大学也在 2018 年开设相应的本科专业。此外，截至 2022 年 12 月，国家邮政局共累计确定 4 个批次的全国邮政行业人才培养基地，覆盖全国 44 所院校。截至 2024 年，全国职业院校和快递类师范专业点 22 个，为邮政业技术技能人才培养与快递业发展提供了专业化人才支持。

　　各民营快递企业对于人才培养也有自己的模式，例如，作为行业龙头，顺丰与国内外大学开展了多层次的校企人才合作培养模式，构建其自身企业人才梯队建设。具体见表 4－4。

表 4－4　　　　　　　　顺丰校企合作人才梯队建设情况

项目	年份	合作院校	合作培养内容
与国内大学、职业院校合作	2017	西安邮电大学现代邮政学院	创新实践"定制式"人才模式，西安邮电大学"顺丰班"。双方根据企业用人需求，利用周末或者节假日等课余时间，由顺丰公司派遣讲师授课。课程结束毕业后，由学生与企业双向选择。（1）不改变学生原专业培养方案，不收取费用；（2）利用双方师资、技术、设备等办学条件，共同参与教学与管理
	2018	成都工业职业技术学校、重庆工业职业技术学院、云南交通职业技术学院、贵州轻工职业技术学院、成都工业学院、四川现代职业学院	共同培育专业人才，集中进行人才引进
		天津职业大学	共同筹建"顺丰速运人才培养班"、顺丰校园形象店和物流快递实训基地
		浙江经贸职业技术学院	共建"顺丰智慧物流中心"、浙江顺丰速运首个"优才订单班"
	2019	武汉交通职业学院	物流人才培养、技术创新、就业创业、社会服务等方面长期合作
与国外知名大学合作	2017	佐治亚理工学院	加速产学研究进程；新员工培训计划、代培计划；利用双方在人工智能、大数据、机器学习、供应链等领域的专业优势和场景资源的长期稳定合作

资料来源：公司官网。

（二）快递业运输能力水平

我国快递服务在运输能力构建上，各类快递主体运输能力多分布于航空、铁路和公路，其中仍以公路为主，水路运输占比较少。通过优化运输方式、车辆和干线选择，为我国快递业的高效服务与良好运输调度保障提供了前提基础。根据国家邮政局快递市场监管报告，2019 年快递车辆达 23.7 万辆，其中新增新能源车辆和清洁能源车辆 3.1 万辆。快递企业自有车辆占比不断提高，不断开通干线运输线路，中通长途货运卡车数量7350多辆，其中自有车辆数量6450多辆，新增近1000辆，自有车辆占比在87%以上。申通开通干线运输线路2800余条，干线运输车辆达5200多辆，其中自有车辆3650辆，新增700多辆，全网产能利用进一步优化，产效实现有效提升。其中，圆通自有干线运输车辆达1572辆；德邦自有车辆增加2105辆；京东物流搭建车联网大数据应用平台。

在航空运输方面。2023年，行业拥有国内快递专业货机161架，仅顺丰航空就拥有超80架全货机，分布在全国40多个城市，平均每天执行近150个航班，国际航线覆盖亚洲、延伸欧美，进一步畅通国际物流供应链，不断提升航空货运能力[①]。邮政航空开通"兰州—南京"等定期国内航线和"义乌—大阪"等国际航线，建成覆盖全国主要城市以及日本大阪、韩国首尔的航线网络。顺丰航空机队规模扩充至58架，航线也延伸至中亚、欧洲和东南亚地区。圆通国际航空运输网络覆盖范围也不断扩大。在铁路运输方面，快铁合作范围不断扩大，2019年以来，四川广元高铁快运物流基地建成，这是我国首个高铁快运物流基地。各快递企业也与铁路运输展开合作，中铁顺丰正通过电商特快班列，承担其东南与华南地区之间的货物交流。苏宁物流也开始与中铁快运合作高铁快递专列。菜鸟号X8020次从义乌西货运站正式启程，华东地区首条中欧跨境电商班列菜鸟号eWTP正式开通，并实现常态化运行。各快递企业为增强中长途干线运输能力，进一步提升运输时效，加速推进快件铁路化运输进程。在公路运输方面，截至2023年，全行业服务车辆超26万辆[②]。

(三) 仓储网络水平

提升仓储网络水平一方面是能够迅速提高快递服务需求，提高快件处理能力，另一方面也为快递智慧化、信息化、仓配一体化交付提供可能性。

---

①② 快递最高日处理能力超7亿件，72小时准时率超80% 快递业高质量发展步伐加快（网上中国）[EB/OL]. http://paper.people.com.cn/rmrbhwb/html/2023–08/09/content_26010218.htm, 2023–08–09.

首先，在分拣处理能力上。截至 2020 年，全国规划、运营、在建的快递物流园区 600 余个，基本实现快递物流园区省级覆盖。山东省济南市、青岛市跨境电子商务产业园初具规模，全省共有分拨中心 110 个，其中 44 个分布在快递物流园区，占比达 40.0%。江苏省苏南快递产业园、江宁快递产业园两家快递园区被纳入省级示范物流园区储备库，84 个分拨中心分布在快递物流园区。安徽省投资建设集物流中转、仓储托管、货物配送于一体的区域大型物流基地——皖东南智慧物流产业基地项目，共计 73 个分拨中心分布在快递物流园区，分拨中心入园区率达 54.9%[①]。其次，在分拣信息化水平上，截至 2020 年，快递企业在全国各地加快新建、改建、扩建分拨中心，大力推广全自动分拣，全国拥有大型快件自动化分拣中心 232 个[②]。各企业不断探索自动分拣模式，顺丰建立"转运中心自动化升级项目"提升智慧化水平，扩充自有机队、投产枢纽机场并收购了嘉里物流。2019 年，中通在全国的分拨中心投入使用 265 套大/小件自动分拣设备，比 2018 年同期的 120 套增加了 1.2 倍；申通拥有 145 套自动化分拣设备，包括 90 套交叉带分拣设备和 55 套摆臂设备，较 2018 年分别新增了 57 套和 26 套；百世新建转运中心 14 个，扩建及改造转运中心 50 个，配置履带式全自动分拣设备和矩阵式全自动分拣设备，提升中转处理效率，降低错分率[③]；京东物流自主研发国内首套 IoT 分拣系统，每小时能够完成 4000 个单位的分拣任务，准确率可达 99.99%，为我国快递出海带来新机遇。

我国物流枢纽发展极，即物流枢纽辐射范围可以分为北京—天津、广州—深圳、武汉、成都—重庆、上海五个中心。同时也形成了以京津冀、长三角、山东半岛、成渝双城、粤港澳大湾区经济圈、长江中游城市群为基础的区域物流聚集区，和以区域物流聚集区为延伸的沿海物流带、长江物流带、丝绸之路物流枢纽发展带。总的来看，我国区域快递物流格局的

① 以上数据分别来源于 2019 年山东省、江苏省、安徽省快递市场监管报告。

② 国家邮政局发布 2019 年快递服务质量核心数据 [EB/OL]. http：//www.gov.cn/xinwen/2020 - 01/21/content_5471172.htm, 2020 - 01 - 21.

③ 满满科技感，百世快递最新"神器"曝光 [EB/OL]. https：//www.sohu.com/a/321620846_165430, 2019 - 06 - 19.

串联为全国基础设施网构成奠定了基础。

(四) 末端服务能力

在快递交付完成之前，需要快件末端完成处理和交付，由快递分站、营业点和站点提供快递末端服务，快递末端网点是快递企业在区域中最基本单位。根据国家邮政局和各企业官网公开资料显示，2019 年我国农村地区快递取送点达 6.3 万处，快递网点乡镇覆盖率达 96.6%。全国智能快件箱收寄量累计达 0.5 亿件，同比增长 56.8%；投递量累计达 67.7 亿件，同比增长 54.6%。2020 年在上述基础上各快递企业对末端重视程度进一步提升，全行业各类营业网点达 34.9 万处，其中包括 11.1 万处农村设点；快递服务营业网点达 22.4 万处，其中包括 7.1 万处农村设点。同时，中通持续推广应用快递超市项目，圆通加大"妈妈驿站"铺设力度，快递企业服务网点和智能投递终端建设步伐进一步完善，快递末端网络节点体系建设加快推进。

在成本与效能提升的压力下，快递末端无论是商业模式还是科技发展均不断创新探索。各类驿站、代收点、众包配送等新模式，无人机/车、智能快件箱等新技术不断投入运营。中邮速递易、丰巢提供硬件、软件以及增值服务解决方案。京东物流也推出专业存储服务的迷你仓业务，对象为个人和中小企业。可以看出，上述互为补充的末端投递服务新格局逐步完善，快递服务消费多元化需求不断得到满足。

根据国家邮政局市场监管数据，在电商平台销售旺季，快递服务效率有显著提高，2019 年"双十一"前 6 天的快递业务量达到全年高峰，共处理邮（快）件 23.1 亿件，"双十一"前 18 天最高日处理量达 5.4 亿件，是日常处理量的 3.2 倍。旺季期间，全国未出现重大积压、断网事件，行业运行有序，旺季高峰平稳度过。其中，"三通一达"、百世等快递企业在旺季期间业务量增速在 30% 左右，顺丰、京东的业务量增速在 50% 左右。"双十一"前，"通达系"企业首次对"双十一"快递时效作出公开承诺，若是"双十一"旺季长三角地区快件未在 72 小时内送达将按规则向消费者赔付。各企业均通过不同形式，大力宣传旺季服务保障应对情况和旺季服务保障成果。这期间中通成为首个年业务量突破百亿件的快递企业；顺丰在其特定客户群推出特惠专配等新产品；申通在快递全网运力上投入超过 5 亿元，并新增 1 万辆车；圆通拉直拉密城市间线路规划，自动化分拣设备和摆臂、上车扫描仪等辅助设备投入分别为 100 多套和 2000 余台。2021 年 11 月 1 日~16 日全国揽收快递包裹 68 亿件，比上年增幅达 18.2%，"双十一"当天揽收 6.96 亿件，再创历史新高。[①] 2021 年"双十一"期间，快递业在场地、分拣设备、信息系统等方面全面扩容升级，新增处理场地超 500 万平方米，行业新增汽车 8 万余辆，127 架全货机投入运行，高铁运快件线路超 1000 条，在末端揽收、分拨、运输和末端投递等方面都取得了大幅进展。[②] 投递进度较往年快了一天。快递业在揽收、分拨、运输和末端投递等方面都取得了大幅进展。

特别是自 2020 年新冠疫情以来，受疫情防控影响，部分地区"最后一公里"和"最后一百米"的配送需求凸显。根据国务院联防联控机制发布会相关发布[③]，以 2022 年 4 月为例，国家邮政局统筹邮政、顺丰、京东、圆通等国有快递企业与民营快递企业发挥各自优势，实行精准与科学防控、保障民生。其中，上海市邮政快递企业日均参与保供车辆 1200 余辆，参与人员 3000 余人，累计运送生活物资 6000 多吨。此外，在新冠疫情期间，上海市累计超过 4000 名快递小哥投身志愿服务。同时，为了进一步降低疫情传播风险，京东物流运用无人智能快递车进行的无接触配送也充分表明快递业在疫情防控阶段末端服务能力的关键作用。

（五）科技与服务创新能力

当前以人工智能、机器人、5G、互联网等技术为代表的新一轮科技革

---

① 2021 年度快递市场监管报告 [EB/OL]. 国家邮政局，https：//www. spb. gov. cn/gjyzj/c200047/202207/f9b7a1c54810480c907c5c0306289835. shtml，2022－07－11.

② 2021 年 11 月中国快递发展指数报告 [EB/OL]. 国家邮政局，https：//www. gov. cn/xin-wen/2021－12/05/content_5655931. htm，2021－12－05.

③ 国务院联防联控机制发布会：从严从实抓好疫情防控 [EB/OL]. http：//www. gov. cn/xin-wen/2022－04/19/content_5686174. htm，2022－04－19.

命和产业革命方兴未艾，对于科技创新制高点的竞争异常激烈。新技术与产业革命的结合对我国快递业不仅是重大机遇，也是重大挑战。快递业基础设施建设在科技应用上就越发重要，随着我国快递新业态快速成长和快递业服务模式的不断丰富，无人化、智能化等新模式初露端倪，新业态外延不断拓展。快递企业积极探索创新服务模式，冷链、快运、即时递送等业务领域不断拓展。冷链领域不断取得突破，如顺丰冷链服务推动了农特产品、海产品进城，在多地建设全自动化、高标准的现代化物流电商产业园；2019 年，申通在砀山成功建设砀山申雪冷链项目，建成万吨级恒温及零下 18 度冷冻冷藏库，构建全国各省级冷链运输对接体系；京东通过冷链仓与其自身宅配网络的互补覆盖超过 300 个城市，仓库日均订单处理能力达 100 万件；苏宁完成对 46 个城市仓储面积超过 20 万平方米的冷链仓布局，并覆盖 218 个城市。快运、即时递送、供应链管理、仓递等业务领域也得到快速发展，2019 年，顺丰正式发布快运品牌，作为顺丰集团子品牌，主要承担 20 公斤以上大件货物运输。顺丰同城急送、圆通计时达、韵达云递配实现试点推广，民营快递企业积极发展仓递一体化，逐步向综合物流服务商转型。随着 5G 和智能化技术的发展，快递业自动化装备也得到进一步研发和应用，快递行业数字化发展不断推广升级（见表 4 - 5、表 4 - 6）。

表 4 - 5　　　　　　　　　主要快递企业科技创新情况

企业名称	科技创新情况
顺丰	2019 年泉州顺丰创新产业园实现换档升级，在原有智慧分拨的基础功能上，吸引电商客户入驻，为福建省提供嵌入式定制服务，同时开辟冷链、大件、即时达等高端寄递服务，为石狮开渔节提供"冷运到家"业务。在安徽省，顺丰制定"徽蟹"行业解决方案，寄递范围扩大至全国主要消费市场，实现"4500 +"个流向次日达，"7500 +"个流向隔日达。结合山东省特色农产品和药品外销外运冷链运输特点与要求，积极布局冷链运力网络。顺丰在餐饮、鲜花、水果以及其他配送物品方面提供即时递送服务，在济南、青岛等城市建设全自动化、高标准的现代化物流电商产业园。顺丰在广东地区提供蛋糕、生活用品、生鲜、鲜花及医药、医疗设备配送等同城急送服务；跨越速运推出跨越生鲜业务，为生鲜农产品行业客户提供一站式生鲜冷链解决方案

续表

企业名称	科技创新情况
京东	2019 年结合山东省特色农产品和药品外销外运冷链运输特点和要求，积极布局冷链运力网络
申通	2019 年申通在安徽砀山成功建设"砀山申雪冷链项目"，建成万吨级恒温及零下 18 度冷冻冷藏库，是全国唯——家县级冷链运输中心
百世	2019 年开展快运业务
中通	2019 年开展快运业务

资料来源：各公司官网、快递年鉴。

表 4 - 6　　　　　　　快递物流智能化相关企业科技创新情况

科学技术	企业名称	具体情况
无人机	京东	大型物流无人机"京蜓"
自动驾驶	赢彻科技	自动驾驶商用车
	智加	干线物流场景自动驾驶
	宏景智驾	L3 级自动驾驶重卡解决方案
无人车	阿里	小蛮驴无人车
	京东	5G 无人机配送车
	苏宁	5G 卧龙一号
	饿了吗	玉狮、赤兔
	中国邮政	汉马
AGV - AMR	海柔创新	HAIPORT 自动装卸机
	极智嘉 AislePick	订单到人拣选机器人

资料来源：各公司官网、快递年鉴。

由于快递业对包装和配送环节绿色发展认识的深化和我国的"双碳"目标战略部署，近年来围绕"减量、绿色、可循环"目标，快递包装在寄递环节的重要性更加显现，通过快递业实施"9571"工程和"9792"工程①，快递包装绿色治理明显收效。一是快递电子运单基本普及应用，在节约资源的同时大幅提高了操作效率，2020年节约耗用纸量约相当于825.3亿张A4纸，少砍伐252.2万棵大树，节约3603立方米的水。截至2019年，全国使用电子运单累计减少使用A4纸张约2439亿张，可以少砍伐704.2万棵大树，节约1万立方米的水。二是推广包裹使用45毫米以下替代原60毫米以下的"瘦身胶带"，可以节约使用近20%胶带。三是封套、包装袋和包装箱更加注重资源节约。包装箱的瓦楞纸层数从5层减少为3层或更少层数。四是70%以上电商件不附加二次包装。五是循环中转袋使用率达90%，循环次数最多的可达百余次，替代了大量的一次性塑料编织袋。新增邮政快递网点设置包装废弃物回收装置点5.6万个。此外，快递包装也变得更加"环保"，通过开展过度包装专项治理，过多缠绕胶带等不规范包装问题得到逐步缓解。

同时，各快递主体对绿色共识不断深化，着力推进快递包装绿色化、减量化和可循环，大力实施"9571"工程，加强内部培训教育，强化规范操作，注重措施落实，扎实推进绿色治理工作，在全国共投入约62万个生鲜冷链等循环箱。从各快递企业看，申通推出循环中转袋，使用量达580万条，覆盖率为99%②；京东推广使用的"青流箱"已在7个城市投入使用；苏宁投入使用漂流箱等循环箱（盒），共循环使用2500万余次。到2020年，全行业积极主动作为，大力实施"9792"工程，加强包装统一采购管理，积极推广可循环包装应用。2019~2021年主要快递企业科技创新情况及绿色实践情况如表4-7、表4-8所示。

---

① "9571"工程是针对快递业发展提出到2019年完成的四项目标：（1）全国电子运单使用率达到98%；（2）电商件不再二次包装率达52%；（3）循环中转袋使用率达75%；（4）3万个网点设置标准的包装废弃物回收装置。"9792"工程是指到2020年完成四项目标：（1）瘦身胶带封装比达到九成以上；（2）电商件不再二次包装率达七成以上；（3）可循环中转袋使用率达九成以上；（4）新增5.6万个设置标准包装废弃物回收装置的邮政快递网点。

② 资料来源：国家邮政局。

表 4 - 7   2019 ~ 2021 年主要快递企业科技创新情况

企业名称	科技创新情况
EMS	与专注于无人驾驶领域的人工智能公司飞步科技达成战略合作关系，合作共同建立多条 L4 的 EMS 级别无人驾驶物流线路。上线 3 个月后，已进入常态化联合运营阶段，是中国首批进行日常运营的无人驾驶货运车
顺丰	（1）顺丰丰修在 2019 亚洲消费电子展（CES Asia），全面展示其多行业、跨品类、一体化售后供应链行业解决方案能力，以创新的服务模式，重新定义 3C 数码、智能终端、智能家居厂商售后服务
	（2）获国家首批区块链信息服务备案
	（3）在 2019 全球物流技术大会对外发布"慧眼神瞳"，利用各种视频和图像进行自动化分析
	（4）新增视觉单件分离系统与六面扫描传输设备，依托天津市东疆港海丰物流园仓库打造全智能化无人仓
圆通	与菜鸟、中国联通联合打造全国首个 5G 快递分拨中心，落地杭州萧山，建成后将大幅提高包裹自动分拣效率和稳定性
中通	与无人货架平台考拉便利达成合作，正式切入无人货架领域
申通	AI 智能客服机器人全面上线，申通快递 95543 电话下单业务、客服售后工单处理结果满意度的回访、95543 电话服务非工作时间的问题受理，已全部实现对接申通 AI 智能客服机器人，客户维度问题解决率达到 70% 以上
德邦	（1）与中国联通签署战略合作协议，推进 5G 通讯新技术在快递物流场景下的应用
	（2）建成浙江首个快递行业无人驾驶应用研究载体——德邦快递无人驾驶货运车实验基地，推出新一代全自动驾驶货运车"白泽号"，并宣布在湖州德清开通第三条无人驾驶快递线路测试
京东	（1）推出价值供应链的数据管理系统——"X 仓储大脑"，该系统不仅具备商品预测、智能排产、数据分析、自主决策等多种能力，还可以自我感知，实现机器人健康自检、系统云端管理和海量物流场景的自动适应，已经迈入对外开放阶段
	（2）建设国内首个 5G 智能物流示范园区，依托 5G 网络通信技术，通过 AI、IoT、自动驾驶、机器人等智能物流技术和产品融合应用，打造高智能、自决策、一体化的智能物流示范园区
	（3）获国家首批区块链信息服务备案，与中国移动、中国邮政及中国联通分别签署战略合作协议，共同探讨 5G 在快递物流场景的应用
	（4）推出自动测量智能设备"竖亥"2.0，实现组合体积测量，"竖亥"已经升级到"竖亥"3.0，大幅提升仓储物流的运作效率

续表

企业名称	科技创新情况
京东	（5）上线全球首套机器视觉批量入库系统一秒收，针对性解决大批量条码扫描、信息采集、自主纠错等问题，作业效率提升 10 倍以上
	（6）上线智能包装系统，集软件硬件于一体，提供 360 度全场景、全链路、闭环式的物流行业解决方案
	（7）与日本乐天株式会社（Rakuten）就无人配送达成合作协议，为对方提供末端配送无人机、配送机器人等智能物流设备及配套解决方案，推动双方深入合作
苏宁	（1）开放末端 5G 自动驾驶配送车——"5G 卧龙一号"无人车的路测实况
	（2）上线 AGV 机器人，机器人与货架搭档主要承载 3C 小件和拆零件，两者结成联盟，使整件的上架效率和拣选速度得到大幅提高

资料来源：企业官网。

表 4-8　　　　　　　　　　　主要快递企业绿色实践情况

企业名称	个性化绿色实践		共性绿色实践
EMS	将生态环保纳入培训体系		有专门的包装实验室，围绕新材料、新技术、新模式开展快递包装绿色升级创新研发
UPS			
德邦			
苏宁			
顺丰	立足成为快递业环保标准的制定者、节能减排的践行者、绿色环境的驱动者，搭建碳排放管理体系，正式发布《碳目标白皮书 2021》，获得了环境管理体系认证、能源管理体系认证。绿色包装相关专利 99 余项，4 项国家级绿色产品大奖	将减碳目标融入企业发展战略规划	
京东	承诺至 2030 年碳排放总量减少 50%，通过协同上下游共同推进低碳环保，2020 年 1 月入选世界经济论坛"灯塔计划"，作为全球可持续发展经典案例向世界推广并获 2020 年度保尔森"绿色创新"类别优胜奖		
中通	—		
圆通	新设立了包装研究实验室		

资料来源：企业官网。

四、快递业与电子商务协同发展的耦合研究

促进上下游产业联动发展纵向快递物流，是我国快递业中长期发展的中心环节，通过嵌入供应链来主导企业在产业链、原材料与生产要素的采购、保障与配套以及终端渠道等环节，联动供应商、制造商、零售商和消费者，实现精准匹配与高效对接的组织重构。从产业融合的视角看，快递业产业融合、协同的影响范围不止快递业本身，融合协同后的快递业的功能将更深刻影响国民经济的其他产业和部门。快递业及其关联产业或部门的融合发展一方面促进产业结构优化，带动相关产业与就业结构改善；另一方面也间接作用和优化整体产业结构。而与快递业关联度强的产业部门，又会反过来提出更适应产业发展、社会发展的快递需求，促进快递业与制造、金融、信息、新技术等相关产业融合，最终提高快递服务质量。

在快递业与其他产业深度融合之前，我国快递业在产业协同发展上已有了一定实践。本书对我国当前快递与电商协同发展耦合情况进行研究。

耦合度作为一个物理概念，能够表示不同系统之间调用、控制以及数据传递等相互依赖的关系，而在社会经济研究中也常用于定义事物之间相互作用的程度。在此基础上发展的耦合协调度理论也被用于对关联事物在不同发展阶段相互影响程度的研究。因此，对当前我国快递业与电商耦合协调发展状况进行衡量，能够反映二者的协调发展水平。

（一）指标体系构建

在电子商务方面，本书根据《国务院办公厅关于推进电子商务与快递物流协同发展的意见》《电子商务法》，同时参考前人研究成果①并结合实

---

① 武淑萍. 分享经济下"PtoS"平台快递模式的机理研究［D］. 天津：天津财经大学，2016.

际情况，从产业基础设施、产业环境（产业规模与结构、人力投入）、产业水平三个层面构建我国电子商务建设评价指标体系。在快递业方面，依据《邮政强国建设行动纲要》以及其他学者研究成果，从产业基础设施、产业环境（产业规模与结构、人力投入）、产业水平三个层面22个二级指标构建"快递+电商"协调发展评价指标体系（见表4-9）。

表4-9　　　　快递业与电子商务协调发展评价指标体系

目标层	准则层	指标层		单位	性质
电子商务发展水平	产业基础	互联网上网人数		万人	+
		互联网宽带接入用户		万户	+
		互联网普及率		%	+
	产业环境	产业结构	电子商务交易额	万元	+
			网络零售额	万元	+
			电子商务增长率	%	+
			电子商务交易额占GDP比重	%	+
		人力投入	邮购及电子销售年末从业人数	万人	+
	产业水平	人均网购消费金额		万元/人	+
快递业发展水平	产业基础	营业网点数		万处	+
		营业网点人均水平		处/万人	+
		平均1万平方公里营业网点服务水平		万平方公里	+
		航空网络密度		万平方公里	+
		铁路网密度		万平方公里	+
		公路网密度		万平方公里	+
		邮政及规模以上企业营运车辆数		万辆	+
	产业环境	产业结构	快递业务量	万人	+
			快递业务收入	万件	+
			快递业收入占GDP比值	万元	+
		人力投入	快递业从业人员	%	+
	产业水平	人均快递使用量		万件	+
		人均快递支出		万元	+

（二）指标体系构建

1. 数据来源

本书的各项指标主要来源于 2009～2020 年《中国统计年鉴》、国家统计局网站、国家邮政局公布的数据与公报，其中个别缺失值采取相邻点均值计算得出。同时为了避免价格波动带来的影响，涉及 GDP 数据，均采取 GDP 平减指数处理。

2. 数据标准化处理

由于各指标的数据的量纲和计量单位不一致，因此先对数据运用极差标准化方法进行无量纲化的处理，同时本书采用熵值法确定权重。为了避免消除指标值为 0 时无法取对数问题，借鉴丁慧媛（2019）对极差标准化公式的处理，公式如下：

$$X'_{ij} = \frac{X_{ij} - \min(X_{ij})}{\max(X_{ij}) - \min(X_{ij})} \times 0.9 + 0.1$$

$$Y'_{ij} = \frac{Y_{ij} - \min(Y_{ij})}{\max(Y_{ij}) - \min(Y_{ij})} \times 0.9 + 0.1 \qquad (4-3)$$

3. 指标权重的确定

为避免因数据主观赋值而产生的随机性问题，本书采用熵值法确定指标权重。熵值法是通过信息熵值的大小反映具体指标的大小与其有效性。同时为实现不同年份之间的比较，由时间变量加入参考杨丽等（2015）对熵值法的改进，具体步骤如下：

$$P_{\theta ij} = \frac{X'_{\theta ij}}{\sum_{\theta} \sum_{i} X'_{\theta ij}}$$

$$e_j = -k \sum_{\theta} \sum_{i} P_{\theta ij} \ln(P_{\theta ij}) \qquad (4-4)$$

$$k = 1/\ln(rn)$$

在式（4-4）中，$P_{\theta ij}$ 为确定指标的熵值；r 为年份；$X'_{\theta ij}$ 为第 θ 年一级指标 i 的第 j 个分指标。

进而计算各指标的熵权，具体公式为：

$$\omega_j = \frac{(1 - e_j)}{\sum\limits_{j=1}^{n} (1 - e_j)} \qquad (4-5)$$

$$U_{\theta i} = \sum_j (\omega_j X_{\theta ij})$$

在式（4-5）中，ω_j 为各指标的熵权；$U_{\theta i}$ 为综合指标得分。

4. 耦合度模型

耦合度源于物流学领域，用于测算系统间相互作用的程度。当二者耦合度指数越大，表示系统之间耦合情况越好，整个系统越趋向新的有序结构；相反，耦合度指数越小，表示子系统之间耦合程度欠佳，具体公式如下：

$$C = \frac{2\sqrt{U_1 \times U_2}}{U_1 + U_2} \qquad (4-6)$$

在式（4-6）中，C 为耦合度指数；U_1 为电子商务发展指数；U_2 为快递业发展指数。耦合度值介于 0~1，越趋近于 1，耦合度越大，系统之间或内部各要素之间为良性关系，系统越趋向有序，为良性耦合；越趋近于 0，耦合度越小，系统之间或内部各要素之间处于无关、松散状态，趋向于无序方向转化。

5. 耦合协调模型

耦合协调是考察度量系统或各指标之间彼此共生程度的指标，能够反映出整个体系从无序走向有序的发展趋势。因此，为能够更好衡量出电子商务与快递业两个系统协调水平的高低，更加客观反映快递业与电子商务协调发展真实水平。本书在耦合度指数的基础上，引入耦合协调度模型，具体公式如下：

$$D = \sqrt{C \times T} \qquad (4-7)$$

$$T = \alpha U_1 + \beta U_2$$

在式（4-7）中，D 为耦合协调度指数；T 为相对发展指数；U_1 和 U_2 分别为电子商务和快递业的发展指数；α 和 β 分别为电子商务系统和快递业系统的权重。虽然在当前发展过程中，快递业的重要业务依托电商，但是本书认为电子商务系统和快递业系统同样重要，故这里设置权重=0.5。

6. 相对发展模型

在评价电子商务与快递业耦合度指数和耦合协调发展水平的基础上，本书进一步对二者之间的相对发展情况进行评价。因此，引进相对发展指数模型，测算相对发展指数，以分析二者的相对发展关系。公式如下：

$$K = \frac{U_1}{U_2} \tag{4-8}$$

7. 耦合度与耦合协调度的评价标准

根据许学强（1996）、黄金川（2003）等学者的分析，并结合研究实际情况和相对发展指数，本书将电子商务与快递业协调发展划分为三个大阶段、五个小类型（见表4-10）。

表4-10 电子商务与快递业协调发展阶段与类型划分

协调度指数	阶段	类型	相对发展指数	类型特征
$0 < D \leqslant 0.2$	不协调	非常不协调	$0 < k \leqslant 0.8$	电商发展滞后
			$0.8 < k \leqslant 1.1$	同步发展
			$1.1 < k$	快递业发展滞后
$0.2 < D \leqslant 0.4$		基本不协调	$0 < k \leqslant 0.8$	电商发展滞后
			$0.8 < k \leqslant 1.1$	同步发展
			$1.1 < k$	快递业发展滞后
$0.4 < D \leqslant 0.6$	转型发展	基本协调	$0 < k \leqslant 0.8$	电商发展滞后
			$0.8 < k \leqslant 1.1$	同步发展
			$1.1 < k$	快递业发展滞后
$0.6 < D \leqslant 0.8$	协调发展	中度协调	$0 < k \leqslant 0.8$	电商发展滞后
			$0.8 < k \leqslant 1.1$	同步发展
			$1.1 < k$	快递业发展滞后
$0.8 < D \leqslant 1$		高度协调	$0 < k \leqslant 0.8$	电商发展滞后
			$0.8 < k \leqslant 1.1$	同步发展
			$1.1 < k$	快递业发展滞后

结合上文对耦合协调等级划分标准，可以将系统耦合协调发展水平分为三个阶段，分别为不协调、转型发展和协调发展阶段，五个发展类型为非常不协调、基本不协调、基本协调、中度协调和高度协调。

当 $0 < D \leqslant 0.2$ 时，反映电子商务和快递业供给系统的耦合协调发展阶段正处于失调与无序阶段；

当 $0.2 < D \leqslant 0.4$ 时，反映电子商务和快递业供给系统的耦合协调发展有序发展的可能性正处于孕育阶段；

当 $0.4 < D \leqslant 0.6$ 时，反映电子商务和快递业供给系统的耦合协调发展进入磨合与相互适应的中级阶段；

当 $0.6 < D \leqslant 0.8$ 时，反映电子商务和快递业供给系统良性有序发挥积累效应，二者达到良性有序循环共振状态；

当 $0.8 < D \leqslant 1$ 时，反映电子商务和快递业供给系统协同势能不断优化，两系统内部与系统之间结构达到优化状态，并向新的有序结构不断演化。

（三）快递业与电子商务协调发展时序分析

根据上文的研究方法，分别计算出 2008～2020 年我国电子商务与快递业协调发展指数、2008～2020 年我国电子商务与快递业协调发展指标时序变化情况（见表 4-11、图 4-16）。

表 4-11   2008～2020 年中国电子商务与快递业协调发展指标测算结果

年份	电子商务发展指数（U_1）	快递业发展指数（U_2）	系统综合发展指数（T）	耦合协调度指数（D）	相对发展指数（K）	协调类型	类型特征
2008	0.111	0.140	0.126	0.353	0.791	基本不协调	电子商务滞后
2009	0.082	0.130	0.106	0.322	0.634	基本不协调	电子商务滞后
2010	0.107	0.141	0.124	0.351	0.757	基本不协调	电子商务滞后
2011	0.245	0.118	0.181	0.412	2.080	基本协调	快递业滞后
2012	0.188	0.162	0.175	0.417	1.160	基本协调	快递业滞后
2013	0.203	0.248	0.225	0.474	0.817	基本协调	同步发展
2014	0.265	0.342	0.304	0.549	0.775	基本协调	电子商务滞后

续表

年份	电子商务发展指数（U_1）	快递业发展指数（U_2）	系统综合发展指数（T）	耦合协调度指数（D）	相对发展指数（K）	协调类型	类型特征
2015	0.374	0.400	0.387	0.622	0.936	中度协调	同步发展
2016	0.432	0.469	0.450	0.671	0.922	中度协调	同步发展
2017	0.518	0.547	0.533	0.730	0.947	中度协调	同步发展
2018	0.577	0.577	0.577	0.760	0.999	中度协调	同步发展
2019	0.606	0.662	0.634	0.796	0.915	中度协调	电子商务滞后
2020	0.892	0.794	0.843	0.917	1.123	高度协调	快递业滞后

资料来源：由 Excel 软件测算整理而得。

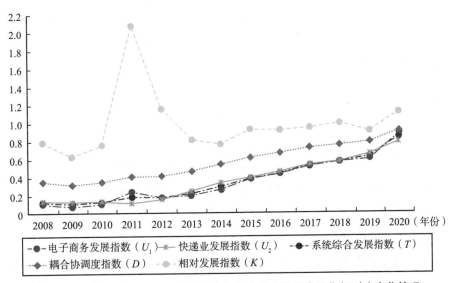

图 4 - 16　2008～2020 年中国电子商务与快递业协调发展指标时序变化情况

1. 电子商务子系统发展指数呈波动增长

从电子商务子系统看，电子商务发展指数从 2008～2020 年总体上呈现上升趋势，由 2008 年的 0.111 提升至 2011 年的 0.245，然后在 2012 年有一个小幅回落，而后在 2015 年升至 0.374 并保持持续增长态势，在 2020

年达到 0.892。可以说，我国电子商务市场从开始的初期探索阶段再到快递发展实践阶段，到 2020 年已经成为我国居民消费和新业态商业竞争模式的重要支撑。

2. 快递业子系统发展指数增长势头快

从快递业子系统看，我国快递业发展指数整体上呈现上升趋势，与电子商务系统的波动增长相比，快递业发展指数平稳增长，具体来说，2008 ~ 2011 年有一个小幅波动，从 2008 年的 0.140 下降到 2011 年的 0.118，2011 年成为转折点，这也正是说明我国快递业在多年的高速发展之后遇到了瓶颈，特别是快递企业投入与业务规模高速增长之间的不均衡，在快递企业内部分工与运营上造成了一定的压力。而在 2011 年，国家发展改革委出台《产业结构调整指导目录（2011 年本）》，将快递业首次纳入国家鼓励类产业，快递业发展过程中用地、融资、城市通行等具体问题得到了初步解决。因此，快递业发展指数在 2012 年以后整体发展态势良好，从 2012 年的 0.162 增长到 2020 年的 0.794。

3. 电子商务与快递业整体系统综合协调进程加快

从电子商务与快递业整体系统综合协调指数上看，我国电子商务子系统与快递业子系统表现出良好的协调发展。在二者的系统综合发展指数变化上由 2018 年的 0.126 上升到 2020 年的 0.843。其中从 2014 年开始增速加快，增幅达到 34.6%。例如，作为电商进入快递业的代表，京东物流在 2007 年进入快递业，于 2016 年发展成熟，并于 2021 年上市。说明电子商务与快递业的协调程度在不断深化。

4. 电子商务与快递业协调发展进入"中度协调—高度协调"动能转换期

从电子商务与快递业协调发展状况来看，2008 ~ 2020 年电子商务与快递业在短时间内分阶段快速实现了"基本不协调→基本协调→中度协调→高度协调"的演进发展，耦合协调度指数由 2008 年的 0.353 增长到 2020 年的 0.917，初步达到高度协调阶段。尽管电子商务与快递业协调发展呈现良好的发展态势，但要继续保持高度协调发展的态势，仍需要在实践中继续推动电子商务与快递业的分工与协调合作。

5. 电子商务与快递业相对发展指数交替变动

从电子商务与快递业相对发展指数上看，相对发展指数在 2008～2010 年出现一个下降起伏波动趋势，表现出电子商务发展在该时期处于滞后状态。2011～2014 年处于快递业从滞后向同步发展转变的起伏阶段，2015～2018 年呈现同步发展阶段。2019～2020 年表现电子商务与快递业交替起伏。在这 10 多年时间里，电子商务与快递业快速发展，二者相互适应的子系统也面临前所未有的发展机遇，电商与快递业都进行了一定程度的跨界竞争。如何在竞争实践中，既保持各自优势，又能进行差异化竞争，是电商与快递业在下一阶段需要进行整合与布局的战略点。

总体上看，我国快递业发展水平、电子商务发展水平呈现逐年上升趋势，协调发展呈现"基本不协调→基本协调→中度协调→高度协调"的演进态势，两系统相对发展阶段总体呈现"电商发展滞后→同步发展→快递业与电商交替发展滞后"演进趋势。需要在加快电商规范化发展过程中，不断提高快递业建设水平，在促进快递业业内提质增效高质量发展的同时，提升快递与电子商务更高水平的协调发展。

我国快递业当前在农业与制造业方面已经进行了新尝试。就快递业与农业融合而言，快递服务现代农业步伐加快。根据国家邮政局数据显示，2023 年，全国农村网络零售额达 2.5 万亿元，同比增长 12.9%，比 2014 年增长近 13 倍；全国农产品网络零售额达 5870.3 亿元，同比增长 12.5%。同时，确定 17 个业务量超 200 万件的县级项目为"2023 年邮政快递业服务现代农业典型县级项目"，并在脱贫县、国家乡村振兴重点帮扶县以县级为单元打造服务现代农业典型项目。项目共涉及 22 个省（区、市），共 91 个市（州），通过优化服务模式、延伸服务链条，补齐农村地区末端配送短板，助力农村地区，特别是脱贫县发展。[①]

---

① 快递服务现代农业加速发展　小快递激发乡村大市场（大数据观察）［EB/OL］. http：// paper. people. com. cn/rmrb/html/2024－03/29/nw. D110000renmrb_20240329_1－07. htm，2024－03－29.

在服务制造业方面，2023 年，国家邮政局会同工业和信息化部实施快递业和制造业融合发展"5312"工程，大力发展"线边物流"、仓配一体和供应链管理等业务，2023 年全国已累计打造 1900 余个快递业服务制造业业务收入超百万元项目。与此同时，冷链基础设施加快建设，快递业服务供应链能力更强，2023 年全国累计建成冷链转运中心 83 个、冷链仓 351 个，投入冷链车辆 3800 余辆。推动快递从末端的"搬运工"走进生产线，直接打通产供销全环节，为促进实体经济发展注入了新活力。

（四）"快递 + 铁路运输"扩大协同发展

快递服务的核心是货物的寄递，无论前端揽收、中端运输还是末端投递这些环节与交通运输体系都密不可分。运输配送效率的提高对于优化快递业务流程、提升用户体验起到关键性作用。2014 年起，我国快递业业务规模超过美国跃居全球第一，快递业务量的快速增长对运输网络供给提出了更高的要求，在部分地区或时段可能显示出资源调配不足、基础设施建设不完善等问题，快递市场主体扩大自身运力、提高寄递效率和改善消费者的服务满意度的需求日益增强。随着我国电商平台的爆发式发展和居民消费水平的提高，大件电商逐渐渗透消费领域。大件快递对于运输服务和质量水平提出了更高的要求，各大民营快递企业也开始展开与国有快递企业的合作（见表 4 – 12）。

表 4 – 12　　　　我国快递企业与铁路运输企业合作情况

年份	参与快递企业	合作模式	合作铁路企业	覆盖范围
2012	顺丰、EMS、FedEx	依托动检车	广铁集团	上海—深圳，北京—上海，北京—广州
2014	顺丰、申通、中铁快运、京东等	电商快递班列	上海铁路局、北京铁路局等	广州、长沙、深圳、郑州等城市
2014	中铁快运	依托图定客运动车组	中国铁路总公司	北京、上海等 246 个城市
2017	各快递公司	启用高铁确认车运能	中铁快运成都分公司等	四川、贵州、云南等城市

续表

年份	参与快递企业	合作模式	合作铁路企业	覆盖范围
2018	顺丰速运	"站到门"托运服务	中铁快运公司	铁路春运重点地区的24个高铁站
2018	京东物流	搭乘"复兴号"（高铁京尊达）	中铁快运公司	北京、上海等一线城市
2019	京东物流	快运商城（线上商城＋线下联运）	中国铁路总公司、各铁路局集团公司和中铁快运公司	全国各城市

资料来源：中国铁路总公司官网。

　　从国家层面上来看，从2014年《物流业发展中长期规划》到2021年《"十四五"现代流通体系建设规划》，可以看出发展现代物流，要深化流通体系内的分工合作，通过提高流通效率进而提升国民经济运行效率。而发展现代物流体系，还要重视绿色、立体和应急发展能力。因此，快递市场主体能通过利用水、陆、空运输比重实现流通效率提升。上述政策为快递企业利用高铁资源、发展高铁快件运输提供了良好条件。而在快递企业发展初期，很少使用铁路运输模式，航空和公路运输是包裹快件的最初主要选择。我国快递企业与铁路部门的合作始于2012年，广铁集团首次开始尝试与顺丰速递、FedEx、邮政快递等合作，开展动检车运输邮件快件业务。之后，双方参与的主体增多，业务合作模式也从单纯依托高速动检车发展到高速客运动车组、电商快递班列整车合作。目前快递公司与铁路部门合作主要依靠普列、普铁、高铁以及特快班列四种形式开展相关业务合作（见图4-17）。

　　具体来看，根据顺丰2021年半年度报告，顺丰在高铁运力（包括高铁极速达产品和普通运力采购）覆盖城市91个，在用流向541条；班列运力使用4对8列；普列运力在用线路106条。利用现有强大的铁路运力，助力地区特色经济业务发展。除快递快运业务外，顺丰形成了粮食、煤焦、有色金属、建材化工等国内大宗物资运输能力，为特有消费群体提供多式联运解决方案。同时，形成了新平台常态化国际班列发运能力，开展电商包列运营及中欧班列国际业务。

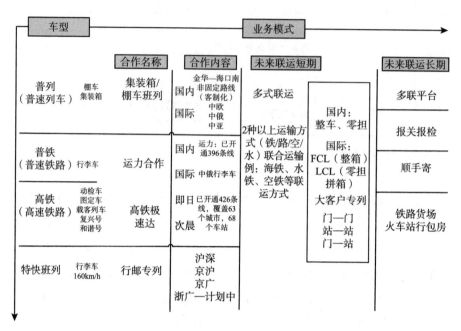

图 4-17 我国快递企业与铁路部门合作情况

资料来源：中铁快运股份有限公司官网。

顺丰与铁路部门的合作始于 2012 年，双方对快件运输的电商快递班列和高速动检车或固定车皆采用分工协作模式。铁路部门根据货物品类、运价区间、运输线路和时刻等运输要求，负责提供基本运能保障。顺丰负责衔接、转运和装卸等环节并向铁路部门支付运费。快递电商企业班列的合作模式如图 4-18 所示。

此外，针对快递业务，快递市场主体与中铁快运仍依托分工协作的模式开展合作。对于邮件快件运输，各快递市场主体则需要与中铁快运协商谈判，此时中铁快运既是快递物流企业，同时也扮演着货运代理的角色。中铁快运参与的高铁快递业务企业间合作模式如图 4-19 所示。

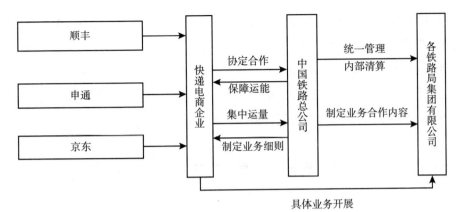

图4-18　快递电商班列企业间合作

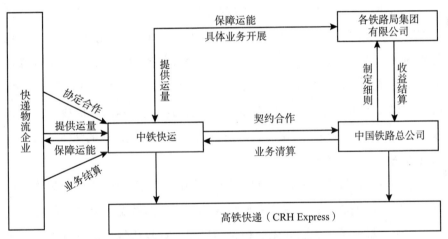

图4-19　高铁快递业务企业间合作模式

五、快递业国际化进程日益加快

快递企业为寻求新的发展，不断拓展其服务产业链，而电商依然是快递业最主要的业务来源，新的电商平台的下沉成为快递业增长的重要驱动力。与此同时，跨境电商发展进入"快车道"，2015年，我国跨境电商交易规模为4.8万亿元，2020年突破了12万亿元大关，达12.5万亿元，年均增长在 20% 以上①。我国跨境电商占进出口额的比重，也由 2015 年的 19.5% 上升到 2020 年的 37.6%，成为了我国对外贸易的重要支柱。此外，海外仓建设为我国快递"出海"开辟了新模式。平台类电商速卖通、自营类电商京东与聚美优品以及其他国际货代企业已进入海外仓建设行列。这为我国快递跨境出口寄递模式创新与开放奠定了基础。

六、快递业市场政府监管秩序改善

（一）行业立法新进展

我国快递业行业规范主要由中国邮政管制，2008 年 1 月 1 日起施行的《中华人民共和国反垄断法》中提及了电子商务等规定。随后，2009 年修订后的《邮政法》在法律上也确立了快递企业的法律地位，为我国快递业务的发展提供了良好机遇。除《邮政法》以外，2018 年《电子商务法》的通过和《快递暂行条例》的发布施行标志着我国基本已经形成了由《邮政法》《快递暂行条例》《电子商务法》与其他有关快递业的法规、文件构成的快递业的法律体系。

市场发展环境日趋完善，与快递业市场体系相适应的法律法规体系已基本形成，相关监管、支撑体系日臻成熟。这一体系是以宪法为核心，法律为主干，形成了由宪法和宪法相关的法律、行政法规、地方性法规三个层次，快递快件类、国际货物运输代理类、物流类、邮政类和其他国际协定五大分类的规范构成的统一体。其中特别是《邮政法》经过 2009 年、2015 年两次修订，确保了各快递主体平等的市场环境与市场主体地位，这成为快递业市场发展的前提。此外，网络治理力度和权益保障力度不断加强，在防范不正当竞争、市场经营秩序、末端网点和快递员队伍的政府监管的包容审慎，也成为快递业市场体系高效治理的关键。

---

① 《2020 年度中国跨境电商市场数据报告》。

国家邮政局为加强智能快件箱的服务和管理，出台了《智能快件箱寄递服务管理办法》，进一步规范新业态发展。《邮政业寄递安全监督管理办法》也增加了邮件快件寄递有关生态安全条款，明确委托实施邮政行政处罚相关事项。《快递业务经营许可管理办法》有机衔接上位法法律责任相关规定，使快递业务经营许可管理工作更好地适应新形势和新业态发展。行业法规体系进一步健全，为推动行业治理现代化提供了根本法治保障。

（二）快递业各环节标准更加完善

在快递各环节作业流程等方面，相关部门也加强了相关执行标准的制定，《快递服务支付信息交换规范》《快件航空运输信息交换规范》相继颁布实施。天津市出台了全国首个省级地方标准《寄递企业安全中心建设与管理规范》；河北省发布并实施《智能信报箱通用技术条件》；上海市制定并发布《快递末端综合服务站通用规范》地方标准。快递领域相关标准情况如表4-13所示。

表4-13　　　　　　　　　　快递领域相关标准情况

标准类型	标准名称
行业标准	YZ/T 0168-2019 快件处理场所基础数据元
	YZ/T 0169-2019 邮件快件实名收寄信息交换规范
	YZ/T 0170-2019 邮政业视频监控系统接入技术规范
	YZ/T 0171-2019 邮件快件包装基本要求
地方标准	DB12A 920-2019 寄递企业安全中心建设与管理规范（天津市）
	DB13/T 2968-2019 智能信报箱通用技术条件（河北省）

资料来源：国家及各省、自治区、直辖市邮政局官网。

（三）政策支持更加全面

国家推动快递业高质量发展系列政策密集出台，在设施布局、快递下乡、绿色发展、数字经济多领域给予行业政策支持。多部门联合出台多项政策文件，在促进行业产业协同、加快数字化发展进程、提升现代治理能力等方面发挥了积极的推动作用（见表4-14）。作为快递监管部门，国家邮政局参与《交通强国建设纲要》《邮政强国建设行动纲要》的编制，规划引领推进落地。

表4-14 2019年部分政策中涉及快递业发展内容文件

领域	文件名称	相关内容
设施布局	《中共中央 国务院关于坚持农业农村优先发展做好"三农"工作的若干意见》	完善县乡村物流基础设施网络，支持产地建设农产品贮藏保鲜、分级包装等设施，鼓励企业在县乡和具备条件的村建立物流配送网点
	《中共中央 国务院关于推进贸易高质量发展的指导意见》	鼓励电商、快递、物流龙头企业建设境外仓储物流配送中心，逐步打造智能物流网络
	《国家发展改革委市场监管总局关于新时代服务业高质量发展的指导意见》	合理布局物流快递等便民服务设施。鼓励业态和模式创新，推动智慧物流等新业态加快发展，引导平台经济、共享经济、体验经济等新模式有序发展
	《关于推动先进制造业和现代服务业深度融合发展的实施意见》	鼓励物流、快递企业融入制造业采购、生产、仓储、分销、配送等环节，持续推进降本增效。优化节点布局，完善配套设施，加强物流资源配置共享
快递下乡	国家发展改革委、交通运输部、国家邮政局等24部门印发《关于推动物流高质量发展促进形成强大国内市场的意见》	实施城乡高效配送专项行动、"邮政在乡"工程，升级"快递下乡"工程。加强邮政、快递物流与特色农产品产地合作，畅通农产品"上行"通道
	《交通运输部 国家邮政局 中国邮政集团公司关于深化交通运输与邮政快递融合推进农村物流高质量发展的意见》	健全乡到村工业品下行"最后一公里"和农产品上行"最初一公里"的物流服务网络，全面提高农村物流服务村级覆盖率
	《国务院办公厅关于加快发展流通促进商业消费的意见》	加快发展农村流通体系。改造提升农村流通基础设施，促进形成以乡镇为中心的农村流通服务网络。扩大电子商务进农村覆盖面，优化快递服务和互联网接入
	《农业农村部国家发展改革委财政部商务部关于实施"互联网+"农产品出村进城工程的指导意见》	充分利用快递物流、邮政、供销合作社、益农信息社、电商服务站点等现有条件，完善县乡村三级物流体系，提高农村物流网络连通率和覆盖率

续表

领域	文件名称	相关内容
快递下乡	《关于支持推进网络扶贫项目的通知》	支持"互联网+"农产品出村进城工程，建立完善适应农产品网络销售的供应链体系、运营服务体系和物流、仓储等支撑保障体系。支持农村物流配送体系建设，进一步提升贫困地区快递网点乡镇覆盖率
绿色发展	中共中央办公厅 国务院办公厅印发《国家生态文明试验区（海南）实施方案》	2020 年底前在全省范围内全面禁止生产、销售和使用一次性不可降解塑料袋、塑料餐具等。推进快递绿色包装产品使用，2020 年基本实现省内同城快递业务绿色包装应用全覆盖
	《交通运输部等十八部门关于认真落实习近平总书记重要指示推动邮政业高质量发展的实施意见》	推广《快递封装用品》等系列标准，逐步淘汰重金属和特定物质超标的包装物料。推广应用可循环中转袋和共享快递盒，回收利用填充物等快递包装
数字经济	中共中央办公厅 国务院办公厅印发《数字乡村发展战略纲要》	发展农村数字经济。深化乡村邮政和快递网点普及，加快建成一批智慧物流配送中心。推动人工智能、大数据赋能农村实体店，促进线上线下渠道融合发展
	中共中央 国务院印发《长江三角洲区域一体化发展规划纲要》	支持高铁快递、电商快递班列发展。加强智慧邮政建设，支持快递服务数字化转型
	《国务院关于促进乡村产业振兴的指导意见》	深入推进"互联网+"现代农业，加快重要农产品全产业链大数据建设，加快国家数字农业农村系统建设。推动农村电子商务公共服务中心和快递物流园区发展
	交通运输部关于印发《推进综合交通 运输大数据发展行动纲要（2020—2025 年）》的通知	推动货运物流数字化发展。完善全国快件数据监测体系，为全程可跟踪、可追溯的"一站式"快递服务提供数据支撑

资料来源：国务院、交通运输部、国家邮政局官网。

此外，在行业发展方面，三部委联合发布《国家邮政局 商务部 海关总署关于促进跨境电子商务寄递服务高质量发展的若干意见（暂行）》《2019 年行业生态环境保护工作要点》《加快推进"快递下乡"工程实施方案》《关于规范快递与电子商务数据互联共享的指导意见》《关于加强和规范邮件快件安全检查工作的指导意见》等多项政策文件，加速推动跨境寄递、生态环保、快递下乡、快递与电子商务互联、安全监管等工作，支持"快递出海"，助力"一带一路"建设，促进快递与现代农业、电子商务协同互联，强化绿色、安全治理，强化主体责任落实。2019 年快递行业政策发布情况如表 4 – 15 所示。

表 4 – 15   2019 年快递行业政策发布情况

发文单位	文件名称
国家邮政局	《2019 年行业生态环境保护工作要点》
国家邮政局、商务部、海关总署	《关于促进跨境电子商务寄递服务高质量发展的若干意见（暂行)》
国家邮政局	《加快推进"快递下乡"工程实施方案》
	《关于将国际快递业务经营许可审批权下放海南省邮政管理局有关工作的通知》
国家邮政局、国家发展改革委、财政部、农业农村部、商务部、文化和旅游部、供销合作总社	《关于推进邮政业服务乡村振兴的意见》
国家邮政局、商务部	《关于规范快递与电子商务数据互联共享的指导意见》
国家邮政局	《关于支持民营快递企业发展的指导意见》
国家邮政局	《邮政企业、快递企业安全生产主体责任落实规范》
国家邮政局	《关于加强和规范邮件快件安全检查工作的指导意见》
国家邮政局	《关于支持海南邮政业深化改革开放的意见》
国家邮政局	《关于企业开办服务站经营快递业务许可试点工作的通知》

资料来源：国家邮政局。

在各地方政策方面，主动加强与相关部门沟通协调，联合印发扶持政策 100 多项，重点破解运输结构调整、快递员权益保障、安全生产标准化、末端车辆通行、城乡高效配送、绿色包装治理等问题。河北省政府促进快递枢纽和园区建设，拟新建项目 20 个，投资超百亿元。河南、海南、广东、陕西 4 省和全国 19 个地级市出台《推进运输结构调整工作实施方案》，推动快递末端服务建设与城市共同配送融合发展。

（四）多部门监督管理机制初步形成

在联合监管方面，国家邮政局推进快递包装绿色产品认证体系建设，2022 年，国家邮政局印发《邮政业生态环境保护工作信息报告规定（试行）》，建立完善信息报告工作机制，建立双月通报制度，组织开展跨区域督导检查，落实企业主体责任。开设邮政业生态环保专用监督邮箱，接受公众监督和建议。同时强化信用约束，将绿色包装治理纳入信用评定指标体系。上海市建立实施定期通报制度；安徽省将快递企业违反行业生态环保相关规定行为纳入处罚范围。

（五）快递员权益保障得到进一步深化

对于快递员合法权益的保障，各地区出台了如《关于做好快递员群体合法利益保障工作的意见》《关于加强快递员权益保护工作的实施意见》《北京市关于促进快递行业规范健康发展的若干措施》等专门性文件的发布，不断完善快递业工作政策体系和保障措施，详见表 4-16。

表 4-16　　2019～2023 年部分省（区、市）快递员权益保障政策出台情况

出台单位	保障政策
交通运输部、国家邮政局、国家发展改革委、人力资源社会保障部、商务部、市场监管总局、全国总工会	《关于做好快递员群体合法权益保障工作的意见》
北京市邮政管理局	（1）推动市政府出台《北京市关于促进快递行业规范健康发展的若干措施》； （2）联合市人社局、市医保局印发《关于促进快递行业规范发展加强从业人员权益保障的通知》，培训指导快递从业人员劳动保障、医疗保障等相关具体业务

续表

出台单位	保障政策
天津市邮政管理局	出台《关于加强快递从业人员权益保障工作的实施意见》
上海市邮政管理局	《关于进一步关心关爱快递小哥做好"稳岗稳工"工作的通知》
山西省邮政管理局	联合团省委出台《关于开展"快递从业青年服务月"活动的通知》
浙江省	浙江省人大常委会通过《浙江省快递业促进条例》，将"快递小哥"权益保障单列一章，从法律层面明确快递经营企业应当依法参加社保，并建立合理考核奖惩制度
福建省	（1）推动省委宣传部首次将快递员纳入践行社会主义核心价值观"最美人物"评选； （2）福建省人民代表大会常务委员会通过《福建省邮政条例》
海南省邮政管理局	联合团省委印发《关于开展"快递从业青年服务月"活动的通知》

资料来源：2019~2023年《中国快递年鉴》、各省邮政局官网。

第二节　中国快递业市场体系建设存在的问题

近年来，面对发达国家快递物流的发展与国际化、综合化发展的急迫需求，国内快递业也面临转型升级。但是相较于发达国家传统快递市场高标准、高资本和高技术的行业壁垒，面对东南亚新兴市场国家的巨大发展潜力，我国快递业在相似的商流结构下具有一定的发展优势，但也需要更加客观地明晰当前发展阶段我国快递业市场体系存在的问题和挑战。

一、快递业法律法规体系不尽完善

一是法律机制与市场主体的统一性尚未同步。快递业的成长与发展高度依赖所处的法律环境。现行《邮政法》是2015年修正的，目前已不能满足快递业各市场主体快递发展的需要。具体来说，不适应快递业发展需要主要体现在以下六个方面：第一，在具体内容规定上，《邮政法》全部为九章，其中只有第六章是专门针对快递业的内容。第一章总则、第七章监督检查、第八章法律责任、第九章附则的对象虽然包括邮政企业和快递企业二者的共同规定，但是总体更偏重对邮政企业的规定。第二章、第三章、第四章、第五章分别为邮政设施、邮政服务、邮政资费、损失赔偿进行了规定，这些规定的对象是邮政企业。第二，关于快递业的准入制度，快递企业的许可及备案制度在《邮政法》中规定过于宽泛与笼统，对"有与申请经营的地域范围相适应的服务能力"、"有严格的服务质量管理制度和完备的业务操作规范"和"有健全的安全保障制度和措施"缺乏具体的标准。虽然关于准入许可在《快递市场管理办法》《快递业务经营许可管理办法》中有进行明确规定，但是作为行政法规，上述办法显然在一定程度上的法律效力低于《邮政法》级别，作为国家邮政局颁布的规范性文件，在法律意义上与其上位法存在不匹配关系。第三，在民营快递企业占快递业主体大比例的情况下，多数快递企业的运营模式是加盟制，但《邮政法》对加盟的甲乙双方的责任尚未明确规定，目前只能依据《中华人民共和国民法典》（以下简称《民法典》）、《商业特许经营管理条例》等普适性法律或者行政法规来解决快递物流交付时间认定、民营快递企业加盟制运营模式的矛盾、加盟企业与邮政管理局的行政关系、加盟企业与消费者之间的关系问题。第四，快递业高度依存的电子商务平台，《邮政法》对其尚未有相关原则性规定，特别是电子商务与快递业重合连接的部分，如电商平台消费者的快递选择权、快递价格。第五，快递业是高度依赖外部环境和其他产业发展的行业，在快递运营机制中，交付机制的完成需要依靠快递基础交通网络，交通运输业作为推动快递业发展的重要力量，涉及快递车辆标准、通行及停靠等问题，而《邮政法》却缺乏相关规定。第六，面对新格局下的发展形势，与快递业密切相关的科技、金融、技术、国际竞争等问题，也需要《邮政法》对上述方面进行原则性的规定。此外，《邮政法》与《电子商务法》均缺乏对快递许可、操作和法律责任的详细规定。2018 年国务院颁布的《快递暂行条例》的第十三条虽然规定"依法保障快递服务车辆通行和临时停靠的权利，不得禁止快递服务车辆依法通行"，但却未涉及具体的操作办法及违反该条例的处罚机制。由此可见，作为在邮政业业务量和业务收入上占据主导地位的快递业，相关法律法规对于上述问题的模糊或空缺有可能导致司法实践的混乱。

二是目前快递业相关法律制度的立法效力层次偏低。当前针对快递的立法，除了个别行政法规、部门规章外，占大多数的还是规范性文件，这些规范性文件是《邮政法》内容的补充。但是从法律效力来看，还不能多维度深层次满足快递业发展需要。

三是缺乏与其他立法法律的衔接。快递业是国民经济的基础性行业，与交通运输、对外贸易、物流服务等都产生紧密关系，但目前国家层面的《中华人民共和国刑法》《中华人民共和国治安管理处罚条例》《中华人民共和国海关法》等法律对于邮政业的规定未把快递快件相关内容纳入管理范围，只对邮件递送与邮件监管上进行了相应的规定。因此，由于缺少支撑快递业发展的基础制度，还未形成快递业自成系统的法律体系。

二、快递业产权制度改革有待深化

国有快递企业主要有三家：民航快递有限责任公司、中铁快运股份有限公司（以下简称"中铁快运"）和 EMS，分别在 1996 年、1997 年和 2010 年建立了公司制，成为了具有法人地位的经营实体。但是上述国有快递企业尚未实现主体的多元化，国有快递企业的产权结构还有待完善。在经营模式上，"一股独大"的现象仍然存在，虽然国有快递企业依托各自领域强大的基础设施和网络化优势，但是总体来看，国有快递企业的生产经营效率不高的问题也同时存在。虽然经过改革实现了政企分开，但国有快递企业产权制度仍表现为产权的单一化和旧体制的管理束缚上的滞后，距建立真正意义上的现代企业制度还存在一定距离。国有快递企业的产权多元化尚未完善，不仅影响了国有企业的竞争效率，也不能充分有效聚集社会资本进而进行有效的资源配置，成为国有快递企业发展的瓶颈。快递领域的产权改革为局部改革，典型事件一是 2018 年的中铁快运与顺丰快递组建中铁顺丰国际快运有限公司；二是中国邮政集团属下的 EMS 曾于 2013 年与 2018 年尝试上市。不难看出，国有快递企业虽然承担着国家对于人民的公益性属性，但是快递业也属于竞争性行业，国有快递企业只有通过产权制度的改革，才能更好地与民营企业一起参与市场竞争，实现国有经济的主导地位和控制力。但就目前情况来看，邮政企业普遍服务和竞争性业务的分业经营问题仍未得到有效解决。只有理顺与界定国有快递企业产权关系，把邮政竞争性业务独立出来，采取市场化管理，才能使快递市场各主体的经济活动具有强的财产激励和硬的财产约束。

三、快递业市场主体组织形式不完善

尽管国有快递企业已经进行了改革，但当前国有快递企业领导多由国家政府任命，是具有国家行政级别的干部，其待遇和政府部门相同，在这里就与民营快递企业运行机制中的企业家精神存在相悖之处，也出现了按劳分配与按劳动要素参与分配两种分配形式交叉运行。在经济实践中，即国有快递企业管理者的利益未与国有快递企业利益直接挂钩，国有快递企业管理者动力不足。此外，国有快递企业管理者的选用缺少市场竞争机制，多由政府指派，缺少对经理人市场的约束与规范机制。

此外，邮政普遍服务是政府对人民用邮需求应尽的责任和义务，信件寄送与政策性业务是普遍服务的基本范围。随着信息技术的发展，特别是邮政与快递业态融合、企业竞合的多元化和市场化规模扩大，人民的消费结构与需求都发生了变化。但政府对新业态的管理相对滞后，还存在着以下三个问题：一是尚未在规范性文件上明确邮政专营范围以及邮快合作关系；二是行业管理监管标准与措施未具体化，这给监管带来了难度；三是寄递服务流程中存在多个主体，延长了服务时长并拉长了服务环节，导致寄递全过程信息交付和监控的交错关系尚未理顺。除了邮政普遍服务，邮政专营问题规定也较为模糊。《邮政法》第五条和第五十五条关于邮政信件专营的规定较为笼统，对具体的总量也没有具体规定。

四、快递业市场结构性矛盾仍然突出

(一) 快递业市场主体与区域发展不平衡

我国快递业市场主体的多元化发展得益于邮政体制改革的深化与多元资本注入的双重驱动。一方面，邮政体制改革通过建立现代企业制度和完善政策法规体系，不仅确立了快递业的法律地位和市场准入标准，更推动行业从非正规化向现代化转型，为行业高速发展营造了制度化的市场环境；另一方面，社会资本的广泛参与有效激活了市场竞争格局，通过技术革新与服务升级充分释放市场主体活力，构建起多层次、立体化的现代快递产业生态。快递业市场主体类型不仅包含了国有企业、民营企业和外资企业不同所有制性质，也吸引着京东等电商企业跨界竞争，还有中铁快运、东航等运输企业的加入，德邦等物流企业跨界进军快递领域，快递市场主体规模进一步扩大。但同时也应看到国有快递企业在邮政普遍服务的改变未能完全适应新阶段发展的需要。此外，各区域邮政快递全要素生产率发展不平衡，特别是西南地区、大西北地区、东北地区全要素生产率还较低。一是源于上述区域地理位置条件的限制，山区地区交通基础设施布局不尽完善；二是南部沿海和快递先发地区的中心区域产生了"虹吸效应"，即优先吸收了资金、人才和技术的流动，导致要素红利集中并积聚在这些优势区域；三是各地区的快递营商环境不一致带来的隐性不公平现象。而上述区域经济发展又直接作用于国民经济的健康发展，各类型所有制快递企业在上述区域布局不一，还需要平衡区域的邮政快递基础布局，提升技术与规模效率。

(二) 快递市场集中度下降

伴随快递服务能力的提升，来自农业、制造业、交通运输业、电子商务等关联产业快递服务需求集中释放，为快递企业业务规模极速扩张提供了发展空间。由于快递需求的集中释放，快递市场竞争也日趋白热化。我国快递业市场主体增多，根据天眼查专业版数据库数据来看，截至 2022 年，企业名称或经营范围含"快递、物流"的企业数量超 117 万家。这表示快递服务领域逐渐向普通民众延伸，快递的消费群体不断扩大。从本章上述分析来看，2020 年我国快递市场结构属于寡占Ⅲ型，市场竞争程度高，特别是龙头企业竞争更为激烈。而较高的集中度有利于发挥快递业规模经济作用，2020 年我国快递业集中度还不高，不利于快递业规模经济效应和网络效应的发挥，在一定程度上制约着我国快递业高标准市场体系的可持续发展。

（三）快递业受价格竞争冲击待修复

快递业市场主体与产品的整合竞争加剧，尤其是技术与规模效益有待提高。突出表现是以低价策略为核心的民营快递企业的效益正在下降。面对激烈的市场竞争，民营快递企业采取最直接的价格竞争方式，致使行业平均价格一路走低，根据国家邮政局数据显示，从 2010 年单件 24.6 元降至 2020 年单件 10.6 元[①]。这一现状使快递企业的利润急速下降，各快递业市场主体面临竞争冲击。一方面，因原油、土地、人力成本的增长，压缩了价格变动空间；另一方面，各大企业规模等网络扩张带来的资金压力，也使民营企业对降价策略选择的谨慎性增强。此外，国有快递企业和外资企业也主动调整市场价格，因此民营企业在价格上陷入两难境地。正是由于快递服务接近成本水平的低价竞争，也促使部分快递企业注重改善快递服务质量，通过质优价美的快递服务抢占市场份额。在已上市的快递企业中，圆通、中通、韵达依托电子商务，通过价格和服务优势跻身市场前列。我国正处于供应链市场规模快速发展阶段，也是快递业服务核心制

---

① 国家邮政局. 现代邮政业已全面建成 快递平均单价从 18.5 元降低到 10.6 元 [EB/OL]. https：//finance. cnr. cn/2014jingji/djbd/20210824/t20210824_525577478. shtml，2021 - 08 - 24.

造业及供应链高质量发展阶段。面对"快递出海"的市场潜力和上游电商平台影响力减弱的双重影响，各类快递业市场主体亟须通过降本增效来提高利润和竞争力，依托数字化、标准化、财务规范化、各环节优化等手段，进而克服低质量价格竞争的冲击，抓住快递企业"出海"机遇从而实现区域小循环和长期的国内国际双循环。

（四）各市场主体产品结构不合理

根据国家统计局数据，2024 年我国网上零售额 10.9 万亿元，比 2010 年增长了近 30 倍。[①] 网络购物的繁荣带动了快递业的业务井喷增长，2023 年，我国网络购物所产生的快递业务量约占快递业务总量的 70%，我国的电商渗透率达到 27.6%，位居世界前列。[②] 同时，根据海关总署的统计数据，2020 年通过海关跨境电子商务管理平台验放进出口清单 24.5 亿票，同比增长 63.3%。特别是跨境电商的发展推动了跨境快递的增长，根据商务部数据，2024 年中国跨境电商规模达 2.63 万亿元，同比增长 10.8%。[③] 正是由于上述新需求的释放，对快递业新主体、新业态以及新产品提出了更高的快递需求，如冷链快递与供应链服务等。而当前无论是国有快递 EMS 还是民营快递企业还不足以应对上述新需求，特别是对于融入商业客户的供应链全过程的需求还难以满足。而当前民营快递服务同质化倾向严重，这就导致企业的客户黏性较松散。近年来，快递业逐渐提高了快递门槛，除了头部与已上市的快递企业外，中小民营快递企业要突出重围还需要拓展差异化产品维度，改变当前主要集中在国内异地快递的市场集中竞争。特别是面对电商进入快递领域，抢占原本属于快递企业的市场份额，也为现有快递企业业务发展提出了更高要求。

---

① 国家统计局. 网上零售额 [EB/OL]. https：//data. stats. gov. cn/easyquery. htm？cn = A01&zb = A0706&sj = 202503，2025 – 03 – 31.

② 根据国家统计局、国家邮政局、中通快递 2023 年财报、圆通速递 2023 年财报以及其他主要快递企业年报公布数据推算.

③ 国新办举行"中国经济高质量发展成效"系列新闻发布会 介绍商务工作服务高质量发展有关情况 [EB/OL]. 国务院新闻办，http：//www. scio. gov. cn/live/2025/35367/tw/，2025 – 01 – 15.

（五）民营快递企业内生动力与战略布局适应性不强

国有快递企业依托已有的营业网点与基础设施优势，已经构建了一定基础的网络化设施，但是民营快递企业集中于开拓市场，前期追加了较多快递物流要素来提升运营效率，当企业规模经济达到一定程度，就需要通过调整运转中心与作业流程的改进来提升快递业的资源配置。因此，民营快递企业面对市场、融资和转型三重挑战，在调整企业公司规模、资产负债率、管理费用率、总资产周转率、财务费用管控等方面依旧有诸多困难需要解决。

五、快递业市场运行效率提升缓慢

（一）快递业劳动力供求结构与质量的差异

快递业若想长远发展，首先要给予从业人员充足的发展空间，同时使其得到有尊严和体面的职业保障。进入新发展阶段，我国经济社会发展和劳动力供给趋势变化同样也作用于快递领域，快递业劳动力供给结构与就业结构矛盾也面临新变化。一方面，适龄劳动力人数逐渐减少；另一方面，结构性就业矛盾日益凸显。快递业就业总量和就业结构、专业人员素质和快递业劳动力成本都是我国快递业劳动力就业的基本面。

第一，从总量上看，适龄劳动力供给趋势放缓，总量逐步减少。自2016年开始，我国适龄劳动人口数量出现持续下降。2020年，我国15～64岁劳动人口达96776万人，比2016年减少4167万人。就业人员规模达75064万人，比2016年减少1181万人。此外，随着我国人口老龄化进程的加快，劳动力供给总量下降趋势仍将持续。2022年就业人口占总人口比重比2016年下降了0.59%，15～64岁人口占人口比重从2016年的75.50%持续下降，到2020年降至69.51%，同时，65岁以上人口占人口比重从 2016 年的 10.80% 增加至 2020 年的 13.69%，邮政快递业从业人员占第三产业就业人员比重不足 3%（见图 4-20、图 4-21、图 4-22）。这样的劳动力供给背景将给快递业劳动力供给带来深刻变革。

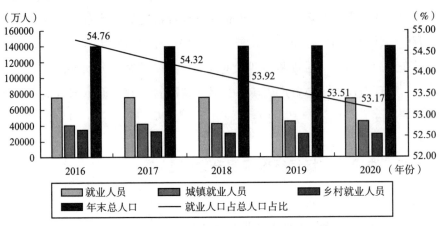

图 4-20　2016～2020 年我国城乡就业人员情况

资料来源：国家统计局。

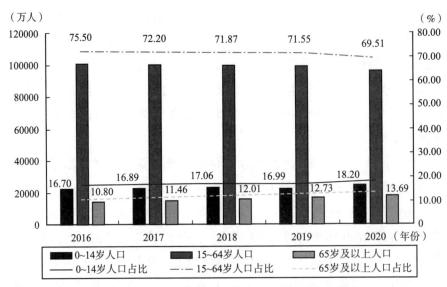

图 4-21　2016～2020 年我国人口年龄结构变化情况

资料来源：国家统计局。

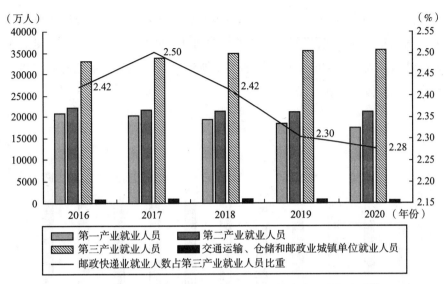

图 4 – 22　2016 ~ 2020 年我国第一、第二、第三产业就业人员情况

资料来源：国家统计局。

第二，从劳动力供给结构上看，快递业劳动力供给结构性矛盾更加凸显。我国自 2010 年高校毕业生突破 600 万人以来，高校毕业生人数逐年增加（见图 4 – 23），占到每年新进入市场劳动力的近 50%，同时，新一代劳动力更加注重职业发展、薪酬待遇、工作条件与自我价值的实现，在这个意义上，快递业劳动力供需存在错位。出现了一方面新发展阶段信息化、城镇化深入带来快递企业转型升级，快递消费结构、消费者寄递理念与服务需求的提升与另一方面快递业向中高端产业链转型对劳动者快递专业知识素质和服务意识能力要求提高之间的矛盾。这些快递业市场劳动力供需的结构性矛盾具体表现为快递业人力资源丰富但人员素质参差不齐，人员流动性大和快递市场对高端快递人才短缺的两难局面。

第三，从培养快递各层次人才角度上看，目前我国邮电类大学共有 4 所，分别是北京邮电大学、重庆邮电大学、西安邮电大学和南京邮电大学，各院校都成立了现代邮政学院，但是从四大邮电类大学的专业设置上看，其专业以信息通信为主，邮政快递相关物流工程、邮政工程的占比均未超过15%（见图4-24）。同时，2024年，国家在全国职业院校邮政快递类示范专业点虽然已经设立22处，然而其分散在不同院校不同专业，从系统性培养人才的角度上看，快递类专业性、系统性、技术性和高层次专业人才培养体系还相对滞后。

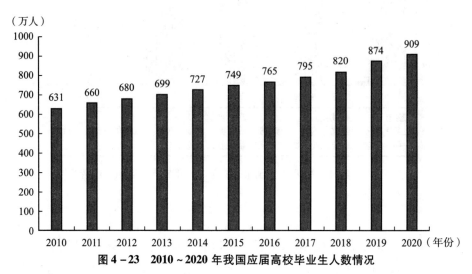

图4-23 2010～2020年我国应届高校毕业生人数情况

资料来源：国家统计局。

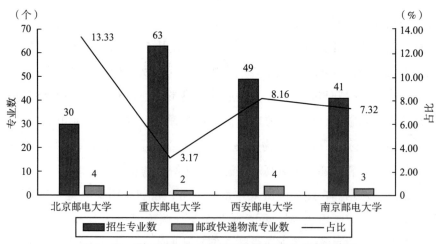

图4-24 我国邮电类大学邮政快递物流专业设置情况

资料来源：各学校官网统计整理。

第四，从快递业劳动力成本构成与占比上看，由于快递业具有劳动密集型的特点，在现有我国人口老龄化、出生率下降的背景下，劳动年龄人口的减少促使快递业人工成本的快速上升。以德邦为例，2021 年上半年年报显示，由于公司实行末端员工涨薪并叠加了 2020 年疫情减免社保低基数的影响，人力成本同比增长 31.36%，人力成本占收入比提升 1.07 个百分点。

总的来说，快递业劳动力在当下新技术革命的冲击下，快递业人力资源支撑紧张、技能结构矛盾突出、职业生涯碎片化、工作时长延长、权利义务法律关系模糊，仍是快递业市场体系高标准化在劳动力层次需要解决的问题。同时，技术革新和进步带来的"机器换人"趋势也势必会导致一些简单、重复、流畅性岗位的淘汰流失，快递业劳资之间、劳动者之间的利益矛盾和社会保障问题也需要进一步的关注。

（二）快递业基础设施与快递业高速发展的不匹配，全国统一的快递基础设施体系有待形成

快递基础设施网络建设是快递高质量发展的基础，也是影响各类快递主体经营布局和决策的出发点。一方面，我国快递业需要打破所有制的边界，提高快递市场集中度。快递市场具有明显的外部性，规模大、交易活跃、参与者数量众多的交通或仓储网络能够为供需双方提供更多的选择空间，充分发挥规模效益。另一方面，各类快递市场主体产权合作与权益问题，以及对市场预判的不同，也在一定程度上导致各类快递主体在快递业基础设施上重复建设和盲目扩张等问题。尤其是现有快递业基础设施网络对实现我国构建新型基础设施标准体系、建设全球集散分拨中心与国际物流枢纽中心等目标还有一定差距，在现代农业、制造业潜在显现的巨大寄递需求面前，快递业基础设施网络在城乡、区域的网络布局也存在缺陷，特别是"最初一公里"和"最后一公里"的矛盾在部分地区仍未解决。

快递最为核心的业务就是提供快件的寄递服务，因此运输是快递服务和快递市场的重要环节。铁路运输规模化、批量化的高铁快递运输需要专业化的运输车辆、货运通道、作业场所和配套设备，目前，由于快递企业与高铁合作的规模还比较局限，除了 2023 年中铁快运推出高铁急送服务以外，其他快递企业主要依托公路布局中长途干线运输能力。

此外，快递业也存在仓储利用和交付配送网点分布不合理问题。当前，我国快递企业选择仓储中心偏向考虑其储存能力，在选址时优先考虑仓储容量问题，因此选择的仓储中心都距离城市中心较远，这就存在周边交通不便利现象。并且快递企业末端交付网点分布也缺乏统一规划，网点过密或空缺问题仍存在，从而增加了远距离配送或重复配送的成本。

基础设施的区域不平衡引起投递时长的区域不均等。2018 年、2019 年全国寄往东部地区的快件平均时限为 55.51 小时和 55.6 小时，2019 年较 2018 年缩短 1.0 小时；全国寄往中部地区的快件平均时限在 2018 年和 2019 年分别为 58.38 小时和 57.6 小时，2019 年较 2018 年缩短 0.8 小时；全国寄往西部地区的快件平均时限为 63.6 小时，较 2018 年延长 0.1 小时。600 公里以下平均时限为 37.6 小时，600～1500 公里平均时限为 53.7 小时，1500～2500 公里平均时限为 67.2 小时，2500 公里以上平均时限为 89.1 小时。2000 公里以上全程时限有明显延长。

根据交通运输部、国家统计局和国家邮政局数据分析，从交通基础设施上看，农村公路建设不断得到改善。2007～2020 年，农村县道、乡道、村道分别增长 14.7 万公里、24.01 万公里、86.09 万公里。从快递服务网点上看，快递网点数量不断增长。自 2014 年国家邮政局开展"快递下乡"工程以来，农村地区的快递网络布局和建设加快，根据商务部数据，农村快递网点乡镇覆盖率在 2024 年 7 月底达到 95%。但是，我国部分农村物流体系仍存在"最后一公里"问题，截至 2024 年 1 月，全国 62.5 万个行政村基数比较，平均到行政村的快递取送点只有 0.13 个，这意味着超 73% 的农村建制村快递配送站点尚未配备完整。从信息基础设施上看，截至 2023 年 6 月，农村地区互联网普及率达到 60.5%，行政村通光纤和 4G 的比例均超过了 99%。冷链物流的发展不仅帮助了生鲜产品"走出去"，同时，生鲜商品线上销售也将加速冷链物流网络布局。我国农村网民规模逐步扩大，网络普及率的上升，需求激增与快递冷链技术和快递基础设施配送网点的不协调性也越发凸显。

与国家加快基础设施建设而带来潜在旺盛的农村需求相比，各快递主体在农村快递基础设施网络布局上不平衡。经过近年的发展，EMS 和一些民营快递企业在规模较大的乡镇增建了加盟网点，也将快递基础设施网络覆盖到农村地区。但是也有部分快递企业为了生存，依靠代理的方式在农村地区进行派送，揽收量较低，仍存在小、散、乱的状态。

（三）服务质量结构与技术创新层次不足

随着电子面单的普及、高铁快递专线开通、新冠疫情推动的"无接触配送"标准化，以及智能路径规划算法和无人机/车试点的规模化应用，根据国家邮政局数据显示，2023 年全国快递全程时限缩短为 39.8 小时，72 小时准时率上升到 86.2%，[①] 横向上看，2023 年美国、德国本土快递平均时限分别为 40.2 小时、36 小时，72 小时准时率分别为 76%、89%。[②]（见图 4 – 25）快递各环节优化成为驱动分环节平均时限的核心因素，一方面，在关键技术环节的突破，包括电子面单普及率的提升，智能终端时时上传数据；另一方面，我国多式联运和航空、高铁等运力提升。同时，随着末端智能快递柜的全面覆盖，各环节和全流程总时限上都得到效率的快速提升（见图 4 – 26）。

2023 年第三季度，全国快递服务有效申诉率为百万分之 1.64，有效申诉涉及的主要问题包括丢失短少、延误和投递服务投诉，分别占有效投诉量的 19.27%、25.57% 和 37.26%，其中投递服务申诉中占比较多的是虚假签收，邮件延误申诉中占比较多的是中转或运输延误，邮件丢失短少申诉中占比较多的是对企业赔偿金额不满。消费者对 21 个主要快递品牌进行

---

① 国家邮政局．快递服务时限准时率测试结果（2016—2023 年）［EB/OL］．https：//www. spb. gov. cn/search5_gy/html/searchResult. html? column = % E5% 85% A8% E9% 83% A8&searchWord = % E6% 9C% 89% E6% 95% 88% E7% 94% B3% E8% AF% 89% E7% 8E% 87&columnId = 0&siteCode = bm71000001.

② 美国邮政总局（USPS）年度报告、《美国包裹运输指数》、德国联邦网络管理局《德国联邦网络管理局物流报告（2023）》、欧洲物流协会《欧洲快递市场分析》，https：//www. bundesnetza- gentur. de/EN/Areas/PostalServices/ConsumerProtection/QualityOfService/quality-of-service-node. html。

有效申诉。其中，低于全国快递服务平均申诉率和平均有效申诉率的主要快递企业有 8 家；高于平均数的主要快递企业有 12 家。2023 年第三季度快递服务主要申诉问题见表 4 – 17。

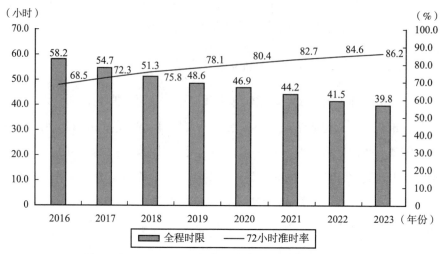

图 4 – 25　2016 ~ 2023 年我国快递时限准时率变化情况

资料来源：国家邮政局。

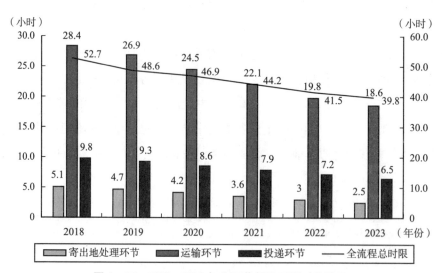

图 4 – 26　2018 ~ 2023 年分环节平均时限对比情况

资料来源：国家邮政局。

表 4 – 17   2023 年第三季度快递服务主要申诉问题

序号	申诉问题	有效申诉量（件）	占比（%）
1	投递服务投诉	803	37.26
2	延误	551	25.57
3	丢失短少	425	19.27
4	损毁	152	7.05
5	收寄服务	93	4.32
6	违规收费	7	0.33
7	其他	124	5.75
合计		2155	100.0

资料来源：国家邮政局。

从表 4 – 17 中可以看出，投递服务投诉、延误和丢失短少占快递主要申诉问题比较高。这反映出申诉问题比例较高的延误问题与快递业各类主体在运营管理的矛盾显现，也从侧面反映出现有快递业运输网络设施布局与快递业高速发展的不匹配性。

1. 快递业智慧化、数字化赋能程度不一，信息交互平台功能有待完善

首先，快递业市场主体基础设施结构有待优化。国有快递企业和民营快递企业在基础设施各要素中的参与合作程度较低。各类市场主体在其自身基础设施网络的构建上进行分散式迭代升级，国有快递企业与非国有快递企业之间、龙头企业之间合作度不高，使得快递市场价格定价机制、基础设施利用效益和规模效益未得到更大程度发挥。其次，关于各类快递主体之间的信息交互平台工具尚不齐全。国有快递企业与非国有快递企业之间还没有形成信息交换平台，各类快递主体只能通过自身内部基础网络信息互通来选择、判断和预测企业长期经营机制和策略。大型快递仓储、物流转运中心的配套服务还不够完善。在快递业上市企业中，顺丰与我国湖北鄂州国际物流枢纽中心的合作，成为民营快递企业与国家发展战略相契合的典范。目前，我国在枢纽布局、功能兼顾、智慧高校、绿色安全等方

面，与满足畅通和国内大循环寄递需求还存在一定差距。此外，网络接入、信息对接、基础设施平台等方面还需要国家多部门统筹协调。

2. 各类快递主体市场定位存在差异，长期整体规划能力不足

无论是国有快递企业还是民营快递企业，成为一个包含公路、铁路、航空的多式联运交通网络是推动快递业基础设施运输网络合理布局的前提，也是快递业高标准市场体系的目标。近年来，国家在快递产业结构、资源合理配置和资源利用率上都全力推进快递业基础设施网络资源整合，但各类快递主体创新发展能力不均，基础资源整合度不高，向综合服务商转型步调不一，企业差距拉大仍是现实发展中的难题。

（四）快递业资本运营与投融资环境多重发展需突破

受体制机制与快递业自身发展阶段等因素影响，我国快递物流金融市场与国外和国内其他市场相比，还存在一定差距。

首先，快递业直接融资与间接融资市场结构需要进一步优化。快递业在股票市场的直接融资获得了一定规模，在资本市场获得融资的便利性也在提高，这为快递企业在融资成本和结构上的优化提供了良好的基础，也就是说以间接融资为主的融资结构发生了变化。此外，与国有快递企业相比，民营特别是中小快递企业通过信贷途径获取资金难度仍未显著下降，进一步加大了其通过直接和间接市场获得多元化融资的难度。

其次，快递业资本市场投资者结构和产品结构与成熟市场还存在差距。由于我国快递业整体效率还不高，快递物流金融在我国整体上起步较晚，相比其他行业的金融发展，基础相对薄弱。一方面，从快递物流金融供给上看，综合型快递物流企业基于供应链上下游的交易数据，提供了从原材料采购到产品销售的全程物流服务，以顺丰、京东物流、和菜鸟为代表的头部企业相对集中，中小快递企业多通过合作接入平台，然而数据壁垒、行业标准不尽统一和中小微企业覆盖不足等仍是关键瓶颈，相关的合同条款和业务标准也不尽完善。在快递物流企业和银行之间的信息也待进一步统一化、透明化、一体化。另一方面，相对于机构投资者而言，个人

投资者在获取信息、风险识别与承担、风险分散与处置上也处于劣势。

此外，快递金融市场创新与监管矛盾显现。尽管中国绿色金融市场建设已经取得一定成就，但发展中的问题仍为未来的快递市场扩张带来诸多困扰。第一，快递业绿色项目的界定不规范。传统经济发展所带来的环境问题众多，绿色债券的种类随着人们可持续发展意识的提高而不断扩充，"气候债券""蓝色债券"等新的品种不断出现，而相关的具体规范较为缺乏，需要在做好业务指引的同时梳理好工具体系，从而避免可能产生的市场混乱。第二，绿色债券资金用途和款项管理不明确。随着绿色债券市场的扩充，"洗绿贴标"、存续期资金用途不明确、认证标准不统一成为阻碍市场发展的重大问题。让绿色金融成为一个真正具有资金流引导作用的强力引擎，是当前绿色金融市场及其绿色金融在行业适配、制度设计和落地方面需要突破的重点。第三，推动绿色金融在快递市场落地难。第四，激励政策与配套措施亟待完善。目前，绿色金融已成为发展潮流，但现有由快递物流企业为主导的物流金融模式仍存在局限性。首先，由于我国快递行业集中度还不够高，且在运输和仓储的规范上缺乏行业统一的标准，在流通中物权难以得到相应保障；其次，快递物流企业对资金流和信息流掌控能力不足，要形成信息流、资金流、商流、物流四位一体的闭环模式还需要强大的资源整合与资金实力；最后，进入供应链金融对于快递物流业和快递企业的资质实力要求较高。目前，我国现有的快递物流企业的基础设施末端配送网络还不完善，在一定程度上也无法响应银行在货物实时监管与即时响应上的严格要求。

六、快递业协同可持续发展着力点失衡

(一)"快递+电商"协同发展模式在不同市场主体间发展不平衡

我们从快递业与电子商务协同发展的现实考察可以发现，在我国消费新业态的催生下，电商与快递出现了两个新特点。

1. 新零售的出现倒逼供应链重构

电商的出现促进零售供应链向扁平化发展。我国零售供应链体系繁杂、冗长，而区域间分割的流通体系更是加大了实体零售商的扩张难度。电商的出现缩短了供应链，缩小了层层加价的空间，消费者因此能以更低的价格获得同样的商品。同时，因实体零售业扩张缓慢，导致低线城市商品的品类相对单一，电商平台使处于不同发展层次的城市的消费者拥有同等的消费选择余地。供应链的话语权从厂商转向渠道商，再转向电商平台。零售渠道的多样化发展促进了供应链的整合，提升供应链运行的效率。

2. 商流与物流协同发展拓展了快递企业组织形式的边界

电商行业从最初淘宝的 C2C 模式拓展到京东的 B2C 模式，再到美团、饿了么和京东到家的即时零售模式，都伴随着物流行业的协同发展。

电商从 2003 年开始布局快递领域，首先是 2003 年淘宝成立，其凭借 C2C 的模式小卖家依托平台销售商品，催生了大量快递业务需求，此时快递行业内企业基本以点对点模式运输。逐渐形成了电商进入快递、快递进入电商以及国际跨界发展。特别是 2016 年至今是新业态新零售带来的快递需求爆发期。淘宝上线直播随之迎来了直播带货井喷之年，网红主播通过与工厂对接以 C2M 模式卖货，由于直播能够引爆单品，因此对供应链的承接能力要求极高，进一步增加商家对末端快递物流的需求，尤其是品牌商对高端快递物流的需求。因此，无论是电商还是快递企业，为获取更多、更稳定的客户资源，减少交易成本，消除不确定性以及拓展收入来源，都在不同程度上根据各自的战略布局进行了跨界竞争。目前在我国，快递或电商运营组织形式主要有三种：一是以菜鸟网络为代表的快递物流联盟；二是以京东物流为代表的自营快递物流网络；三是以顺丰为代表的第三方快递物流模式。

在当前市场竞争状况下，快递与电商的协同发展不同步，国有快递企业不论在与电商还是民营快递的协同和资源整合上还相对比较滞后。作为国有快递企业，EMS 也需要通过协同发展机制建立有效组织合作模式，促进效率提升和利润增加。

（二）农村地区快递与电商协同布局仍需改善

农村地区消费释放的快递需求大于农村地区快递电商布局，其中的矛盾在于农村地区消费需求潜在空间短期内供给不足。根据我国 2020 年人口普查数据，我国乡村人口 5.1 亿人，占总人口比重的 36.11%，此外，从社会消费品零售总额来看，乡村消费品零售额同比增速较快。2013 年之后，农村社会消费品零售总额同比增速整体高于城镇，农村消费潜力巨大。农村消费品零售额的高速增长，受益于农村居民年可支配收入逐年递增，同比增速保持较高水平。根据国家统计局数据显示，近 10 年农村、城镇居民人均可支配收入差距不断缩小，到 2024 年，农村居民人均可支配收入提高至 23119 元、城镇 54188 元，[①] 与农村人均可支配收入差距缩小至 2.3 倍（见图 4-27）。自 2009 年之后农村人均可支配收入同比增速一直高于城镇。未来，随着乡村振兴等政策的持续推进，农村居民收入将进一步提高，消费潜力将持续释放。

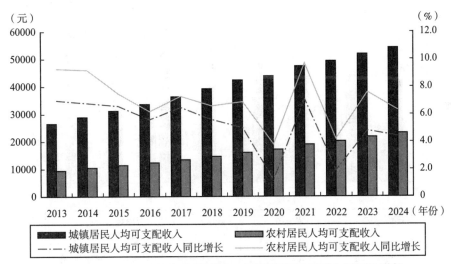

图 4-27　2013～2024 年我国城镇、农村居民可支配收入及同比增长

资料来源：国家统计局。

---

① 国家统计局. 城镇居民人均收入情况［EB/OL］. https：//data. stats. gov. cn/easyquery. htm？cn = C01&zb = A0A02&sj = 2010，2010 - 12 - 31.

　　随着我国城乡居民人均可支配收入差距缩小，我国农村居民消费水平不断提高，城乡消费差距不断缩小。根据国家统计局数据显示，2000年，城乡居民消费水平对比（农村居民＝1）为3.5，农村居民人均消费支出仅为1714元；到2024年，农村居民人均消费支出攀升至19280元，城乡居民消费水平对比大幅缩小至1.7，农村居民消费大幅提高。随着农村居民消费水平的提高以及农村网络基础设施的完善，农村地区网络零售额逐年增长。根据国家统计局数据显示，2014年，全国农村网络零售额为1800亿元（见图4－28），到2020年这一数据提高至2.8万亿元，截至2023年，这一指标已经达到2.49万亿元，同比增长6.4%。农村电商规模稳中有升，农村地区网络零售在扩大内需、拉动经济增长、促进内循环方面发挥重要作用。可以看出，农村地区寄递网购需求能继续促进农村网络消费、释放农村消费潜力，同时这也对农村寄递物流体系的完善提出了更高要求。

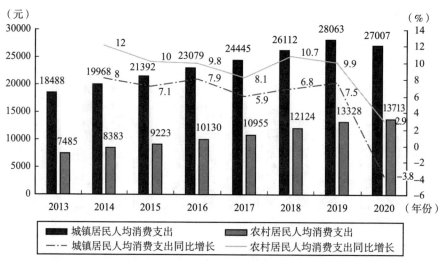

图4－28　2013～2020年我国城镇、农村居民消费支出及同比增长

资料来源：国家统计局。

　　根据国家邮政局、中国互联网络信息中心数据显示，2014年，农村快递网点乡镇覆盖率达到50%，全年农村地区快递包裹量超过20亿件，

2018 年农村快递网点乡镇覆盖率增长到 92.4%，农村地区收投快件 120 亿件，2019 年增长到 96%，截至 2020 年底，该比例为 98%。根据《中国数字乡村发展报告》（2020 年、2022 年）显示，截至 2020 年，快递网点已覆盖全国 3 万多个乡镇，其中，27 个省（区、市）实现了快递网点乡镇全覆盖。在此基础上，我国的农村物流配送体系也不断完善，截至 2022 年 7 月，商务部累计支持建设县级电子商务公共服务中心和物流配送中心超 2600 多个，农村电商保持较快发展势头，从 2020 年 14.6 万个快递服务站点，推进到农村公共服务综合示范项目的普及，累计支持 1489 个县，不断扩大覆盖面，[①] 推动了农村物流快递与电商协同发展。但是我国目前仍普遍存在农村网购商品寄递不畅的问题，农村物流体系中的"最后一公里"问题依然存在。农村区域广、居住分散，导致快递运输成本较高，快递很难下沉至村级。虽然一些村有代收站点，但距居民家庭住址较远，加上寄递量不大，也加剧了村代收点存活难度。

（三）"快递 + 电商"协同发展平台仍需完善

截至 2023 年，我国快递业 CR6 从 2015 年的约 50% 提升至 2023 年的 80%，其中，形成了以通达系（中通、圆通、韵达、申通）、极兔和顺丰为头部企业的竞争格局，CR6 企业的快递业务量累计完成 1056 亿件。[②] 根据国家邮政局的统计结果，2015～2016 年快递市场不断涌现出新进入者，导致市场集中度下降；2017 年市场增速大幅放缓，快递业发展进入整合期，价格战竞争激烈，部分中小企业逐渐被淘汰，导致市场集中度逐渐提高；2019 年快递行业 CR8 高达 82.5%；2020 年伴随众邮、丰网等市场主体逆势入局，极兔收购百世中国业务，我国快递业集中度指数 CR8 小幅下降，到 2023 年，极兔和京东物流增长，带动了我国快递业

---

① 中华人民共和国国家互联网信息办公室《中国数字乡村发展报告》（2020 年、2022 年）。
② 根据国家邮政局《2023 年邮政行业发展统计公报》、各上市公司年度财报等公开信息计算而得。

CR8 增长到 84%。[①] 与之相对,2010～2023 年快递行业平均单价从 2010 年的 24.57 元/件下降至 2023 年的 9.15 元/件,[②] 其中有行业自动化分拣技术应用带来的成本下滑推动原因,也有近年来龙头快递公司希望抢占更大市场份额发起的价格战,持续拉低行业均值,这是行业竞争加剧的显现。

京东和顺丰都存在各自的劣势。顺丰劣势在于两个方面:一是顺丰属于第三方快递物流企业,主要依靠第三方用户获取业务,自身并无商流的依托,无法自主产生业务需求;二是从快递到综合物流服务商的发展,资金密集型是快递物流业发展的特点,顺丰资金来源有限,目前的营收来源在一定程度上制约了其规模的快速扩张。京东物流的劣势包括三个方面:第一,由于其依托京东商城,作为电商自营快递,阿里系、拼多多与网易等快递服务无法服务于京东商城,在一定程度上造成业务受限;第二,京东物流直营与高端化的定位,其客户群体主要分布在一二线城市,以及部分三线城市,其快递物流覆盖率远小于其他快递企业;第三,其第三方快递物流流程不够完善,自营物流向第三方物流转变过程中,点对点配送效率依赖于强大的基础设施网络密度,而京东物流 2018 年才开始提供此项服务,与顺丰相比经验不足。总的来说,面对我国国内消费需求增长与国内国际贸易活动的增加,快递物流的市场规模潜力巨大,因此快递业规模效率的提升与竞争力的提高需要快递业在寻找差异化的竞争过程中,进行强强联合,以期固守现有市场份额以实现长远发展。

2020 年,新进入市场竞争者引发新挑战,拼多多的新进与兴起,搅动了现有快递业竞争格局。另一个新进入者是极兔,极兔起家于东南亚,2007 年成立,2020 年 9 月极兔网络实现全国省市覆盖。从全球范围来看,截至 2021 年 1 月,极兔在全球拥有大型转运中心、智能分拣设备、自有车

---

① 2023 年邮政行业发展统计公报 [EB/OL]. 国家邮政局,https://www.spb.gov.cn/gjyzj/c100276/202405/ff1ab12da9d74425b7ddef9e38de8916.shtml,2024-05-10.

② 根据国家邮政局、国家统计局数据计算而得。

辆分别超过 240 个、600 组、8000 辆，运营网点超过 23000 个，服务人员数量近 35 万人。业务已经覆盖中国、新加坡等 8 个国家，服务全球近 20 亿人口。在我国，极兔全力打造高效、智能的分拣体系，最大化地缩短快件的中转时长，拥有 2500 辆以上干线运输车辆和 2000 条以上干线运输线路，具备快递网络操盘能力和经验。由于快递全行业市场主体结构出现新格局，市场主体之间的竞争加剧。此外，也有产生平台垄断的可能性。

（四）"快递 + 铁路"协同发展合作关系未深入

我国快递市场主体与铁路部门合作深度有限，合作主要集中在少数几家快递龙头企业，双方合作处于磨合期，也存在亟待改善之处。首先，铁路部门的基础设施与运营互不独立，对于专业化运输服务市场未进行充分细分，例如，车体租赁和维修服务等，这使得快递市场主体与铁路部门尚无法进行一体化合作，只能通过与铁路部门协定合作，在合作关系与交易费用等方面存在一定不确定性。其次，由于快递市场主体与铁路部门合作采用的是列车或快递班列，依托铁路运输资源而造成的专用性资产较低，快递市场主体尚不能自行采购车辆。再次，我国铁路部门组织架构改革具有不确定性。现有开展快递服务的铁路部门主体包括各下属铁路局货运营销部门、中铁快运和中铁顺丰有限公司。铁路部门改革使未来的合作性质存在一定的不确定性，无论是各铁路集团有限公司成为独立市场主体地位，或组建大型区域铁路运输公司，双方在合作性质和企业间的交易成本方面都将大为不同。在这种情况下，当前的分工协作就无法解决交叉性交易成本问题，因此，为了充分利用好铁路部门运输资源，长期保障铁路与水、空、陆路的多式联运发展，就需要设计新的合作模式，降低双方交易环节和交易成本。此外，当前快递企业与铁路部门的总体运量与需求不匹配。由于双方合作正处于磨合期，双方合作的可行性和潜在性需要一定的时间验证，使得在现阶段的合作存在诸多不确定性，包括公铁、陆铁等多式联运的衔接效率、运输时刻的设置等。

七、快递业法治与政府监管体系亟待健全

由上可知，尽管我国快递市场监管已经得到改善，但也应当看到，现行的快递法治和政府监管与发展现实需求还有较大的差距，我国快递业监管的矛盾在于快递市场的发展与监管的被动和滞后。

（一）立法保障薄弱，监管依据不足

在新中国成立初期，我国快递业无法可依、无章可循的状态持续了相当长一段时间。自 1979 年出现首家在中国开展快递业务的快递公司，再到 1986 年出台的《邮政法》，其对快递公司进行间接监管。直到 2009 年第一次修正《邮政法》，虽有针对快递服务的相关条款，但也仅有一个章节的粗略规定。此后，国务院办公厅颁发了《快递暂行条例》、交通运输部颁发了《快递市场管理办法》和《快递业务经营许可管理办法》等政策法规，由此与原有邮政业、快递业直接或间接相关的法律法规、规章、通知、意见等规范性文件构成了包含市场准入、行业标准、服务安全等方面的多维监管。但是已有的快递业法律规定分散、部门规章制度质量较低的问题仍存在，对行业不断变化的新形势与新问题的规范和强制作用有限，特别是对疫情期间快递物流运输保障、物资保通保畅方面，包括对人员服务保障、统一规范通行制度和快递业不同类别车辆通行管理的监管还不完善。从长远看，我国快递业的法治治理和政府监管体系亟待健全。

（二）监管方式单一，监管主体分散

现行的快递市场监管一方面多为部门规章、通知或是指导意见，这些规范性文件特别是意见、办法等时效性通常较短，对快递业出现的新问题、新变化、新形势往往跟踪不足，其执行力度和效果也不如法律。另一方面，快递市场监管方式为传统的事前审批、事后处罚等，对事中监管及措施较为缺乏。此外，监管更偏重通过行政手段直接干预，监管方式较为

单一。再者，需要指出的是监管机构职能与配置分散的问题，具体表现在快递市场监管的政策制定和执行由一个部门承担，存在一定程度上的"政监不分"情况。横向上看，快递市场安全由国家邮政局、国家市场监督管理总局、公安部和海关总署等监管；快递市场准入的监管由国家邮政管理局和国家市场监督管理总局等部门负责；同时，快递与电商协调发展还要接受商务等部门的管理，存在监管主体分散的情况。当前监管角度多从管理角度设置，对快递市场主体和消费者权利义务规定以及纠纷处理关注偏少。总体上看，快递业市场监管主体较为分散，监管方式单一，权责明晰、主体完善、统一监管、共同治理的监管机制尚未健全。

（三）监管人才匮乏，缺乏问责机制

在快递市场与电子商务协同发展的当下，对快递业进行有效监管不仅需要完备的法律体系，还需要具备专业与多业务技能的监管人才队伍。一是我国专业院校输出的邮政快递类人才较为缺失；二是现有的监管人员大多为行政人员，专业性相对不足；三是缺乏对监管不到位以及监管不力的问责机制，如何问责及问责程度在现有法律法规框架下尚显薄弱。

第三节　中国快递业市场体系存在
问题的成因分析

一、国家宏观调控层面的原因

（一）快递业混合所有制改革动力不足

1. 国有快递企业发展动力不足

一方面，由于当前容错机制、保护措施尚未完善，且国有快递企业经

营者和决策者在谨慎前提下存在利益输送的寻租疑虑，在一定程度上影响了所有制改革的主动性；另一方面，虽然单独看国有快递企业与民营快递企业竞争优势不明显，但其所属的上级国有企业处于发展优势地位，并且从全局把握着包括快递寄送环节在内的生产全链条，国有快递企业通过混合所有制改革带来的股权多元化和决策机制的复杂化也可能使企业陷入控股权之争，未能深入进行核心业务的混合所有制改革。此外，也存在通过产权改革带来的融资成本提升和其他政策的优势丧失的可能性。

2. 民营快递企业的踌躇

民营快递企业的发展也促使其担心在产权改革中因缺乏话语权而影响企业利益。基于当前在产权、市场和公司治理各方的法律保障，民营快递企业仍处于弱势一方，对于因混合所有制改革带来的被国有企业管理体制束缚造成的效率和活力下降存在矛盾心理。此外，面对资源配置能力的差距、市场实力不均和交易不确定性也是影响民营快递企业参与混合所有制改革的原因。

总的来说，快递业混合所有制改革动力不足的原因有二：一是由于国有快递企业对民营企业的吸引力有限，首先，由于国有快递企业承担着公益性职能，在合作盈利空间上不具优势；其次，与国有快递企业合作投资的项目投资体量较大，对非经营性资产占比要求较高，留给民营企业的资产流动性不足。二是由于国有快递企业和民营快递企业在企业定位、经营理念和决策流程上的差异，也存在双方相互掣肘而降低效率的情况。

（二）国有快递企业在产权结构上的独立性较弱

根据相关数据显示，2024 年中国邮政集团实现收入 7025.84 亿元，①其中，邮政储蓄银行实现营收 3487.75 亿元，同比增长 1.83%，② 邮政储

---

① 2025 年中国邮政集团有限公司工作会议暨第一届第六次职工代表大会提出 深化改革创新 推进高质量发展 打造一流企业 奋力谱写中国式现代化的邮政篇章 [N]. 中国邮政报，2025-01-16（1）.
② 邮储银行公布 2024 年"成绩单"营收和利润均实现正增长 [EB/OL]. 中国邮政报，https://www.chinapost.com.cn/html1/report/2504/2897-1.htm，2025-04-10.

蓄银行是中国邮政集团业务收入最多的板块。此外，寄递业务量 180 亿件，同比增长 18.9%。① 可以看出，在中国邮政集团营业收入构成中，收入占比最大的是邮政储蓄银行。同时，根据国家铁路总局 2020 年财报显示，国家铁路完成经营总收入 11344 亿元，其中，运输收入 6501 亿元。无论是 EMS 还是中铁快运，其占所属国有企业的营收比重都不及主营业务收入比重大。这与民营快递企业在收入来源上的单一性相比，虽然在整体上具有优势，但是国有快递企业在产权结构上的束缚，使得其市场竞争活力锐减。

EMS 曾于 2013 年和 2018 年两次向证监会提交了上市申请，2013 年因没有按时提交自查报告而被中止审查，而后 EMS 主动撤回 IPO 申报材料。EMS 回应其撤回是由于市场竞争，但根本原因则是与其业绩表现相关。根据前瞻产业研究院的数据显示，EMS 毛利率在 7% 左右浮动，净利率不到 5%，而一般物流企业的净利率在 10% 左右。根据国家统计局、国家邮政局和 EMS 官网的公开数据显示，EMS 的市场份额最高点在 1999 年高达 90% 以上，彼时是行业"领头羊"，而民营快递企业也才刚起步。而到 2011 年，EMS 的市场份额已经下降至 30%。不难看出，2019 年以前 EMS 迟迟未能上市归因于其市场化程度不足，市场份额与盈利能力等都不占据先发优势。

（三）历史遗留与配套调和机制的迟缓

第一，国有快递企业改革，首先就是对应的员工身份转换问题，包括思想观念、人员安置和与地方政府产生的协调问题，各类快递企业在实际发展中产生的争议问题，目前还缺乏良好的调和机制。产权改革是一项系统性工程，需要评估、交易、变更和处理多个环节的协调。一方面，对快递业的立法和修订未形成整体协调性，《邮政法》和之后不断颁行的行政

---

① 中国邮政集团 2024 年完成收入 7025.84 亿元，实现利润 865.23 亿元［EB/OL］. 中国邮政，http：//www.56ec.org.cn/news/hyzx/2025-01-17/48017.html，2025-01-17.

法规、部门规章、地方性法规、规章、标准的衔接性与层次性未完全建立。另一方面，国有快递企业并不具有独立经营权和控制权，国有快递企业归属于不同的主管上级，而同时邮政业的改革又滞后于其他国有企业。随之产生的税收和债务问题在法律上难以界定，也在一定程度上延迟了快递企业的产权改革。第二，我国快递业市场主体退出机制不完善。由交通运输部出台的《快递业务经营许可管理办法》，虽然对快递经营许可、程序优化与事中事后监管进行了不同程度的细化与规范，但是就如何妥善处理快递企业与电商之间的连带责任、快递市场主体与消费者纠纷处理、申诉、赔付机制、退出机制等事宜也不尽全面。

（四）快递业基础设施均衡化方案实际应用难

快递基础设施网络是一个复杂的系统，由运输、仓储、网点和配送路线构成，从整体规划到合理的选址与具体路线的规划，实现基础设施均衡化，能够大幅降低快递基础网络的建设成本。目前也有诸多学者针对快递基础设施网络提出物理层的优化意见与方法，但应用程度不高，原因在于：第一，优化方案是在现有基础设施网络上的优化，成本高，部分企业承担压力大也缺乏整合动力；第二，快递业是具有规模效益特征的产业，在快递需求增加的过程中，快递主体的运营规划布局随着效益增加而降低对基础设施网络优化、重建改革欲望；第三，对基础设施网络优化可能带来服务质量和经济效益在相当长周期内的逆向发展，从而影响快递主体市场占有率和企业形象；第四，部分快递主体缺乏长远规划和战略发展眼光。

企业运营模式差异也是引起快递基础设施网络不合理、成本高和管理难度大的原因。目前除顺丰和邮政采取直营模式外，其他快递主体主要采用加盟运营模式。例如，由于顺丰采取直营模式，对所有快递基础设施通过自建形式完成，容易引起扩张速度慢以及三四线城市和农村偏远地区覆盖率低的问题，也加大了各层级的管理难度。

出现配送延迟、损坏主要原因是快递员配送大部分采用计件工资，因此这种考核制度让快递员在单位时间内尽可能多完成投递任务。此外，末端配送工具主要是电动三轮车，其体积小，特别在快递运送旺季时期与暴增的配送任务形成了矛盾。因此，在增加配送任务的前提下，超载与挤压造成寄件损坏的问题难以避免。

快递业基础设施的区域性差异在监管和法律层面上也存在滞后问题，当前农村地区大部分网点尚未纳入邮政管理部门的法律监管范围，一方面，由于乡镇地区的网点软硬件还尚未达到取得快递业务经营许可的条件；另一方面，因乡镇网点是县级快递企业的分支延伸，与法律层面上分支机构不能设立二级分支机构相矛盾。

前已述及快递业劳动供需的新阶段的客观现实，出现快递业劳动力供需的结构性差异原因有三个：一是由于国有企业改革带来的隐性失业显性化，国有快递企业的改革带来的下岗、换岗压力增大。二是受到全球经济形势下行压力，可能造成快递中小企业迫于生存压力而减员。三是当前"90后"和"00后"成为就业主体，就业观念发生改变。四是随着技术、业态和模式的新变化，当前快递专业性人才满足不了需求，特别是快递产业和新技术的发展带来区域产业经济格局变化，也带来了新的就业形势。因此，兼备专业知识和实践经验的快递人才的不足，是制约当前快递业各类市场主体发展的重要因素。首先，快递业是劳动密集型产业，在企业扩张初期，为了迅速占领市场份额，快递主体在扩张网点期间，在选择员工时往往忽略其专业技能与文化水平。虽然现阶段快递业已经向成熟阶段发展，但从业人员在寄递过程中延误派件、代收货款、违规收费和寄递物品损毁等缺乏服务意识的问题仍屡见不鲜。由于快递人员的综合素质参差不齐，这将成为下一阶段快递主体发展竞争的一大难题。其次，快递在配送环节相关员工入职门槛较低，初始阶段要求一般熟知区域路况即可，对于其他专业技能素质的要求不占主导地位，而近年来快递自提柜、无人机配送的新型末端交付模式促使快递企业吸收一批具有学习能力并能掌握新理论、新工具和新技术的复合型专业人才与之匹配。

二、快递市场监管层面的原因

（一）快递业监管机制滞后

在邮政体系内，快递业市场监管参与主体包括国家监管部门、快递企业、快递业行业组织、消费者以及社会舆论媒体等其他社会监督力量，分别承担规范快递市场、快递企业、快递协会组织以及消费者等监管客体的监管活动，监管机构设置分散（见图4-29）。

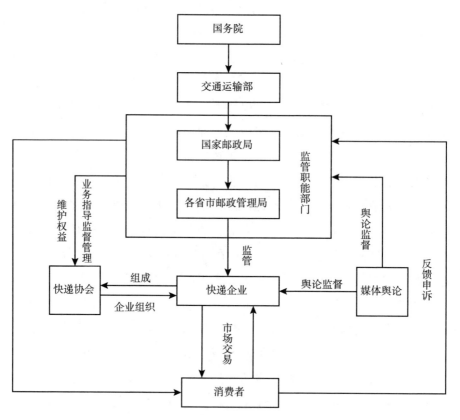

图4-29 我国快递业市场监管参与主体及关系

然而，与国家邮政局并行的监管部门也较为分散。一是多头监管、重复执法问题；二是我国监管机构法律地位和性质不一致问题，监管机构独立性不足。我国快递业监管机构是国家邮政局，其隶属于交通运输部，为副部级建制单位，与其平行的监管部门如公安部、商务部等均为正部级单位，存在协调的困难性。尽管 2022 年国务院针对新冠疫情组建了各级综合交通管控与运输保障专班，但是在打通运输与寄递堵点、科学精准施策方面还需要深入研究、协调与统筹。三是国家邮政局在人事任免与部门预算上的独立性较弱。四是随着我国各类快递市场主体网络逐步下沉，如何完善县级与中西部地区布局是当前快递基础设施网络中最薄弱也最重要的环节。与城市快递监管相比，县级单位与中西部地区快递市场的监管最为迫切，而这与国家现行的国家—省—市（地）三级邮政监管机构体系不相匹配。五是我国快递业务跨境发展的涉外监管也较为薄弱。

（二）快递业市场监管的手段相对单一

虽然快递监管部门已经有一套较为完备的监管体系，但是与当前快递业监管任务相比，监管的形式与效果都还存在差距。一是监管目标和责任之间可能会产生冲突；二是快递业保价赔付问题存在矛盾。对此问题，大多是由快递市场主体自行规定，寄递索赔时间也只限于在货品到达之日起的 30 天内，否则视为消费者主动放弃。对于赔偿金额，根据《快递暂行条例》和《中华人民共和国民法典》的规定，对于未保价的快件，快递公司对在运输过程中货物的毁损、灭失承担赔偿责任。然而，具体的赔偿金额并没有统一的标准，而是依照民事法律的有关规定确定赔偿责任。由于快递公司通常会在运单条款中约定以运费的数倍（通常为 1~9 倍）作为未保价快件的最高赔偿限额，因此，虽然并不是只有选择了保价服务才有权获赔，但对于未保价的快件，赔偿金额通常较低。例如，顺丰对于未保价快递的赔偿限额为 7 倍运费，最高不超过 1000 元；中通的赔偿限额为运费的 3 倍，最高不超过 500 元；圆通的文件类最高赔偿 100 元，物品类最高赔偿 300 元；极兔在未选择保价的情况下，赔偿限额为运费的 10 倍。同时《邮政法》也规定，快递在未保价前提下最高赔付不超过运费的 3 倍。三是包裹投递交付与丢失赔付问题尚未厘清，我国现有的法律体系当中只有《中华人民共和国民法典》《邮政法》对快递业提出了法律约束，对于擅自投箱与上门的配送需求等"最后一公里"补充服务问题在《快递市场管理办法（修订草案）》和《快递暂行条例》中得到初步关注，但就其法律效力而言较为低下，不利于快递行业的发展。

（三）监管力量薄弱

根据各企业公司财报，2023 年，快递业务年收入超过 40 亿元的快递企业有 10 家，其中 4 家超过百亿元，而且还有众多申请快递经营许可证的市场主体等待加入快递市场。据行业专家预测，未来 10 年快递业仍将保持两位数的增长。繁重的监管任务与目前我国三级监管体系不匹配，根据实地调研估算，全国监管人员总数 5000 人左右，平均到一线的市（地）邮政管理局的监管人员不足 15 人，凸显专业监管供给不足与庞大的客观监管需求任务之间不平衡的矛盾。除此以外，现有管理人员的固化思维依然存在，如何平衡主观意识与客观监管，对各类快递市场主体坚持公平、公正的监管是需要解决的问题。按照万国邮联要求："独立监管者必须以公平、公正、透明的方式施行监管决策，对所有市场主体采取同等待遇"。[①] 当前快递业监管在专业管理能力、依法行政水平等方面亟待提高，上文提及的监管组织多头监管、重复执法也是造成快递业监管问题的重要因素。例如，快递基础设施网络交付配送环节受交通运输部门、城市运管部门和城市规划部门的同时监管，各部门在其工作原则和规范基础上对快递通行、配送、交付以及快递员、车辆的分类精准管理环节也易产生分歧与不一致。

（四）监管问责机制不完善

快递市场监管问责机制不完善主要体现在两个方面：一是问责合力未

---

① 《万国邮政公约》，万国邮联官网，https：//www.upu.int/en/home。

形成。在现有问责方式下，行政机关内部上级对下级的问责在实施效果上不够充分，人大、司法与社会媒体和组织的主体作用也未完全发挥，问责合力需要加强。二是问责对象不明确。表现在监管机关管理人员因工作岗位变动而造成的问责对象不明确，法律对此界定尚未清晰；同时决策制定者与执行者之间责任划分也存在职责分工不明确的情况。此外，也存在行政部门交叉监管导致问责制实践效果差的问题。

三、快递企业自身层面的原因

第一，快递主体之间缺乏更大规模的合作。现有的快递主体虽有部分企业向快递物流综合供应商转型，但是大多快递主体仍从事单一的仓储、运输或者交付配送，这就造成运营利润来源结构单一、增值服务较少或者主体之间提供的服务差异性较小的问题，因此很难承受较大的行业风险。虽然目前快递主体的合作已经形成了菜鸟驿站和快递联盟的运营模式，但是城市快递企业之间仍是独立运营，在物流、先进技术、管理方法、客户资源等方面仍存在未完全厘清成本、信息泄露、安全性差的合作边界问题，也存在成本与员工保障不到位的现象。

第二，现有的快递企业经营与组织形式还没有建立合理的成本回归机制。特别是在中西部经济欠发达地区与农村偏远地区，快递配送范围广阔，同时快递包裹件量密度也比较低，由此产生的配送成本就得不到合理补偿。与此同时，因各市场主体为扩大市场而引发的快递价格无序竞争，又导致民营市场主体不能够很好地执行成本补偿机制。但要解决上述问题，就会失去一部分消费者与市场，这一现状导致许多快递市场主体的决策者陷入了两难境地。

第三，现有快递企业规模的大小及其运营成本相差悬殊。由于价格的无序竞争阻碍了一部分快递主体做强做大，迫使许多公司不得不向"专线"快递①市场发展，无序竞争造成一部分中小快递主体发展后劲不足，

---

① 快递分发航空（空运）和专线（汽运）两种，专线快递就是指汽运。

甚至造成一部分快递市场主体退出快递市场。同时，民营快递主体也很难获取银行的金融支持，一旦资金链断裂很容易破产。

第四，消费升级与服务升级带来的快递横纵向需求的提高，对快递市场主体柔性化服务、精准化定位与国际化需求在产品分层上的供给需求呈现爆发式增长，当前快递市场主体应该对新业态的产品分层、多样化的产品功能、国际化布局与农村地区末端服务加以重视，避免潜在的被替代风险。

本 章 小 结

本章通过对快递业"四维七元"的具体观察，分析认为深化产权制度改革、优化市场结构、建立规模的基础设施、初步探索协同发展、改善政府监管秩序是助推我国成为快递大国的重要条件。然而，在法律体系、产权制度改革、市场结构性矛盾、市场效率、组织形式机制、协同发展深化以及政府监管方面的问题是当前快递业市场体系"低质量"发展的具体表现。究其成因，是国家宏观层面、政府监管层面和快递企业自身层面三个层次直接或间接影响的结果。上述分析为构建快递业高标准市场体系提供了依据与思路。

第五章 中国快递业市场体系运行效率及影响因素的实证分析

近年来，快递业规模迅速扩大，其服务水平也不断提升，快递业对支撑我国流通经济发展与转型升级作用日趋凸显。国家邮政局统计显示，2022年，快递业务总量累计完成 1.06 万亿元，同比增长 2.3%。全国快递服务企业业务量累计完成 1105.8 亿件，同比增长 2.1%；业务收入累计完成 10566.7 亿元，同比增长 2.3%。在快递大国发展实践中，应解决如何正确评价快递业市场运行效率，如何激发市场主体的积极性，哪些区域在快递业市场资源配置中存在不协调现象有待本章进行检验。与此同时，目前文献较少关注快递业整体和上市快递企业运行效率分析，尚未从不同经济区域对快递业市场发展整体角度进行研究。基于此，本章选择数据包络分析（Data Envelopment Analysis，DEA）和 Malmquist 指数分析法对我国八大经济地区快递业和上市快递企业的全要素生产率进行研究，并以此为基础进一步分析其影响因素，以期为我国快递业市场体系的合理建设提供经验证据支持。

第一节 模型构建与方法

一、快递业市场体系运行效率分析——基于 Malmquist 指数的 DEA 模型

（一）模型构建

根据第二章的理论分析，合理的快递业市场结构是快递业市场体系运

行的前提，而快递业市场运行效率又反映了快递业市场结构的特点和问题。下文将从快递业全要素生产率入手，考察快递业市场运行情况。DEA是美国著名运筹学家 A. 克里斯等提出的一种系统分析方法，DEA 理论被用于解决输入输出变量之间生产函数不确定的非营利性有效性评价问题，而后发展成为多领域决策单元的绩效评价，帮助无效决策单元找出改进策略。也就是说，DEA 是在数学的规划模型的基础上，对相同类型的多投入、多产出决策单元进行评价的非参数统计方法。为解决传统 DEA 模型只限于区分完全有效与非完全有效的决策单元问题，由此引入超级效率 DEA（Super – Efficiency DEA，SE – DEA）对传统的 DEA 进行了修正，对完全有效的决策单元效率高低进行深入分析，在保证非完全有效决策单元的综合技术效率值不变的情况下，客观与准确地测算出完全有效的决策单元的综合技术效率。本书结合传统 DEA 和超效率 DEA 模型，分别测算 2006 ~ 2020 年我国快递业投入产出效率，在效率排序中试图找出综合效率低下的原因。

本书采用基于投入导向的超效率 BCC – DEA 模型，BCC 评价效率的研究前提是规模收益可变（Variable Returns to Scale，VRS）。该模型把决策单元的综合技术效率（Technical Efficiency，TE）中的规模效率（Scale Efficiency，SE）和纯技术效率（Pure Technical Efficiency，PTE）区分开来，三者关系为：$TE = SE \times PTE$，进而衡量决策单元在既定的生产情况下，是否处于最优生产规模。本书建立 Malmquist – DEA 指数模型，测度整个时期内的全要素生产率（TFP），而后对决策单元不同时期的全要素生产率进行比较，评价决策单元全要素生产率随时间变化的情况。产出增长率超出要素投入增长率的部分即全要素生产率，Malmquist 指数模型在对全要素生产率的变化进行分析时，通常将其分解为技术进步变化和技术效率变化两个部分，而技术效率变化再进一步分解为纯技术效率变化和规模效率变化，进而深入对快递业全要素生产率增长的内在因素研究，能够使得区域科技创新效率大于 1，解决辨识度低的问题。

假设有 n 个决策单元（Decision Making Unit，DMU），每个决策 DMU

都分别有 m 种投入与 s 种产出。对于第 j 个决策单元 DMU_j，x_{ij} 表示第 i 种投入；y_{rj} 表示第 r 种产出；λ_j 为第 n 个 DMU 的投入产出指标权重，即系数向量；$\sum\limits_{j=1}^{n} x_{ij}\lambda_j$ 是经过加权处理的 DMU 投入量；$\sum\limits_{j=1}^{m} y_{ij}\lambda_j$ 是经过加权处理的 DMU 的产出量。这个过程表现为一组的线性规划问题，由以下公式决定：

$$\min\left[E_j - \varepsilon\left(\sum_{i=1}^{n} s_i^- + \sum_{j=1}^{n} s_j^+\right)\right]$$

$$\text{s. t.} \sum_{j=1}^{n} x_{ij}\lambda_j + s_j^- = Ex_{ij},\ i = (1,2,\cdots,m) \tag{5-1}$$

$$\sum_{i=1}^{m} x_{rj}\lambda_j - s_j^+ = y_{ij},\ r = (1,2,\cdots,s)$$

$$\lambda_j \geqslant 0,\ s_j^+ \geqslant 0,\ s_i^- \geqslant 0$$

式（5-1）中，E_j 为快递业效率；s_i^- 为投入指标 x_i 的松弛变量；s_j^+ 为产出指标 y_j 的松弛变量；ε 为非阿基米德无穷小量；模型的最优解为 E_j、s_i^{*-}、s_j^{*+}。

Malmquist 定义[①]为：

$$M_t(x^t,\ y^t,\ x^{t+1},\ y^{t+1}) = \frac{D_0^1(x^{t+1},\ y^{t+1})}{D_0^1(x^t,\ y^t)} \tag{5-2}$$

$$M_{t+1}(x^t,\ y^t,\ x^{t+1},\ y^{t+1}) = \frac{D_0^{t+1}(x^{t+1},\ y^{t+1})}{D_0^{t+1}(x^t,\ y^t)}$$

在不变动报酬的假设下，Malmquist 生产率指数为：

$$M_t(x^t,\ y^t,\ x^{t+1},\ y^{t+1}) = (M_t \times M_{t+1})^{\frac{1}{2}} = \left[\frac{D_0^t(x^{t+1},\ y^{t+1})}{D_0^t(x^t,\ y^t)} \times \frac{D_0^{t+1}(x^{t+1},\ y^{t+1})}{D_0^{t+1}(x^t,\ y^t)}\right]^{\frac{1}{2}}$$

$$= \frac{D_0^{t+1}(x^{t+1},\ y^{t+1})}{D_0^{t+1}(x^t,\ y^t)}\left[\frac{D_0^t(x^{t+1},\ y^{t+1})}{D_0^t(x^{t+1},\ y^{t+1})} \times \frac{D_0^t(x^{t+1},\ y^{t+1})}{D_0^t(x^t,\ y^t)}\right]^{\frac{1}{2}}$$

$$\tag{5-3}$$

---

① 以 t 期和 $t+1$ 时期为技术参照的面板数据的 Malmquist 指数参照卡夫斯、克里斯藤森和迪沃特等的定义。

在式（5-3）中，$\dfrac{D_0^{t+1}(x^{t+1},\ y^{t+1})}{D_0^t(x^t,\ y^t)}$ 表示技术效率变化（*effch*），当

effch > 1 时表明效率在改善，反之效率退步；$\left[\dfrac{D_0^t(x^{t+1},\ y^{t+1})}{D_0^{t+1}(x^{t+1},\ y^{t+1})}\times\right.$

$\left.\dfrac{D_0^t(x^{t+1},\ y^{t+1})}{D_0^{t+1}(x^t,\ y^t)}\right]$ 表示技术进步变化（*techch*），它是前沿面在区间 t 和 t 增

加 1 变化的几何平均值，*techch* > 1 表示前沿面较上期向外移动，即表明技术进步，反之表明技术退步。

式（5-3）中，在变动规模报酬的假定下，技术效率变化可进一步分解为纯技术效率变化和规模效率变化的乘积：

$$\frac{D_0^{t+1}(x^{t+1},\ y^{t+1})}{D_0^t(x^t,\ y^t)}=\frac{D_v^{t+1}(x^{t+1},\ y^{t+1})}{D_v^t(x^{t+1},\ y^{t+1})}\times\frac{D_c^{t+1}(x^{t+1},\ y^{t+1})/D_v^{t+1}(x^{t+1},\ y^{t+1})}{D_c^t(x^{t+1},\ y^{t+1})/D_v^t(x^{t+1},\ y^{t+1})}$$

$$(5-4)$$

在式（5-4）中，$\dfrac{D_v^{t+1}(x^{t+1},\ y^{t+1})}{D_v^t(x^{t+1},\ y^{t+1})}$ 表示纯技术效率变化（*sech*），当

sech > 1 时表明变动规模报酬下生产效率有所提高，反之效率退步；

$\dfrac{D_c^{t+1}(x^{t+1},\ y^{t+1})/D_v^{t+1}(x^{t+1},\ y^{t+1})}{D_c^t(x^{t+1},\ y^{t+1})/D_v^t(x^{t+1},\ y^{t+1})}$ 表示规模效率变化（SEC）；当 SEC > 1

时表明生产规模向最优生产规模移动。纯技术效率与规模效率均大于 1 时会促进技术效率的提升。因此，通过上述分解，Malmquist 分析可以获取快递业全要素生产率产生变化的原因，进而对快递业效率变动实现动态分析。

（二）数据来源与指标体系

本书运用 DEA 方法，以我国 31 个省份面板数据为样本，对其进行效率评估。数据来源于国家统计局网站、2006～2020 年《中国统计年鉴》、2006～2020 年《中国第三产业统计年鉴》和各省份邮政局官网统计数据。需要说明的是，由于 2020 年快递业受到新冠疫情外生变量的冲击，鉴于对 DEA 模型稳定性的要求，各个省份 2020 年的相关数据不具有参考价值，

因此剔除 2020 年 31 个省份的相关数据。此部分研究运用 DEAP2.1 软件运行测算。

目前已有的对快递业效率的研究中投入指标以从业人员、固定资产和营业网点数为主,产出指标以业务收入、函件业务数量、运输状况为主。由此,基于数据可得性、全面性和科学性原则,其中从业人员、营运车辆和业务收入指标选取国家统计局邮政业相关数据。具体投入产出指标如表 5 - 1 所示。

表 5 - 1 　　　　　　　　快递业市场体系效率评价投入产出指标

指标类型	具体指标	解释备注
投入指标	营业网点数（个）	包括邮政集团和规模以上民营快递企业网点数
	从业人数（人）	—
	固定资产投资（亿元）	—
	营运车辆（辆）	包括邮政集团和规模以上民营快递企业车辆数
产出指标	函件（万个）	—
	包裹（万个）	—
	快递（万个）	—
	邮政业务收入（亿元）	不包括邮储银行收入

二、快递业市场体系运行的影响因素分析——基于 Tobit 模型

(一) 模型构建

前文为快递业市场运行效率的测算构建了相关模型,在此基础上,为了进一步对快递业市场体系运行的影响因素进行分析,同时也避免采用最小二乘法导致的参数估计值有偏差或不一致的情况,本书采用 Tobit 模型来解决受限或截断因变量的建模向量问题,分析快递业的综合技术效率影响因素,并对其进行显著性检验。Tobit 模型具体表达式为:

$$Y_k = \begin{cases} \beta X_k + \mu_k, & \beta X_k + \mu_k > 0 \\ 0, & \beta X_k + \mu_k < 0 \end{cases} \qquad (5-5)$$

在式（5-5）中，Y_k 为潜在因变量；X_k 为自变量向量；β 为参数向量；误差项 μ_k 独立且服从正态分布：$\mu_k \sim N(0, \sigma^2)$。

（二）变量选取和影响因素假设

1. 变量选取和数据来源

解释变量需根据数据可得性、全面性和可量化原则进行选取。依据山红梅等（2019）分析，并结合研究情况，本书选取影响快递业全要素生产率的因素为解释变量，分别为地区经济发展水平、固定资产利用率、快递业市场化率、交通基础设施状况、单位快递网点覆盖率和人才状况。同时，固定资产利用率、市场化率和网点覆盖率采用邮政业数据。

2. 影响因素假设

根据快递业 Malmquist 全要素生产率值 y_j^* 及其影响因素 x_i，建立 Tobit 回归模型，验证二者之间的相关关系，模型的各项指标如表 5-2 所示。基于上文分析，作以下假设。

表 5-2　　　　　　　　Tobit 回归模型影响因素假设各项指标

解释变量	变量衡量指标	指标性质
地区经济发展水平	地区人均 GDP 总量/100000	+
固定资产利用率	总收入/固定资产投入	+
快递业市场化率	民营快递企业业务收入/总收入	+
交通基础设施状况	常住人口人均公路与铁路里程数	+
单位网点覆盖率	常住人口人均网点数	+
人才状况	地区专科以上毕业生人数/地区人口总数的比值×100	+

注：表中的"+"号表示正向指标。

假设 5-1：地区经济发展水平与快递业效率呈正相关关系。快递业是我国国民经济的先导性产业，也是现代物流体系发展的关键性产业，快递业的消费需求与企业经营效率不仅受到经济发展水平的影响，还会反作用于地区经济发展水平；而一地区的经济发展水平受到该地区基础制度、对外开放和政府规制的影响。在经济发达地区，函件、包裹、电商快递类和公益性需求规模都比较大，此区域的企业技术水平也比较高，具有规模效应；而经济欠发达地区的规模经济效益受制于各类业务需求量。

假设 5 -2：快递业固定资产利用率与快递业效率呈正相关关系。一个企业或行业的固定资产利用率代表该企业或行业的资产利用情况，固定资产利用率越高，说明该企业或行业技术管理水平越高，市场结构越合理，市场水平越高，即整体效率越高。

假设 5 -3：快递业市场化率与快递业效率呈正相关关系。随着人民群众日益增长的美好生活的用邮需要，民营快递市场主体不断进入快递业市场，随之而来的是市场竞争加剧，使得市场在资源配置中的决定性作用越发凸显，这也要求民营企业与国有企业不断地提升其技术与管理水平，通过提高规模效益形成竞争优势。

假设 5 -4：交通基础设施状况与快递业效率呈正相关关系。快递业基础网络体系的建设与地区交通设施基础状况紧密相关，地区的交通网络越完善，快递业在交通设施上的投入与成本就越少，物流产出越大，总体运行效率就越高。

假设 5 -5：单位网点覆盖率与快递业效率呈正相关关系。单位网点服务人数越多，说明其资源得到充分利用，资源利用效率高；但同时存在的问题是，随着服务人数增加，服务半径扩大，快递业相关配送成本也会增加。

假设 5 -6：区域人才状况与快递业效率呈正相关关系。从业人员的素质高低直接决定了快递业运行效率。高素质专业人才一方面能够运用专业化知识减少中间各环节沟通和消耗成本；另一方面也是快递业与关联产业的产业链、供应链的广度、深度合作的推动主体，引领与推动数字经济、电子商务等新领域与制造业、农业、交通运输业、批发零售业等多部门联动的效率。

根据以上假设，建立 Tobit 回归模型为：

$$ETE_{ij} = C + \beta_1 E_{ij} + \beta_2 Z_{ij} + \beta_3 M_{ij} + \beta_4 T_{ij} + \beta_5 W_{ij} + \beta_6 L_{ij} + \varepsilon \qquad (5-6)$$

式（5-6）中，ETE_{ij} 表示 i 时刻 j 地区快递业 Malmquist 全要素生产率；C 为常数项；$\beta_i(i=1, 2, 3, 4, 5, 6)$ 为自变量的回归系数；E_{ij} 为经济地区经济发展水平；Z_{ij} 为快递业固定资产利用率；M_{ij} 为快递业市场化率；T_{ij} 为交通基础设施状况；W_{ij} 为单位网点覆盖率；L_{ij} 为区域人才状况；ε 为误差项。

三、快递业市场整体效率的收敛性分析

本书在分析不同区域快递业效率及影响因素分析后，运用收敛性来分析和检验不同地区的发展趋势情况。根据新古典经济增长理论，经济系统要素的边际报酬存在递减趋势，本书采用绝对收敛和条件收敛检验。绝对收敛检验模型如式（5-7）所示：

$$\frac{\ln(E_{i,t}/E_{i,t-T})}{T} = \alpha + \beta\ln(E_{i,t-T}) + \varepsilon_i, \quad \varepsilon_i \sim N(0, \sigma^2) \qquad (5-7)$$

其中，$E_{i,t}$、$E_{i,t-T}$ 分别为省份 i 在 t 时期和 $t-T$ 时期的经济效率；$\dfrac{\ln(E_{i,t}/E_{i,t-T})}{T}$ 表示 T 年间第 i 个省份效率值的平均增长率；α 为常数项，表示稳态水平；β 为待估的回归系数，即收敛系数；ε_i 为随机干扰误差项，并且服从正态分布。当 $\beta < 0$ 且统计上显著时，则说明各省份的效率值趋于统一稳态水平，存在发展滞后地区追赶先进地区的趋势，并且其增速要快于先进地区；反之，说明各地区的效率值处于发散状态，则需要进行条件 β 收敛的检验，条件 β 收敛在绝对收敛的基础上纳入控制变量，增加考虑外部因素对被解释变量收敛性的影响，以尽量避免因变量遗漏带来的误差。条件 β 收敛模型如式（5-8）所示：

$$\frac{\ln(E_{i,t}/E_{i,t-T})}{T} = \alpha + \beta\ln(E_{i,t-T}) + \gamma\ln x_k + \varepsilon_i, \quad \varepsilon_i \sim N(0, \sigma^2) \qquad (5-8)$$

其中，x_k 为外部影响因素矩阵，γ 为其回归系数，其他变量与上述一致。当 $\beta < 0$ 且统计上显著时，则表示区域在 $(t-T) \sim t$ 时期内的经济效

率表现为条件 β 收敛，说明发展滞后地区经济效率快于经济先进地区，而这种收敛性速度受外部因素影响，也就是说，在考虑不同区域的异质性条件下，每个地区向着自身稳态水平趋近，不存在同一趋势的收敛状态。

第二节　快递业市场体系运行效率评价及其影响因素的实证分析

一、实证结果分析

（一）快递业全要素生产率结果分析

考虑到本书样本数据为面板数据，因此本书利用上述 Malmquist 指数的 DEA 模型进行分析。为了得到各省份快递业生产效率，本书利用营业网点数、快递业从业人数、快递业固定资产投资、邮政营运车辆作为投入变量，利用函件、包裹、快递、快递业务收入作为产出变量。首先，本书从 2006～2020 年的投入产出指标数据描述性统计分析（见表 5-3）可以看出，我国各区域的快递资源分配极其不平衡，营业网点数、从业人员、固定资产投资、营运车辆数量的最大值与最小值之间差距较大，快递业运营产出状况也存在差异性，具体如表 5-3 所示。

表 5-3　　　　　　投入指标和产出指标数据描述性统计分析

指标类型	指标	均值	方差	最小值	最大值
投入指标	营业网点数（个）	4566.38	4688.20	180.00	30019.00
	从业人数（人）	23453.17	20002.04	839.00	167041.00
	固定资产投资（亿元）	51.00	42.85	1.63	224.50
	营运车辆（辆）	35497.63	27451.57	1360.00	144020.00

续表

指标类型	指标	均值	方差	最小值	最大值
产出指标	函件（万个）	18500.00	26800.00	100.00	135000.00
	包裹（万个）	195.21	189.81	5.75	1110.00
	快递（万个）	52900.00	158000.00	38.30	1680000.00
	邮政业务收入（亿元）	294.00	384.00	1.05	4400.00

本书利用 Malmquist – DEA 模型，得到各省份各年度的技术效率变化（effch）、技术进步变化（techch）、全要素生产率 Malmquist 指数（TFP）。本书统计的原始数据时间段为 2005 ~ 2019 年，DEAP 2.1 软件处理时消掉了第一个时间，即 2005 年的值。表 5 – 4 列出了 2006 ~ 2019 年我国 31 个省份快递业 Malmquist 指数值。

表 5 – 4　　　　　2006 ~ 2019 年我国 31 个省份快递业 Malmquist 指数值

省份	2006年	2007年	2008年	2009年	2010年	2011年	2012年	2013年	2014年	2015年	2016年	2017年	2018年	2019年	平均
北京	0.796	1.638	1.208	0.879	1.075	1.035	0.915	0.921	1.158	1.218	1.422	1.017	0.932	1.500	1.122
天津	1.183	1.298	1.215	1.116	1.232	0.672	0.708	0.907	1.524	1.283	1.349	1.232	0.922	0.983	1.116
河北	0.957	1.272	1.268	1.012	0.966	0.802	1.078	1.098	0.976	1.193	1.297	1.414	1.126	1.264	1.123
山西	1.303	1.048	0.990	0.792	1.117	0.621	0.901	0.735	1.080	1.091	1.334	2.347	1.593	1.326	1.163
内蒙古	1.100	1.034	1.169	0.974	1.327	0.841	0.873	0.932	1.000	1.071	1.007	1.135	1.323	1.034	1.059
辽宁	0.769	1.214	1.191	1.084	1.101	0.610	0.963	0.973	1.192	1.157	1.759	1.359	1.431	1.307	1.151
吉林	1.077	0.891	1.078	1.052	1.097	0.639	1.158	0.815	1.147	0.848	1.387	0.999	1.301	1.209	1.050
黑龙江	0.853	0.992	0.873	0.895	1.164	0.587	0.965	1.119	0.950	0.866	1.215	0.947	1.138	1.170	0.982
上海	0.995	1.658	1.138	0.984	0.829	0.852	1.577	1.055	1.213	0.961	1.389	1.183	1.652	0.832	1.166
江苏	1.116	1.563	1.225	0.942	1.074	0.721	1.175	0.872	1.389	1.524	1.106	1.189	1.271	1.151	1.166
浙江	1.152	1.954	1.213	0.966	1.171	0.950	1.074	1.149	1.536	1.255	1.688	1.162	1.638	1.488	1.314
安徽	0.951	1.042	1.234	0.938	1.159	0.706	1.263	0.793	1.408	1.118	1.361	1.323	1.077	1.444	1.130
福建	0.892	1.309	1.220	1.065	1.049	0.891	0.993	0.988	1.436	1.059	1.256	1.172	1.258	1.496	1.149
江西	1.154	1.269	1.155	0.822	0.978	0.720	1.070	0.844	1.229	1.154	1.289	1.451	1.448	1.246	1.131
山东	0.961	1.260	1.102	0.960	1.103	0.818	0.997	0.780	1.255	1.249	1.235	1.107	1.331	1.198	1.097

续表

省份	2006年	2007年	2008年	2009年	2010年	2011年	2012年	2013年	2014年	2015年	2016年	2017年	2018年	2019年	平均
河南	1.013	1.233	1.186	1.057	1.131	0.779	1.238	0.640	1.355	1.245	1.223	1.335	1.159	1.380	1.141
湖北	0.895	1.086	1.157	1.019	1.181	0.718	0.870	1.007	1.238	0.969	1.153	1.316	1.279	1.509	1.100
湖南	0.976	0.971	0.766	0.761	1.412	0.743	1.141	0.650	1.434	1.066	1.247	1.284	1.343	1.312	1.079
广东	0.975	2.295	1.039	1.179	1.003	0.649	0.968	1.166	1.409	1.222	1.545	1.151	1.293	1.310	1.229
广西	1.045	0.911	1.152	1.020	1.210	0.672	0.970	1.032	1.005	1.018	1.148	1.207	1.394	1.111	1.064
海南	0.725	1.067	1.188	1.067	1.317	0.624	0.996	0.954	1.299	0.801	1.178	1.142	1.165	1.477	1.071
重庆	1.069	1.208	1.033	1.122	1.108	0.701	0.982	1.019	1.052	1.262	0.976	0.950	1.324	1.022	1.059
四川	0.987	1.159	0.867	0.793	1.296	0.772	1.219	0.510	1.304	1.070	1.233	1.316	1.266	1.480	1.091
贵州	0.984	1.052	0.878	0.773	1.199	0.901	1.213	1.223	1.438	0.974	1.164	1.168	1.408	1.255	1.116
云南	1.122	1.127	1.203	1.069	1.113	0.849	1.060	1.011	1.220	1.234	1.386	1.183	1.252	1.373	1.157
西藏	0.983	1.254	1.135	0.952	0.853	1.032	1.070	0.979	1.067	0.957	1.168	1.034	2.693	0.583	1.126
陕西	1.019	1.118	1.092	0.963	1.329	0.754	0.972	0.920	0.945	1.008	1.117	0.961	1.217	1.306	1.052
甘肃	1.163	1.238	0.891	0.876	0.923	0.865	0.815	0.902	1.261	1.028	1.390	1.031	1.508	1.026	1.073
青海	1.141	1.039	1.112	1.068	1.101	0.844	0.810	0.489	1.253	1.179	1.307	1.103	1.152	0.933	1.038
宁夏	0.940	1.144	0.963	0.795	1.192	0.772	1.056	0.800	2.422	1.038	1.259	1.024	1.099	1.162	1.119
新疆	1.315	1.170	0.810	0.992	1.180	0.750	1.031	0.879	1.042	1.209	1.283	1.151	1.182	1.136	1.081
平均	1.020	1.242	1.089	0.967	1.129	0.771	1.036	0.908	1.266	1.111	1.286	1.206	1.328	1.227	1.113

从表 5-4 可以看出，总体来说，所有省份 2006～2019 年的平均全要素生产率 Malmquist 值为 1.113，相当于全要素生产率平均每年上升 11.3%。从各个省份来看，全国只有黑龙江省的平均全要素生产率 Malmquist 值小于 1，为 0.982。这与黑龙江省所处地理位置与区域经济发展相关性较大，具体见后文经济区域分析。

表 5-5 是我国 31 个省份各年度平均 Malmquist 值的分解情况，其中，*effch*、*techch*、*pech*、*sech*、*tfpch* 分别表示综合技术效率、技术进步、纯技术效率、规模效率和全要素生产率，综合技术效率 *effch* 分解为纯技术效率和规模效率，它们与全要素生产率关系表示为：

$$effch = pech \times sech$$

$$tfpch = effch \times techch = pech \times sech \times techch$$

表 5 – 5　　2006 ~ 2019 年我国 31 个省份快递业各年度 Malmquist 指数分解情况

年份	effch	techch	pech	sech	tfpch
2006	1. 061	0. 964	1. 076	0. 989	1. 020
2007	0. 652	1. 972	0. 716	0. 918	1. 242
2008	1. 006	1. 081	0. 997	1. 032	1. 089
2009	0. 778	1. 280	0. 824	0. 956	0. 967
2010	1. 441	0. 820	1. 344	1. 084	1. 129
2011	1. 031	0. 769	1. 018	1. 017	0. 771
2012	0. 717	1. 469	0. 778	0. 932	1. 036
2013	0. 877	1. 040	0. 868	1. 089	0. 909
2014	1. 003	1. 261	0. 974	1. 039	1. 266
2015	0. 915	1. 244	1. 133	0. 912	1. 111
2016	0. 834	1. 546	0. 924	0. 947	1. 286
2017	1. 126	1. 073	1. 210	0. 976	1. 206
2018	0. 870	1. 519	0. 826	1. 127	1. 328
2019	1. 046	1. 179	1. 262	0. 902	1. 227
平均	0. 954	1. 230	0. 996	0. 994	1. 113

　　同时，我们选取较有代表性的年份——2006 年、2010 年、2015 年、2019 年的 Malmquist 指数值分解情况，具体如表 5 – 6、表 5 – 7 所示。

表 5 – 6　　　　2006 年和 2010 年我国 31 个省份的快递业
各年度 Malmquist 指数分解情况

省份	2006 年					2010 年				
	effch	techch	pech	sech	tfpch	effch	techch	pech	sech	tfpch
北京	1. 000	0. 796	1. 000	1. 000	0. 796	1. 644	0. 654	1. 593	1. 032	1. 075
天津	1. 093	1. 082	1. 000	1. 093	1. 183	1. 313	0. 938	1. 000	1. 313	1. 232
河北	0. 963	0. 993	0. 948	1. 016	0. 957	1. 670	0. 578	1. 650	1. 012	0. 966
山西	1. 529	0. 852	1. 528	1. 001	1. 303	1. 940	0. 576	1. 863	1. 041	1. 117

续表

省份	2006 年					2010 年				
	effch	*techch*	*pech*	*sech*	*tfpch*	*effch*	*techch*	*pech*	*sech*	*tfpch*
内蒙古	1.045	1.053	1.039	1.005	1.100	1.848	0.718	1.757	1.052	1.327
辽宁	0.820	0.938	0.821	0.999	0.769	1.653	0.666	1.603	1.031	1.101
吉林	1.239	0.869	1.294	0.958	1.077	1.765	0.622	1.619	1.090	1.097
黑龙江	1.071	0.796	1.066	1.005	0.853	2.003	0.581	1.939	1.033	1.164
上海	1.000	0.995	1.000	1.000	0.995	1.000	0.829	1.000	1.000	0.829
江苏	1.078	1.035	1.000	1.078	1.116	1.266	0.848	1.214	1.043	1.074
浙江	1.023	1.126	0.964	1.061	1.152	1.791	0.654	1.694	1.057	1.171
安徽	0.982	0.968	1.017	0.966	0.951	1.179	0.983	1.131	1.043	1.159
福建	0.965	0.924	0.963	1.001	0.892	1.621	0.647	1.592	1.018	1.049
江西	1.199	0.962	1.195	1.003	1.154	1.042	0.938	0.983	1.061	0.978
山东	0.985	0.976	0.986	0.999	0.961	1.247	0.885	1.212	1.028	1.103
河南	1.003	1.011	0.945	1.061	1.013	1.147	0.986	1.111	1.032	1.131
湖北	0.919	0.973	0.924	0.995	0.895	1.586	0.745	1.529	1.037	1.181
湖南	1.121	0.871	1.124	0.998	0.976	1.382	1.022	1.356	1.019	1.412
广东	1.014	0.962	1.000	1.014	0.975	1.000	1.003	1.000	1.000	1.003
广西	1.122	0.931	1.183	0.948	1.045	1.911	0.633	1.812	1.055	1.210
海南	0.783	0.927	1.000	0.783	0.725	1.574	0.837	1.650	0.954	1.317
重庆	1.063	1.006	1.128	0.942	1.069	0.917	1.208	0.904	1.015	1.108
四川	1.072	0.921	1.071	1.000	0.987	1.153	1.123	1.146	1.006	1.296
贵州	1.014	0.971	1.128	0.899	0.984	1.346	0.890	1.260	1.069	1.199
云南	1.042	1.077	1.029	1.012	1.122	1.233	0.902	1.111	1.110	1.113
西藏	0.958	1.026	1.000	0.958	0.983	1.299	0.656	1.000	1.299	0.853
陕西	1.094	0.932	1.097	0.997	1.019	1.830	0.726	1.750	1.046	1.329
甘肃	1.187	0.979	1.396	0.850	1.163	0.771	1.199	0.724	1.065	0.923
青海	1.075	1.062	1.000	1.075	1.141	1.841	0.598	1.000	1.841	1.101
宁夏	1.001	0.939	1.000	1.001	0.940	1.203	0.990	1.084	1.110	1.192
新疆	1.418	0.928	1.508	0.940	1.315	1.494	0.790	1.385	1.079	1.180
平均	1.061	0.964	1.076	0.989	1.020	1.441	0.820	1.344	1.084	1.129

表 5 – 7　　　　　2015 年和 2019 年我国 31 个省份的快递业
各年度 Malmquist 指数分解情况

省份	2015 年					2019 年				
	effch	techch	pech	sech	tfpch	effch	techch	pech	sech	tfpch
北京	1.137	1.072	1.205	0.943	1.218	1.225	1.225	1.405	0.871	1.500
天津	0.931	1.378	1.201	0.775	1.283	0.944	1.042	1.107	0.852	0.983
河北	1.095	1.090	1.148	0.954	1.193	1.075	1.176	1.112	0.967	1.264
山西	0.789	1.382	0.847	0.932	1.091	1.011	1.311	1.879	0.538	1.326
内蒙古	1.058	1.012	1.180	0.896	1.071	0.945	1.094	1.092	0.865	1.034
辽宁	0.853	1.356	0.873	0.977	1.157	0.998	1.311	1.193	0.836	1.307
吉林	0.725	1.170	0.750	0.966	0.848	1.251	0.966	1.426	0.877	1.209
黑龙江	0.900	0.962	0.960	0.937	0.866	1.284	0.924	1.362	0.943	1.187
上海	1.000	0.961	1.000	1.000	0.961	0.954	0.872	1.000	0.954	0.832
江苏	1.181	1.291	1.100	1.073	1.524	1.005	1.145	0.910	1.104	1.151
浙江	1.000	1.255	1.000	1.000	1.255	1.000	1.488	1.000	1.000	1.488
安徽	0.892	1.253	0.904	0.987	1.118	1.294	1.116	1.254	1.032	1.444
福建	0.924	1.146	0.955	0.967	1.059	1.221	1.225	1.311	0.931	1.496
江西	0.969	1.190	1.040	0.932	1.154	0.991	1.257	1.147	0.864	1.246
山东	1.128	1.107	1.152	0.979	1.249	1.037	1.155	0.960	1.080	1.198
河南	0.892	1.395	0.912	0.979	1.245	1.147	1.202	1.102	1.041	1.380
湖北	0.895	1.083	0.899	0.996	0.969	1.262	1.195	1.276	0.990	1.509
湖南	0.973	1.096	0.998	0.974	1.066	1.056	1.243	1.105	0.956	1.312
广东	1.167	1.047	1.000	1.167	1.222	1.000	1.310	1.000	1.000	1.310
广西	0.887	1.148	0.946	0.938	1.018	1.015	1.094	1.075	0.945	1.111
海南	0.513	1.561	0.961	0.534	0.801	1.183	1.249	1.000	1.183	1.477
重庆	1.337	0.944	1.510	0.886	1.262	0.985	1.037	1.044	0.943	1.022
四川	0.918	1.165	0.825	1.114	1.070	1.213	1.220	1.104	1.099	1.480
贵州	0.586	1.664	0.564	1.039	0.974	0.846	1.483	0.956	0.885	1.255
云南	0.801	1.539	0.808	0.992	1.234	1.087	1.263	1.195	0.909	1.373

续表

省份	2015 年					2019 年				
	effch	techch	pech	sech	tfpch	effch	techch	pech	sech	tfpch
西藏	0.644	1.486	1.000	0.644	0.957	0.459	1.271	1.000	0.459	0.583
陕西	1.048	0.962	1.109	0.944	1.008	1.189	1.099	1.188	1.000	1.306
甘肃	0.757	1.490	0.764	0.991	1.128	0.857	1.198	0.933	0.918	1.026
青海	0.806	1.463	5.527	0.146	1.179	0.901	1.036	1.000	0.901	0.933
宁夏	0.714	1.454	1.102	0.647	1.038	0.971	1.197	4.753	0.204	1.162
新疆	0.841	1.438	0.878	0.958	1.209	1.006	1.129	1.235	0.815	1.136
平均	0.915	1.244	1.133	0.912	1.111	1.046	1.178	1.262	0.902	1.227

注：限于篇幅，此处仅列出 2006 年、2010 年、2015 年、2019 年的数据。

从其分解情况看，技术进步指数总体呈增长态势，在 2006 年、2010 年和 2011 年出现小幅下降，最大降幅在 2011 年，技术进步指数较上一年度下降 23.1%。从综合技术效率分解来看，纯技术效率在 2007～2009 年、2012～2014 年两个时间段波动下降；规模效率在 2006～2007 年、2012～2017 年两个时间段效率下降，2019 年规模效率较上年降幅最大，比上年下降 9.8%。从表 5-6 中可以看出，2006 年我国快递业的综合技术效率、技术进步、纯技术效率、规模效率和全要素生产率，较上一年的增幅最大的是纯技术效率，为 7.6%，当年规模效率较上一年下降 1.1%，因此总体上使当年的技术进步下降；2010 年，综合技术效率较上一年增长 44.1%，增长幅度最大；2015 年，各效率变动与上述趋势一致；在 2010 年和 2019 年出现降幅的分别是技术进步和规模效率。

具体来说，在变动趋势上，快递业全要素生产率总体上呈现波动增长态势。取值期间大部分年份的全要素生产率都是上升的，仅有 2009 年、2011 年、2013 年是下降的，并在 2018 年达到峰值。究其原因，一方面，国际宏观经济在 2009 年出现了比较严重的金融危机，影响了中国快递业的发展；而 2011 年、2013 年伴随着欧债危机，全球资本市场的波动也较大，国内经济形势较为严峻，也在一定程度上影响了我国快递业的全要素生产率。另一方面，受到《邮政法》等政策规范、税制改革与市场竞争分化等因素的影响，2011 年和 2013 年也是我国快递业从"野蛮生长"向"规范竞争"转型的关键节点。包裹业务量从 2007 年的 9317.5 万件下降到 2011 年的 6883.0 万件和 2014 年的 6024.1 万件，降幅分别为 26.1% 和 35.3%，31 个省份的函件数量都出现了下滑，并且下滑幅度均超过了 50%，降幅相对较小的省份是湖北、贵州、广东；降幅最大的是陕西省和江西省，降幅分别为 91.9% 和 91.3%。从快递量上看，虽然整体上，我国快递业总量持续攀升，但是快递量增速呈下降趋势，增长率最高的是 2007 年，增幅达 345.3%，但是 2016 年以后增长率就保持在 28% 左右；从具体省份上看，北京市快递增长率由 2008 年的 41.9% 下降到 2019 年的 3.5%，天津市由 2008 年的 24.0% 下降到 2009 年的 2.3%，而后快递量增长率在 2010 年触底反弹至 41.3%，随后在 2014 年和 2015 年连续两年出现增幅峰值，分别达 106.0% 和 60.0%，但是到了 2019 年增长率又下降为 21.1%。作为南部沿海的代表——广东省和福建省，其增长率最高的年份分别为 2012 年的 76.7% 和 2013 年的 74.0%；从快递业务收入看，2011 年是我国快递业发展的拐点，当年除北京市以外其他地区都出现了相当程度的负增长，最大负增长的是福建省，其降幅达 83.5%，而当年北京市的增幅超过了 21.3%；从快递业务收入上看，2007～2009 年，31 个省份的快递业务收入增长率都出现了不同程度的下降，具体到地区，2007～2008 年快递业务收入下降的省份是安徽、广西、黑龙江、江苏、海南、湖北、河北、湖南、吉林、河南、广东，最为特别的是福建省出现了负增长，降幅为 38.3%，上海市从 272.0% 下降到 7.1%，成为当年降幅最大的地区；2008～2009 年快递业务收入增长率下降的省份是贵州、内蒙古，其中，宁夏和内蒙古两省份快递业务收入负增长显现，负增长分别为 2.0% 和 5.1%。总的来说，2007～2009 年，受到全球经济形势恶化的影响，导致快递业整体运营效率出现下降。

2012 年，国家在快递业扩大了投资和基础设施建设规模，全国邮政网点数量从 2011 年的 78700 个增加到 2012 年的 95600 个，增长率达 21.5%，是自 2005 年以来增长的最高点，也远超 2005~2011 年 2.7% 的平均增幅。2013 年，国内外经济形势持续下行，引起我国快递业市场主体小幅震动。2017 年，全国快递公共投递服务站达到 3.15 万个，2018 年，国家邮政局印发邮政业《技术应用研发指南》，快递企业加大对技术设备的投入，引入快件自动分拣设备，一大批具有超强处理能力和现金处理设备的运转中心投入使用。2014 年，"大众创业、万众创新"加快了科技成果转化；2015 年、2016 年连续两年对邮政业固定资产投资的增幅分别为 19.0%，13.6%，加快了基础设施布局；在 2017 年快递进驻社区和学校标志着智慧快递的兴起。正因为如此，2017 年纯技术效率拉低了 2017 年的快递业 Malmquist 全要素生产率水平。2020 年，面对突如其来的新冠疫情，快递业经受住了时间的考验。从业务指标上看，2012 年全国包裹和函件业务量同时出现了下滑，其中 14 个省份的包裹业务量平均下滑 3.7%，包括山西、内蒙古、辽宁、吉林、江西、河南、湖南、海南、四川、新疆 10 个省份下降的函件业务量降幅均在 15% 以上，快递量的同期增长率也有所放缓，22 个省份的增速出现了下降。从快递业收入来看，只有甘肃省出现了 11.3% 幅度的下降，其余地区都有所提升，可见，2012 年规模扩大而导致产出增幅未同步增长造成了效率下降。到了 2016 年我国 31 个省份全部下滑，平均下滑 36.3%，下滑幅度最高的是贵州省。2018 年，全国有 20 个省份的邮政固定资产投资幅度下降，邮政业从业人员数量下降 13.7%，降幅前三的省份是西藏、甘肃和浙江；全国包裹量出现下降的省份为 24 个，函件业务量出现下降的省份为 20 个，其中福建、广西、吉林、江西、贵州、黑龙江、山西、上海、辽宁、新疆、云南 11 个省份降幅在 20% 以上；2018 年快递地区平均增幅为 33.3%，业务收入增幅 25.0%。可见，由于投入的下降，虽然产出有所增加但随之也影响了整体效率。2006~2019 年全国快递业全要素生产率变动趋势及分解如图 5-1 所示。

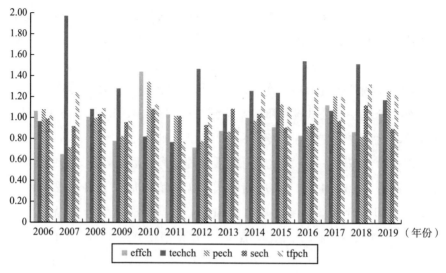

图 5 - 1　2006~2019 年全国快递业 Malmquist 全要素生产率变动趋势及分解

从图 5 - 1 中还可以看出，纯技术效率明显高于规模效率，2006~2019年纯技术效率在 0.72~1.34 浮动，可见我国邮政业经过市场化改革，快递业的独立发展得到了市场的认可，民营快递企业和外资企业作为公有制经济的补充，活跃了我国快递市场，也带动了快递业市场效率的提升。特别是民营快递企业市场份额进一步提升，他们占据我国近 90% 的市场份额，有着绝对的优势。根据前瞻网数据显示，2018 年，顺丰、中通、韵达、圆通、申通、百世六大民营快递巨头的市场占有率合计超过七成，达 71.7%。按业务量计算，民营企业占据快递与包裹市场企业的市场份额为 86.2%，国有企业占比 12.3%，外资企业占比 1.5%。2019 年，国有、民营、外资企业业务量占全部快递与包裹市场比重分别为 10.8%、88.8%、0.4%。整体来看，民营企业业务量保持匀速增长，外资企业业务量有所萎靡。不难看出，民营快递企业对于提升我国快递业市场效率起到了关键作用，纯技术效率和规模效率在 2006~2019 年呈现的相互交错的趋势，总体上呈负相关关系，也说明我国快递业在不同时期的发展侧重点不同引起了Malmquist 全要素生产率的波动增长，特别是我国快递业的规模效率还有继续提升的空间，在基础设施投入上需要更好地进行与函件、包裹、快递等业务产出相适应的基础建设。

为了更准确地细化效率分析区域，根据国务院发展研究中心的报告，本书将 31 个省份划分为东北地区、大西北地区、东部沿海地区、西南地区、北部沿海地区、南部沿海地区、长江中游地区、黄河中游地区八个经济区，计算快递业的综合技术效率变化（effch）、技术进步变化（techch）、全要素生产率 Malmquist 指数（TFP），具体如表 5-8 所示。

表 5-8　　　　　　2006～2019 年我国快递业平均 Malmquist 全要素生产率

年份	东北地区	东部沿海地区	北部沿海地区	南部沿海地区	大西北地区	西南地区	长江中游地区	黄河中游地区
2006	0.900	1.088	0.974	0.864	1.108	1.041	0.994	1.109
2007	1.032	1.725	1.367	1.557	1.169	1.091	1.092	1.108
2008	1.047	1.192	1.198	1.149	0.982	1.027	1.078	1.109
2009	1.010	0.964	0.992	1.104	0.937	0.955	0.885	0.947
2010	1.121	1.025	1.094	1.123	1.050	1.185	1.183	1.226
2011	0.612	0.841	0.832	0.721	0.853	0.779	0.722	0.749
2012	1.029	1.275	0.925	0.986	0.956	1.089	1.086	0.996
2013	0.969	1.025	0.927	1.036	0.810	0.959	0.824	0.807
2014	1.096	1.379	1.228	1.381	1.409	1.204	1.327	1.095
2015	0.957	1.247	1.236	1.027	1.102	1.112	1.077	1.104
2016	1.454	1.394	1.326	1.326	1.281	1.181	1.263	1.170
2017	1.102	1.178	1.193	1.155	1.069	1.165	1.344	1.445
2018	1.290	1.520	1.078	1.239	1.527	1.329	1.287	1.323
2019	1.234	1.157	1.236	1.428	0.968	1.248	1.378	1.262
均值	1.061	1.215	1.115	1.150	1.087	1.098	1.110	1.103
均值排名	8	1	3	2	7	6	4	5

从区域差异看，2006～2019 年我国快递业平均 Malmquist 全要素生产率从大到小依次为东部沿海地区、南部沿海地区、北部沿海地区、长江中游地区、黄河中游地区、西南地区、大西北地区、东北地区（见表 5-8、图 5-2），总体上看与现有的研究结论基本一致，但是与以往不同的是，

本书基于八大经济区进行分析，具体而言与现有研究又有所不同。可以看出，我国快递业全要素生产率分三个层次，东部沿海地区、南部沿海地区、北部沿海地区效率水平高于长江中游地区、黄河中游地区，西南地区、大西北地区和东北地区处于效率水平较低层次。东部沿海地区、南部沿海地区、北部沿海地区的较高效率主要源于其较高的产出和较低的投入，以2018年为例，有三个经济地区需要重点说明。根据国家统计局、国家邮政局数据计算，首先，东部沿海地区营业网点数、就业人数、固定资产投入数、运营车辆数分别占全国的16.67%、11.59%、9.45%、10.54%，函件、包裹、快递和业务收入分别为39.73%、21.33%、35.47%、34.00%，可见，我国东部沿海地区快递业实现了较好的资源配置。其次，大西北地区在2018年的Malmquist全要素生产率接近东部地区，成为2006年以来效率提升幅度最大的区域，Malmquist全要素生产率从1.108上升到1.527，这得益于国家"一带一路"倡议、"快递进村"以及西北地区与东南部发达省份的对口扶贫建设。根据国家统计局、国家邮政局数据计算，从快递业投入上看，大西北地区营业网点数、就业人数、固定资产投入数、运营车辆数分别占全国的4.44%、3.13%、6.75%、6.32%，包裹数量占到全国的11.35%，超过当年的南部沿海地区、长江中游地区、西南地区和西南地区的占比。最后，与2018年以前产生较大差别的是，北部沿海地区2018年效率相较于其他地区呈现直线下降趋势，根据国家统计局、国家邮政局数据计算，从投入产出上看，北部沿海地区营业网点数、就业人数、固定资产投入数、运营车辆数分别占全国的11.82%、18.27%、16.12%、20.99%，远超当年的东部沿海地区和南部沿海地区，而在快递和业务收入产出上又平均低于东部沿海地区、南部沿海地区19.43%和20.62%的降幅，导致北部沿海地区当年效率值低于其他地区。各区域全要素生产率变动趋势如图5-2所示。

进一步，从各个地区和不同省份效率呈现来看，本书以平均值为分界线，以纵坐标为sech、横坐标为pech构建散点图（见图5-3），反映我国31个省份的纯技术效率和规模效率情况。

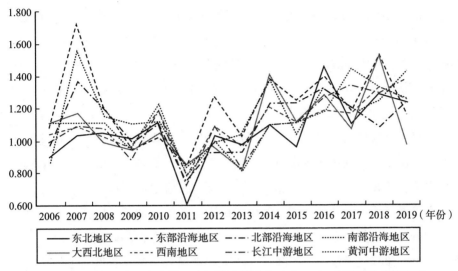

图 5－2　2006～2019 年全国八大经济区快递业 Malmquist 全要素生产率变动

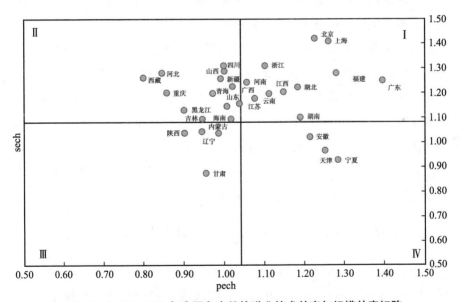

图 5－3　2006～2019 年我国各省份快递业技术效率与规模效率矩阵

　　从图 5－3 中可以看出，第一象限代表快递业的纯技术效率和规模效率都比较高，该区域的纯技术效率和规模效率高于市场水平，市场资源配置效率比较高，是快递业的先行方向。在图 5－3 中，可以看出主要是我国东部沿海地区、北部沿海地区和南部沿海地区、长江中游地区和黄河中游地区的一些省份。这主要是由于上述地区经济较为发达，市场化程度高，尤其是对快递需求大。根据国家统计局、国家邮政局数据，上述 11个省份快递业收入占全国快递业收入的 78.57%，可见发展快递业对提升快递业效率具有重要意义。

第二象限代表快递业的纯技术效率较低和规模效率比较高，在此区域的省份快递业的纯技术效率高于全国平均水平，但是规模效率低于全国平均水平。2006~2019 年，西藏、青海、新疆三省份的函件和包裹业务占比较高，但是快递业务量较低，除国有快递企业的布局外，民营企业在此区域的研发投入低于全国其他地区，导致此区域的技术效率较低。

第三象限代表快递业的纯技术效率和规模效率都比较低。这一区域均为中西部地区，这些地区既要加强基础设施建设、提升规模效率，也需要技术和科技赋能，提高快递业的技术效率。

第四象限代表快递业的纯技术效率较高但规模效率较低。根据国家统计局、国家邮政局数据测算，2006~2019 年宁夏回族自治区的函件、包裹和快递业务量全国排名分别为 27、31 和 15；天津市的函件、包裹和快递业务量全国排名分别为 13、21 和 21；安徽省的函件、包裹和快递业务量全国排名分别为 10、16 和 30。由此可见，规模效率低下是拉低上述地区全要素生产率的原因。处于该区域的省份应充分利用现有邮政快递的基础设施，拓展服务水平，尽快提升区域的规模效率。

（二）快递业 Malmquist 全要素生产率影响因素分析

为了更深入地挖掘快递业 Malmquist 全要素生产率影响因素，以上文 DEA 分析的 31 个省份的快递 Malmquist 全要素生产率估值为解释变量，选取这 31 个省份经济发展水平、固定资产利用率、快递业市场化率、区域信息化程度、人才状况为解释变量。各变量的描述性统计结果如表 5-9 所示。通过描述性统计显示，各省份在地区经济发展水平、快递资源、基础设施建设和人才状况上都有着比较大的差异。

表 5-9　　　　　　　　Tobit 模型变量描述性统计分析

变量	Obs	均值	方差	最小值	最大值
TFP	434	1.11329	0.25138	0.48900	2.69300
地区经济发展水平	434	0.41846	0.26471	0.06103	1.64563
固定资产利用率	434	0.10968	0.16508	0.00575	1.58808
快递业市场化率	434	0.54499	0.25276	0.07937	0.99805
交通基础设施状况	434	0.00428	0.00405	0.00054	0.02986
单位网点覆盖率	434	0.00011	0.00008	0.00003	0.00068
人才状况	434	0.45360	0.15983	0.13333	0.89403

对各变量进行相关性统计分析，结果如表 5-10 所示。可以看出，在 5% 的显著性水平下，地区经济发展水平、固定资产利用率、快递业市场化率、单位邮政网点覆盖率、人才状况均与快递业全要素生产率 TFP 具有显著的正相关关系。此外，地区经济发展水平、固定资产利用率和单位邮政网点覆盖率与快递业全要素生产率 TFP 呈现显著的强相关性关系；快递业市场化率和人才状况则与快递业全要素生产率 TFP 呈现较弱的相关性。

表 5-10　　　　　　　　变量相关性分析结果

变量	TFP	地区经济发展水平	固定资产利用率	邮政业市场化率	交通基础设施状况	单位邮政网点覆盖率	人才状况
TFP	1						
地区经济发展水平	0.235***	1					
固定资产利用率	0.275***	0.644***	1				
快递业市场化率	0.110**	0.059	0.148***	1			
交通基础设施状况	-0.013	-0.194***	-0.270***	-0.037	1		
单位邮政网点覆盖率	0.322***	0.702***	0.551***	0.070	0.163***	1	
人才状况	0.103**	0.625***	0.242***	0.042	-0.332***	0.334***	1

注：**$p<0.05$，***$p<0.01$。

（1）地区经济发展水平系数为 0.235，显著性水平高。假设 5-1 成立，说明地区经济发展水平与快递业全要素生产率呈现正相关关系，进一步说明了快递业的发展依托国民经济的发展程度。

（2）固定资产利用率的系数为 0.275，显著性水平高。假设 5-2 成立，说明固定资产利用率与快递业全要素生产率呈正相关关系。表明固定资产利用率的合理资源配置在一定程度上对快递业全要素生产率提升起到的拉动作用潜力较大。

（3）快递业市场化率系数为 0.110，相关系数不高，在 5% 的水平下显著。说明快递业市场化率与快递业全要素生产率呈正相关关系，假设 5-3 成立，即快递业市场化率每提高 1 个单位，快递业全要素生产率提高 0.110 个单位。由此可见，推进快递业市场化进程能够显著提高快递业全要素生产率。

（4）交通基础设施状况系数为 -0.013，说明交通基础设施建设与快递业全要素生产率呈负相关关系，假设 5-4 不成立。而且其相关系数较低，即基础设施建设每提高 1 个单位，快递业全要素生产率降低 0.013 个单位。由此可见，加快快递业交通基础设施建设布局不能够显著提高快递业全要素生产率。

（5）单位网点覆盖率系数为 0.322，相关系数最高，显著性水平高，假设 5-5 成立。说明单位网点覆盖率与快递业全要素生产率有非常显著的正相关关系，单位网点的覆盖率每提高 1 个单位，快递业全要素生产率就提升 0.332 个单位。特别是依托数字化技术，一是邮政快递企业内部信息技术水平提高带来的人工成本与企业管理成本的降低，最终提升快递业全要素生产率；二是区域内各类经济主体的信息化共享程度与互联网、电子商务普及程度提高带来的快递业务总量的提升，这也与单位网点覆盖率紧密联系，从而提升快递业全要素生产率。

（6）人才状况系数为 0.103，正相关程度高，假设 5-6 成立。人才是快递业发展最基本的元素，说明人才状况能够提高快递业全要素生产率。从实际上看，在当前的快递行业中，直接就业的人员达到 320

万人。[①] 随着快递业的发展，作为劳动密集型与技能复合型相结合的快递业更需要多层次多结构的人才模式，从而更好地提升快递业全要素生产率。

再从八大经济区域上看，可以看出在5%的显著性水平下，地区经济发展水平、固定资产利用率、快递业市场化率、交通基础设施状况、单位网点覆盖率、人才状况对我国快递业全要素生产率TFP均具有显著的正向作用，说明一个地区的地区经济发展水平越好、固定资产利用率越高、快递业市场化率越高、交通基础设施状况越好、单位网点覆盖率越高、人才状况越好，这个地区的快递业全要素生产率TFP会越高（见表5-11）。

表5-11　2006～2019年我国八大经济区快递业 Tobit 回归模型相关性分析结果

变量	全国	东北地区	东部沿海地区	北部沿海地区	南部沿海地区	大西北地区	西南地区	长江中游地区	黄河中游地区
	TFP	TFP	TFP	TFP	TFP	TFP	TFP	TFP	TFP
地区经济发展水平	0.0776 ** (2.24)	-0.271 (-0.27)	-0.0135 (-0.05)	-0.226 (-0.97)	0.675 ** (2.37)	-0.353 (-0.62)	0.392 (0.68)	0.493 (1.20)	0.918 (2.03)
固定资产利用率	0.221 ** (2.14)	0.831 (1.41)	0.266 * (2.07)	0.350 ** (2.49)	0.339 * (2.06)	3.385 ** (2.13)	0.530 ** (2.15)	1.120 * (1.72)	1.089 (1.65)
快递业市场化率	0.0730 *** (2.60)	0.183 (0.94)	0.361 (1.44)	-0.0733 (-0.55)	0.0192 (0.10)	0.251 ** (2.28)	0.0433 (0.40)	0.0224 (0.13)	0.244 (1.43)
交通基础设施状况	1.528 ** (2.42)	-32.66 (-0.39)	16.08 (0.24)	79.58 (0.85)	275.0 *** (2.58)	-0.492 (-0.05)	18.73 ** (2.36)	-57.99 (-0.57)	-16.84 (-0.53)
单位网点覆盖率	927.9 ** (4.01)	1297.0 ** (2.16)	-24.67 (-0.05)	1007.5 (0.72)	718.3 (0.42)	1764.9 * (1.70)	1290.1 * (1.89)	278.9 ** (2.28)	2706.2 ** (2.60)
人才状况	0.0244 ** (2.24)	0.678 (0.55)	1.145 ** (1.51)	0.312 ** (1.98)	1.530 ** (2.17)	-0.0339 (-0.05)	-0.817 (-1.44)	0.101 (0.23)	0.0574 (0.18)
_cons	0.972 *** (19.26)	0.585 (1.33)	1.455 *** (4.38)	0.802 ** (2.17)	0.776 ** (2.17)	0.775 *** (2.75)	1.005 *** (5.84)	0.942 *** (4.51)	1.020 *** (5.50)
N	434	42	42	56	42	70	70	56	56

注：括号内值为 t 统计量，*p<0.10，**p<0.05，***p<0.01。

---

① 新就业群体"新"在哪、"难"在哪、关爱工作"落"在哪［N］．人民日报，2025-01-20（14）．

具体来说，在东北地区，在5%的显著性水平下，单位网点覆盖率对快递业全要素生产率TFP具有显著的正向作用；在东部沿海地区，在5%的显著性水平下，人才状况对快递业全要素生产率TFP具有显著的正向作用；在北部沿海地区，在5%的显著性水平下，固定资产利用率、人才状况对快递业全要素生产率TFP具有显著的正向作用；在南部沿海地区，在5%的显著性水平下，地区经济发展水平、交通基础设施状况、人才状况对快递业全要素生产率TFP具有显著的正向作用；在大西北地区，在5%的显著性水平下，固定资产利用率、快递业市场化率对快递业全要素生产率TFP具有显著的正向作用；在西南地区，在5%的显著性水平下，固定资产利用率、交通基础设施状况对TFP具有显著的正向作用；在长江中游地区，在5%的显著性水平下，单位网点覆盖率对TFP具有显著的正向作用；在黄河中游地区，在5%的显著性水平下，单位网点覆盖率对TFP具有显著的正向作用。

因此，从表5-11不难看出，各地区快递业全要素生产率TFP的主要影响因素不同，各经济地区需要因地制宜，着力从影响本地区快递业全要素生产率相关性高的因素方向进行提升，进而促进本地区快递业的发展。

（三）快递业 Malmquist 全要素生产率的收敛性

2006～2019年我国快递业全要素生产率的绝对收敛和相对收敛检验结果如表5-12和表5-13所示。从表中来看，快递业全要素生产率TFP同时具有绝对收敛性和相对收敛性。说明我国快递业全要素生产率发展趋势会趋于一致，各地区快递业全要素生产率发展水平会收敛于同一稳态水平。

表5-12　　　2006～2019年快递业全要素生产率绝对收敛检验结果

变量	全国	东北地区	东部沿海地区	北部沿海地区	南部沿海地区	大西北地区	西南地区	长江中游地区	黄河中游地区
	beta	beta	beta	beta	beta	beta	beta	beta	beta
lntfpch0	−0.169 *** (−9.77)	−0.205 *** (−4.02)	−0.073 (−0.45)	−0.182 *** (−3.39)	−0.068 (−0.69)	−0.184 *** (−4.77)	−0.064 (−0.86)	−0.149 *** (−2.81)	−0.209 *** (−4.28)

续表

变量	全国	东北地区	东部沿海地区	北部沿海地区	南部沿海地区	大西北地区	西南地区	长江中游地区	黄河中游地区
	beta	beta	beta	beta	beta	beta	beta	beta	beta
_cons	0.013*** (5.51)	−0.002 (−0.22)	0.026 (1.55)	0.019** (2.40)	0.039* (2.01)	0.008 (1.40)	0.005 (0.98)	0.008* (1.68)	0.014* (1.97)
N	434	42	42	56	42	70	70	56	56

注：括号内值为 t 统计量，∗p < 0.10，∗∗p < 0.05，∗∗∗p < 0.01。

表 5 – 13　　　　2006～2019 年我国快递业全要素生产率相对 β 收敛检验结果

变量	全国	东北地区	东部沿海地区	北部沿海地区	南部沿海地区	大西北地区	西南地区	长江中游地区	黄河中游地区
	beta1	beta1	beta1	beta1	beta1	beta1	beta1	beta1	beta1
L2.lntfpch	−0.706*** (−13.58)	−0.637*** (−3.85)	−0.847*** (−5.14)	−1.079*** (−7.65)	−0.853*** (−5.93)	−0.762*** (−4.87)	−0.628*** (−4.66)	−0.464*** (−3.37)	−0.561*** (−3.89)
_cons	0.0627*** (5.45)	0.0480 (1.31)	0.122*** (2.79)	0.0900*** (3.03)	0.0994*** (2.76)	0.0315 (0.94)	0.0613** (2.39)	0.0634** (2.11)	0.0502 (1.57)
N	372	36	36	48	36	60	60	48	48

注：括号内值为 t 统计量，∗p < 0.10，∗∗p < 0.05，∗∗∗p < 0.01。

最后，为了检验模型的稳定性，本书利用规模报酬不变的 DEA 模型得到的 TFP1，代替上文中规模报酬改变的 DEA 模型得到的 TFP，进行稳健性检验，结果如表 5 – 14 所示。可以看出，各变量的显著性与上文基本相同，因此上文实证结论通过了稳健性检验。

二、上市快递企业动态效率测度

为了更好地考察快递业发展的动态效率，我们进一步针对现有上市快递企业进行效率研究。

表5-14   2006~2019年我国快递业全要素生产率稳健性检验结果

变量	全国 TFP	东北地区 TFP	东部沿海地区 TFP	北部沿海地区 TFP	南部沿海地区 TFP	大西北地区 TFP	西南地区 TFP	长江中游地区 TFP	黄河中游地区 TFP
地区经济发展水平	0.078** (2.24)	-0.271 (-0.27)	-0.014 (-0.05)	-0.226 (-0.97)	0.675** (2.37)	-0.353 (-0.62)	0.392 (0.68)	0.493 (1.20)	0.918 (2.03)
固定资产利用率	0.221** (2.14)	0.831 (1.41)	0.266* (2.07)	0.350** (2.49)	0.339* (2.06)	3.385** (2.13)	0.530** (2.15)	1.120* (1.72)	1.089 (1.65)
快递业市场化率	0.073*** (2.60)	0.183 (0.94)	0.361 (1.44)	-0.073 (-0.55)	0.019 (0.10)	0.251** (2.28)	0.043 (0.40)	0.022 (0.13)	0.244 (1.43)
交通基础设施状况	1.528** (2.42)	-32.660 (-0.39)	16.080 (0.24)	79.580 (0.85)	275.000*** (2.58)	-0.492 (-0.05)	18.730** (2.36)	-57.990 (-0.57)	-16.840 (-0.53)
单位网点覆盖率	927.900*** (4.01)	1297.000** (2.16)	-24.670 (-0.05)	1007.500 (0.72)	718.300 (0.42)	1764.900* (1.70)	1290.100* (1.89)	278.900** (2.28)	2706.200** (2.60)
人才状况	0.024** (2.24)	0.678 (0.55)	1.145** (1.51)	0.312** (1.98)	1.530** (2.17)	-0.034 (-0.05)	-0.817 (-1.44)	0.101 (0.23)	0.057 (0.18)
_cons	0.972*** (19.26)	0.585 (1.33)	1.455*** (4.38)	0.802** (2.17)	0.776** (2.17)	0.775** (2.75)	1.005*** (5.84)	0.942*** (4.51)	1.020*** (5.50)
N	434	42	42	56	42	70	70	56	56

注：括号内值为 t 统计量，$*p<0.10$，$**p<0.05$，$***p<0.01$。

（一）样本数据说明

在研究快递企业投入产出效率方面，目前的研究存在较大的差异，基于数据的可得性与当前研究情况。考虑到本书样本数据为面板数据，因此本部分利用上文的研究方法，选择基于 Malmquist 指数的 DEA 模型进行分析。参考已有的研究，目前文献中对快递企业投入产出指标选取情况如表 5–15 所示。

表 5–15　　　　我国快递企业投入产出指标的代表性选取情况

作者	研究对象	投入指标	产出指标
韩剑尘、夏涛（2016）	45 家快递物流上市公司	企业固定资产、员工薪酬、管理费用、主营业务成本	利润总额
李晓梅、白雪飞（2016）	16 家快递物流上市公司	固定资产总额、营业成本	主营业务收入、净利润
朱胜男（2019）	7 家仓储物流业上市公司	主营业务成本、管理费用、职工薪酬、固定资产	主营业务收入、利润总额
李守林、赵瑞、陈丽华（2018）	11 家上市快递物流企业	企业研发占比、技术人员占比	净利润增长率、净资产收益率、主营业务收入增长率、总资产增长率
李守林、赵瑞、陈丽华（2017）	80 家交通运输上市企业	流动资产、固定资产、营业成本	主营业务利润、主营业务收入
肖斌、程晓静（2018）	广东省 21 个城市物流效率	物流业固定资产投资额、物流业从业人员数、公路里程数	交通运输、仓储和邮政业产值及货运周转量
王博、祝宏辉、刘林（2019）	"一带一路"沿线区域与全国各省份物流产业的效率水平	交通运输、仓储和邮政业城镇单位就业人员工资总额、全社会固定资产投资	货运量、货运周转量、交通运输、仓储和邮政业生产总值
张茜、杨国军（2021）	31 家物流业上市公司	主营业务成本、固定资产净值、员工人数	主营业务收入、净利润

根据已有研究，同时为了得到主要快递企业全要素生产率，本书研究对象选取我国在沪深两市上市的快递企业，上市公司数据能较好地从公司年报中获取。参考已有的投入产出指标选取情况，本书选取企业研发占比、流动资产、固定资产、主营业务成本作为投入变量，选取净资产收益率、总资产增长率、净资产增长率、主营业务收入增长率作为产出变量。下文数据均来自上市公司企业年报与 Wind 数据库。

截至 2021 年 9 月，我国上市快递公司有 8 家，分别为京东、顺丰、韵达、中通、圆通、申通、德邦与百世集团①。其中，京东于 2014 年在美股上市，而后于 2020 年在港股二次上市。由于会计科目的定义与准则的不一致，本书不采用京东的数据带入模型。

首先，对各变量进行描述性统计，结果如表 5 - 16 所示。

表 5 - 16　　　　　　　我国 35 家上市快递企业投入产出指标情况

变量	均值	方差	最小值	最大值
研发占比（%）	0.59	0.58	0.09	2.37
流动资产（亿元）	130.0	114.0	32.2	517.0
固定资产（亿元）	71.1	56.3	6.9	224.0
主营业务成本（亿元）	272.0	257.0	50.6	1290.0
净资产收益率（%）	12.55	23.12	-72.04	54.77
总资产增长率（%）	35.27	35.27	-36.17	180.05
净资产增长率（%）	64.04	113.73	-55.95	600.34
主营业务收入增长率（%）	32.63	30.87	-7.31	148.30

从表 5 - 16 可以看出，我国上市快递企业在流动资产、主营业务成本、净资产收益率、总资产增长率、净资产增长率、主营业务收入增长率指标上存在比较大的差异。

① 本书研究涉及的百世集团中国区快递业务于 2022 年 5 月正式并入极兔中国网络，本书对上市快递企业的动态效率测算数据区间为 2016～2020 年，故此处仍使用"百世"。

（二）我国快递上市企业动态效率测算结果分析

本书利用基于 Malmquist 指数的 DEA 模型，得到各上市快递企业的 effch（综合技术效率变化）、techch（技术进步变化）、tfpch（全要素生产率 Malmquist 指数）。本书统计的原始数据时间段为 2016～2020 年，DEAP2.1 软件处理时消掉了第一个时间，即 2016 年的值，2016 年的 Malmquist 值默认为 1，所以省略不写。表 5-17 列出了各公司 2017～2020 年的综合技术效率变化、技术进步变化、全要素生产率 Malmquist 指数。

表 5-17　　　　　2017～2020 年我国国内上市快递企业全要素
生产率 Malmquist 指数值及分解情况

快递公司	2017 年			2018 年			2019 年			2020 年		
	effch	techch	tfpch	effch	techch	tfpch	effch	techch	tfpch	effch	techch	tfpch
韵达	0.447	1.000	0.447	0.745	0.922	0.687	0.351	0.421	0.148	0.759	1.000	0.759
顺丰	0.969	0.635	0.615	0.308	0.910	0.280	1.000	0.583	0.583	0.561	0.886	0.497
申通	0.278	0.276	0.077	0.792	1.000	0.792	0.465	0.668	0.311	0.741	0.879	0.651
中通	0.796	0.954	0.760	0.451	0.750	0.338	0.506	0.919	0.465	0.821	0.747	0.613
圆通	0.546	0.635	0.347	1.000	0.915	0.915	0.260	0.779	0.203	1.000	0.924	0.924
德邦	0.452	0.707	0.319	0.828	0.900	0.745	0.410	0.631	0.258	0.821	0.930	0.763
百世	1.000	0.759	0.759	0.630	0.930	0.586	0.412	1.000	0.412	0.103	0.808	0.083
均值	0.641	0.709	0.475	0.679	0.904	0.620	0.486	0.714	0.340	0.687	0.882	0.613

从表 5-17 不难看出，2017 年百世的综合技术效率变化、韵达的技术进步变化是有效的，虽然顺丰、中通、百世 3 家企业的全要素生产率都在 0.475 的平均水平以上，但 7 家快递企业全要素生产率都未能达到有效水平（其值 <1），表明 7 家企业之间的全要素生产率水平相差较大。图 5-4 是 2017 年上市快递企业投入产出 Malmquist 指数及分解情况。

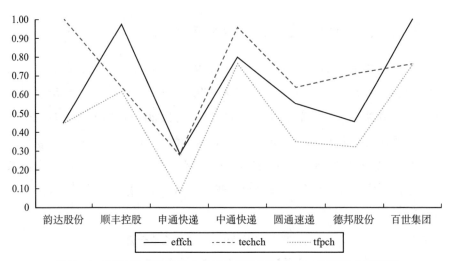

图 5-4 2017 年上市快递企业投入产出 Malmquist 指数及分解情况

从图 5-4 可以看出，申通快递在所有上市企业中的综合技术效率变化、技术进步变化和全要素生产率 Malmquist 指数都相对较低；中通、顺丰、百世 3 家企业的总体效率水平高于其他企业。图 5-5 是 2018 年上市快递企业投入产出 Malmquist 指数及分解情况。

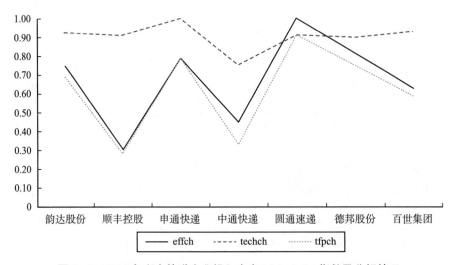

图 5-5 2018 年上市快递企业投入产出 Malmquist 指数及分解情况

从图 5 – 5 中可以看出，2018 年 7 家上市快递企业的技术进步变化指数较 2017 年都有较大改善，这源于 2018 年我国消费拉动内需的政策驱动，促进了国内快递企业的迅速发展。但是从企业上看，顺丰和中通两家企业的全要素生产率低于平均水平，根据企业年报，2018 年顺丰实现营业收入 909.43 亿元，增幅达 27.60%，但是由于其在 2018 年加大了对新业务的开拓性投入，因此顺丰营业成本增幅要高于其营业收入的增幅，因此其全要素生产率在 2018 年表现出较低的效率改善。同样在 2018 年，中通在 IT 与技术应用上的投入增加了 1.55 亿元，这就导致当年综合技术效率和全要素生产率的降低。图 5 – 6 是 2019 年上市快递企业投入产出 Malmquist 指数及分解情况。

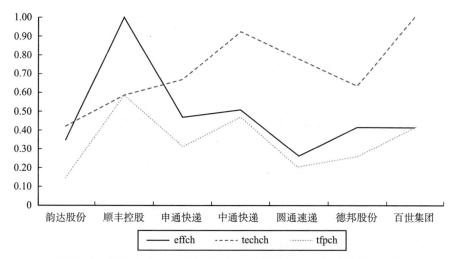

图 5 – 6　2019 年上市快递企业投入产出 Malmquist 指数及分解情况

从图 5 – 6 不难看出，由于 2018 年顺丰、中通在技术和新业务上的投入带来的效率提升在 2019 年有所显现，两家企业的全要素生产率水平明显高于当年其他上市公司。而 2019 年韵达在末端服务和商业等周边产业链上进行了拓展，研发占比较 2018 年增加了 15.91%，固定资产投入增加了 36.54%；申通的研发占比较上一年增幅为 73.08%，固定资产投入增加了 49.69%。这表明韵达和申通在资源使用效率上需要进一步提升。图 5 – 7 是 2020 年上市快递企业投入产出 Malmquist 指数及分解情况。

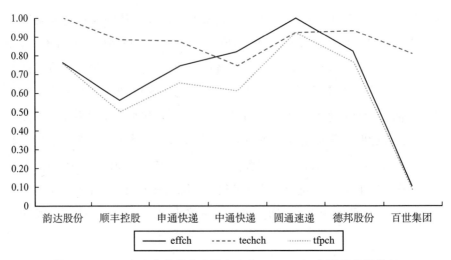

图5-7 2020年上市快递企业投入产出 Malmquist 指数及分解情况

从图5-7中可以看出，与之前年份有较大差异的是百世，2020年百世的综合技术效率变化和全要素生产率变动情况一致，可以说明综合技术效率变化是拉低百世全要素生产率的主要因素。2020年百世的研发占比较上一年增长22.88%，固定资产较上一年下降13.88%，同时主营业务收入下降0.07%，因此其2020年总体效率水平低于其他上市公司。

（三）上市快递业 Malmquist 全要素生产率影响因素分析

为了进一步分析我国7家上市快递企业在2016~2020年的整体投入产出状况，本书首先对7家快递企业的综合技术效率、技术变化效率以及 Malmquist 全要素生产率进行加总平均，如表5-18所示。

表5-18   2017~2020年上市快递企业平均 DEA 动态效率

年份	平均综合技术效率	平均技术变化效率	平均 Malmquist 全要素生产率
2017	0.641	0.709	0.475
2018	0.679	0.904	0.620
2019	0.486	0.714	0.340
2020	0.687	0.882	0.613

由表 5 - 18 可以发现，上市快递企业平均 Malmquist 全要素生产率在
2018 年效率最高，2020 年次之，2019 年效率最低。究其原因，我国在
2015 年进入经济新常态以后，经济增长动力转换，逐步由投资、出口两头
向外的市场，转向以内需为主导的消费驱动增长，而我国上市快递企业主
要以国内市场为主，在中美贸易摩擦的宏观经济背景下，国内快递上市企
业的全要素生产率得到有效提升，在主营业务收入增长率、净资产增长
率、总资产增长率和净资产收益率等指标上均有大幅增加。

本书进一步在上文 DEA 模型的基础上进行 Tobit 模型回归，分析上市
快递企业公司规模、资产负债率、管理费用率、公司年龄、总资产周转
率、财务费用率对各快递企业全要素生产率（TFP）的影响。首先是对各
变量进行描述性统计，结果如表 5 - 19 所示。

表 5 - 19　　　　　我国上市快递企业 Tobit 模型变量描述性统计分析

变量	观测值	均值	方差	最小值	最大值
TFP	28	0.512	0.248	0.077	0.924
公司规模	28	23.713	0.718	22.598	25.434
资产负债率	28	0.435	0.184	0.136	0.913
管理费用率	28	0.061	0.031	0.025	0.134
公司年龄	28	19.609	7.403	6.737	32.044
总资产周转率	28	1.652	0.766	0.480	3.327
财务费用率	28	0.031	0.021	0.007	0.068

然后对各变量进行相关性统计分析，结果如表 5 - 20 所示。可以看出，
在 10% 的显著性水平下，资产负债率、管理费用率、财务费用率与 TFP 具
有显著的负相关关系；在 5% 的显著性水平下，总资产周转率与 TFP 具有
显著的正相关关系；而其他变量与 TFP 的相关关系并未通过显著水平检
验，需要进一步验证。

表 5 – 20   变量相关性分析结果

变量	TFP	公司规模	资产负债率	管理费用率	公司年龄	总资产周转率	财务费用率
TFP	1						
公司规模	0.047	1					
资产负债率	− 0.13 *	− 0.035	1				
管理费用率	− 0.144 *	0.148	0.687 ***	1			
公司年龄	0.057	0.134	0.056	− 0.328 *	1		
总资产周转率	0.031 **	− 0.484 ***	0.554 ***	0.331 *	− 0.007	1	
财务费用率	− 0.303 *	0.065	0.346 **	0.408 **	− 0.102	0.319 *	1

注：$*p<0.10$，$**p<0.05$，$***p<0.01$。

进一步，本书利用 Tobit 回归方法对模型进行估计，结果如表 5 – 21 所示。

表 5 – 21   Tobit 回归模型分析结果 （TFP）

变量	系数	标准差	t	$P>t$
公司规模	0.0444	0.1970	0.2252	0.3847
资产负债率	− 0.2721	0.1951	− 1.3946	0.1491
管理费用率	− 0.0377	0.0194	− 1.9432	0.0634
公司年龄	0.0011	0.0017	0.6402	0.3197
总资产周转率	0.0939	0.0427	2.1989	0.0397
财务费用率	− 4.0738	2.0070	− 2.0298	0.0544
_cons	− 0.4731	0.4641	− 1.0194	0.2326

从表 5 – 21 可以看出，在 10% 的显著性水平下，管理费用率、财务费用率对上市快递企业 TFP 均具有显著的负向作用，说明一个公司的管理费用率和财务费用率越高，这个公司的 TFP 就会越低。在 5% 的显著性水平下，总资产周转率对 TFP 均具有显著的正向作用，说明一个公司的总资产

周转率越高，这个公司的 TFP 会越高。

最后，为了检验模型稳定性，本书利用规模报酬不变的 DEA 模型得到的 TFP1，代替上文中规模报酬改变的 DEA 模型得到的 TFP，进行稳健性检验，结果如表 5-22 所示。可以看出，各变量的显著性与上文基本相同，因此上文实证结论通过了稳健性检验。

表5-22　2016~2020 年我国上市快递企业全要素生产率稳健性检验结果 （TFP1）

变量	系数	标准差	t	$P > t$
公司规模	0.064227	0.212927	0.3016	0.3768
资产负债率	-0.275550	0.205449	-1.3412	0.1601
管理费用率	-0.078830	0.043565	-1.8096	0.0797
公司年龄	0.003041	0.001878	1.6191	0.1080
总资产周转率	0.103578	0.023066	4.4905	0.0002
财务费用率	-3.707570	1.914964	-1.9361	0.0642
_cons	-1.116080	0.501637	-2.2249	0.0377

第三节　结论与建议

通过本章分析发现，随着我国快递市场需求的释放和邮政体制改革的逐渐深入，快递业市场主体数量迅猛增长，快递市场竞争日趋激烈，快递市场集中度有所下降。但是，快递业平均价格持续降低与运营成本的持续上升形成突出矛盾，企业利润空间进一步压缩，在一定程度上导致企业依靠持续投入来扩大再生产的方式无法较好实现。同时，市场主体过多也制约了我国快递业规模经济的发展，快递业的全要素生产率还不够高，快递服务同质化也带来了低端供给过剩、高端市场投入不足的供需矛盾，快递业的区域和供需结构不匹配矛盾突出。因此，在我国未来的重要战略机遇期，需要进一步激发快递业各类市场主体的活力。

一、结论

本书利用 2006 ~ 2019 年我国 31 个省份快递业相关数据，和 2016 ~ 2020 年我国 7 家上市快递企业相关数据，分析相关企业的全要素生产率及其影响生产率的因素。运用快递业全要素 Malmquist 指数和面板数据模型测度快递业效率值和影响因素，并通过 DEAP2.1 软件处理相关数据，得出如下结论。

第一，宏观经济环境是影响我国快递业市场效率的主要因素。在 2005 年《邮政体制改革方案》颁布后，我国快递业实现了"政企分开"的改革目标，使得快递业成为一个独立的行业。但是我国快递业在独立后全要素生产率整体呈下降趋势，尤其是 2007 年、2009 年、2012 年和 2019 年的全要素生产率下降幅度较大，进一步分解看，各年度的技术进步变化指数差异较大，2010 ~ 2011 年技术进步变化指数较低，而 2012 年的技术进步变化指数高于 2010 年和 2011 年，并在 2016 年达到了 54.6% 的最大增幅。2012 年开始，我国网络购物用户人数开始激增，从 2012 年的 2.42 亿人增长至 2016 年的 4.67 亿人，2024 年这个数值增长到 11.08 亿人，[①] 同时电子商务交易额从 2012 年 8.1 万亿元增长至 2016 年 26.1 万亿，2019 年和 2024 年分别增长到 34.81 万亿元，[②] 净增长了约 3.3 倍。此外，2008 年的经济危机、2013 年的欧债危机以及 2015 ~ 2016 年民营快递企业的集中上市对我国快递业全要素生产率有着直接显著的影响，这就直接导致地区经济发展水平对快递业全要素生产率产生的正相关影响。

第二，快递业自身环境是影响快递业全要素生产率的决定性因素。快递业综合技术效率变化明显高于规模效率的变动，规模效率较低是导致快递业全要素生产率低下的主要原因，说明我国快递业发展不仅需要进一步

---

① 第 55 次《中国互联网络发展状况统计报告》。
② 《中国电子商务报告》（2019、2024）。

推动技术创新与改革，还需要通过与快递业相适应的人、网点、金融支持等基础性规模建设才能进一步提升快递业全要素生产率。从影响快递业发展因素的相关程度从大到小依次看，单位网点覆盖率、固定资产利用率、快递业市场化率、人才状况对快递业全要素生产率提升和资源配置起到决定性作用。

第三，区域差异化发展是影响快递业全要素生产率的核心要素。从八大地区的快递业全要素生产率来看，总体上分为三个层次：第一层次为东部沿海、南部沿海和北部沿海地区；第二层次为长江中游、黄河中游和西南地区；第三层次为大西北地区和东北地区。总体上呈现的是由东向西的递减态势，这主要是由我国快递企业内部管理水平差异、技术水平差异与资源配置的不协调性引起的。在此期间，东部沿海地区营业网点平均年增长率为 29.30%，南部沿海地区为 13.45%，北部沿海地区为 13.18%，而大西北地区和东北地区的这个平均数为 12.62% 和 10.62%；取值期间，东部沿海、南部沿海、北部沿海地区快递业从业人员年均增长率为 7.35%、9.06%、8.39%，长江中游、黄河中游和西南地区年均增长率为 6.04%，此时大西北地区和东北地区年均增长率为 5.87% 和 1.76%，与第二层次经济地区的均值还存在一定差距。

第四，在经济高质量发展与新发展格局下，我国民营上市快递企业的全要素生产率得到明显提高，总的来说，7 家上市快递企业在 2018 年的全要素生产率最好，2020 年处于中间水平，2019 年全要素生产率最低。具体而言，2019 年受到复杂的外部环境影响与内部条件制约，供应链风险加大，科技竞争日益加剧，快递企业的发展不仅取决于企业的流动资产、固定资产与主营业务成本投入与相关资产收益率的最佳匹配和企业发展战略，而且国民经济环境也对快递业全要素生产率的高低起到关键性作用。

第五，民营快递企业平均技术变化效率比平均综合技术变化效率更加有效，虽然由于快递企业上市年限及样本原因本书没有继续进行技术变化的分解，但是从各大快递企业对基础设施及研发投入的占比来看，企业规模扩大和技术创新带来整体效率的提升。与此同时，总资产周转率、资产负债率、管理费用率、财务费用率是影响我国上市企业全要素生产率的主要因素。其中,总资产周转率与上市快递企业全要素生产率呈正相关关系,资产负债率、管理费用率、财务费用率与上市快递企业全要素生产率呈负相关关系。

二、建议

基于以上结论,本书提出以下建议。

1. 加快我国邮政业改革步伐,提升邮政业技术效率与规模效率并举

我国目前快递业全要素生产率总体不高的主要原因在于技术效率和规模效率的不同步,而规模效率较低又是由于邮政业务量不高引起的。根据国家统计局、邮政局数据分析,2006～2019年,尽管我国快递业务量年均增长47.76%,但是邮政传统业务降势明显,函件与包裹年均下降分别为9.37%、7.72%。因此,一方面需要通过技术创新和技术改革提升资源优化配置的能力,减少资源浪费以求在较少的投入水平基础上扩大产出;另一方面加大邮政业传统业务特别是普遍业务的国家财政补贴力度,特别是东北地区、西南地区、大西北地区与其他边远和农村地区的普遍业务保障,发挥国有邮政企业在兼顾企业利益与社会利益统一的保障性作用;同时,注重邮政传统业务与上下游、横向产业的融合。

2. 推动邮政业市场化进程

在已基本构建邮政业市场主体多元化和市场体系的基础上,依托快递业市场机制,提高资源配置效率,推动国有快递企业特别是邮政EMS的市场化进程,推进快递与跨境电商、综合交通、区域协调以及国有和民营快递企业的"快递下乡"的共同推进作用。在农村快递网络的大建设阶段,农村市场的需求将被大幅度激发,逐步向供给引发的需求激增阶段发展。在快递进厂和出海上,都有待我国快递业市场体系的全面升级。

3. 加大对西南地区、大西北地区、东北地区的基础设施和资源投入

一方面提升快递企业的固定资产利用率;另一方面深化对营业网点、

营运车辆和人力资源的投入,特别是在当前共享经济与"双碳"目标的绿色转型要求下,应加强高铁、仓储、绿色分拨中心等多元融合发展,提升资源整合和协调发展应用。此外,随着信息化、专业化不断赋能快递业,需要进一步优化快递业专业人才的培养与资源投入的结构性,一是加强现有从业人员专业管理与从业技能的提升和审定,二是加强快递邮政业相关学校的产学研一体化、纵深式的培养机制,不断培养与引进业内专业人才提升快递业、邮政业全要素生产率。

4. 加大对优势民营快递企业的支持力度

一是企业的研发占比、流动资产、固定资产、主营业务成本作为快递企业的主要投入因素,直接作用于快递企业的运营成本及其在整个行业的竞争优势,而最终影响快递企业全要素生产率的因素则取决于该因素投入产出效率是否达到最优。作为主要市场主体的民营快递上市企业,虽然各自占领快递市场不同份额,但是企业之间仍存在较大差异。二是圆通、韵达作为我国民营快递企业存续时间较长,发展较为迅速,但是其实际规模与最优规模之间仍然存在一定差距。圆通作为行业龙头企业之一,应不断拓展其现有市场规模,特别是在乡镇的网点铺设方面,应通过规模效率的扩大提升企业全要素生产率。韵达作为存续时间24年以上的快递龙头企业,公司整体规模依然不足,一方面需要从基础网点规模上布局,另一方面也需要不断提高技术创新与企业管理深度,通过规模效应和技术创新的双驱动,做到数字化、互联网等方面的合作与应用。三是顺丰经过2017年和2018年的规模扩张阶段,逐渐实现了综合技术效率和全要素生产率的平稳增长态势。2020年,顺丰也成为A股市场第一家营收过千亿的快递公司。据国家邮政局统计,在新冠疫情暴发的2020年1月,快递行业整体业务量下降11%,快递业务收入同比下降12.6%。而在疫情和春节假期的双重影响下,顺丰整体业务量不降反增,这不仅源于顺丰直营模式,也归功于其传统业务创新。顺丰通过为大客户提供专属保障、定制解决方案和下沉市场合作扩大市场份额,同时于2019年收购了德国物流巨头DPDHL中国供应链业务,为顺丰开创了竞争新赛道。总的来说,邮政快递网络的开放合作是在现代市场经济中构建高标准市场体系的具体要求。企业之间，特别是龙头企业之间的契约模式能够在发挥企业优势的同时，扩大规模效益与技术效益，从而加快推进我国"快递出海"工程，参与快递国际化的全球布局。

本 章 小 结

经过改革开放后40多年的发展，我国快递业市场形成了国际、国内和同城快递三大板块，集聚了国有、民营、外资快递三大主体。本章通过对我国快递业和上市快递企业全要素生产率和影响因素的实证分析，研究得出：我国快递市场是具有明显规模经济优势的市场；我国快递业全要素生产效率可以通过规模效率和技术效率来提升；民营上市快递企业市场效率更高；我国快递市场的高中低端发展不均衡；上市快递企业提升市场运行效率要从总资产周转率、资产负债率、管理费用率、财务费用率上入手。与此同时，在我国国内快递市场区域结构中，东部沿海、南部沿海和北部沿海地区仍然是主要区域，而今后快递业市场体系布局重点应侧重大西北地区、西南地区、长江中游地区、黄河中游地区以及农村市场。更重要的是，本章实证分析表明，除了需要通过规模效率和技术效率提升快递业全要素生产率，增强快递业市场体系运行效率外，还要着重依托国有快递企业战略布局发挥快递业的非经济价值。

第六章 发达国家快递业市场体系构建实践及经验借鉴

全球快递业在经历百年发展之后，发达国家特别是美国、德国、日本等国家的快递业市场体系已经较为成熟。面对互联网化、信息技术创新以及全球性公共卫生突发事件的影响，全球快递业已经进入新技术与新商业模式的机遇期。纵观国外主要发达国家快递业发展历程，不难看出，20世纪八九十年代的第一轮快递全球化竞争主要是 UPS、FedEx、DHL 等快递巨头企业依托全球化浪潮向外扩张，占据了欧洲、北美等发达国家市场，打造了较高的行业壁垒，并获得了稳定地位。而在新一轮全球化竞争和全球性疫情的长远影响背景下，我国快递企业面临来自国内与国际快递巨头的双重挑战。因此，全面了解发达国家市场体系的发展实践和经验，才能更好地为我国快递业市场体系内部深化及外部发展提供符合自身特色的新思路。

第一节 发达国家快递业市场体系构建的实践

一、美国快递业市场体系发展与实践

（一）美国快递企业发展实践

美国国有企业分为两类，即公共服务类国有企业和竞争性国有企业。其中，邮政等行业属于公益性国有企业，属于公共利益导向型，其最主要

目标是为经济和社会的发展提供良好的服务。基于上述认识和规定，美国相关法律和各级政府并未对邮政运营提出经济指标，即无扭亏、盈利或创收之类的相关要求。所以，其邮政资费调整主要依据物价水平和邮政运营成本而定，这也是美国邮政盈亏变化波动的真正原因。

美国在政策层面坚持快递物流私有化发展，自 20 世纪 70 年代以来，美国就逐渐开放快递物流行业的管制。自此以后，欧美快递龙头顺应经济全球化浪潮率先开始全球扩张。美国以 UPS 和 FedEx 最为典型，1975 年，UPS 率先将快递业务扩展至加拿大，随后在 1981 年，FedEx 也将业务版图扩展至加拿大，正式开启国际业务。UPS 和 FedEx 在之后的十几年中，通过并购航空、货运公司，配合美国企业全球化的浪潮，迅速壮大，抢占了跨境快递市场及其他国家本土快递市场的先机。

美国从联邦、州到地方政府都注重对基础设施的建设，同时为快递物流相关基础设施建设提供财政支持。得益于多年持续建设的成果，美国已经建成了其密集且发达的陆、水、空立体综合交通网。根据世界银行数据显示：（1）公路方面：美国公路总里程超 600 万公里，当中，高速公路（含州际公路）总里程超过 12 万公里。（2）铁路方面：美国Ⅰ类、Ⅱ类和Ⅲ类货运铁路总长度超过 14 万英里，2018 年货运铁路网络每天货物周转量为 170 万吨英里，过去 20 年增长了约 40 万吨英里。（3）航空方面：航运比重近乎占全球航运一半以上，全球前十、前二十的大型货运机场中，有一半左右在美国。（4）水运方面：美国拥有的世界级大港有纽约港、奥克兰港、洛杉矶港、长滩港等；其内河运输业也较完备，总长约 4.2 公里，其中深度超过 2.7 米的航道占比超过 60%。美国还注重交通信息系统建设，将全国交通网络作为出发点，不断建立、健全、完善交通信息系统网络，为各项物流运输环节提供了便捷有效的条件。与此同时，美国还注重对物流园区规划建设和物流企业的合理性分配。

（二）美国快递供应链发展实践

美国全球性网络供应链的布局离不开物流的发展，全球快递巨头 UPS

已经可以为全球企业提供高端的供应链战略与管理，形成从原材料采购到成本、销售一系列完整有序的解决方案，既能够进行成本测算，又能对长远发展进行规划，调整发展不合理的部分。

美国的物流企业使用的相关设备大部分都已实现了高度机械化和计算机化，先进技术扩大了物流企业规模并明确了网络化发展的方向。其相关技术和应用还体现出安全、效率、绿色性等特点，例如，在储存和制冷货车运输业，使用电子稳定控制系统可以防止物品倒置，还可以有效控制制动系统和发动机转速；使用车辆监控系统快速定位司机位置来提高周转效率，同时监控车辆各项快、慢、温、湿等运行参数。使用预警技术，可以让驾驶员提前预知并避免碰撞等事故，还能尽早发现或预测车辆潜在的部件故障，同时让驾驶员采取有效措施和方法来节省燃油以提高效率。在仓储业货物处理中，大量推广使用射频标签识别传感器、语音识别传感器等技术来降低成本，并且射频标签识别技术同时得到了沃尔玛公司、食品和药品管理局、美国国防部等组织与相关公司的大力支持和推广。此外，据贝哲斯咨询发布的射频识别（RFID）市场调研报告，全球射频识别（RFID）市场规模 2023 年达到 291.93 亿元（人民币）。预计至 2029 年全球射频识别（RFID）市场规模将会达到 462.42 亿元，以 7.73% 的复合年增长率增长。

组织管理与技术进步促进了全球经济发展，快递物流领域也进入供应链时代，竞争内容随之向供应链服务转变。美国在供应链管理方面拥有较多的研究和实践，并在较长时期内处于全球领先水平，了解美国供应链管理实践，也能为我国快递业发展提供有益借鉴。

2012 年 2 月，美国颁布了《全球供应链安全国家战略》（以下简称《战略》）。该《战略》明确了美国全球供应链的布局重点，同时认为美国国内外的经济、军事活动都与物流及其供应链密不可分，快递物流是供应链极其重要的一部分。

（三）美国快递基础设施发展实践

美国快递物流经过 100 多年的发展，在快递物流底层技术开发运用上已经十分成熟，从供应链全程的计、购、造、付、收、行 6 个环节相互协调，通过需求预测、供给协同和优化库存，达到全链条管理。UPS 的供应链最早始于 1992 年，通过成立 UPS 供应链解决方案（UPS Supply Chain Solutions，USCS），并结合其高效的组织能力，为客户提供供应链服务。美国快递业的产业融合以其供应链管理优势而领先世界，其中，UPS 供应链为高科技、汽车、工业生产、零售等行业提供全方位供应链管理，而 UPS 的供应链与货代业务收入约占 UPS 2019 年全年收入的 12.3% [①]。

特别的，UPS 以路易斯维尔机场为全球航空物流网络核心枢纽，同时建立了庞大的自有机队，构建了辐射全球的业务网络，对开展时效快递、国际快递、供应链等业务提供支撑。路易斯维尔机场是 UPS 全球航空网络的中心——称为 "UPS 世界港"。根据公司官网披露，2019 年路易斯维尔机场每天约有 300 多趟航班起降，该枢纽每天处理大约 200 万个包裹，每天的包裹处理量可达 400 万个。根据 IATA 数据，2019 年路易斯维尔机场货物吞吐量达 279 万吨，同比增长 6.4%，吞吐量排全球第四。UPS 在全球快递业中独领风骚在很大程度上与其富有特色的快递物流服务相关，具体包括以下五个方面。

第一，迅速的货物递送。UPS 对于快件的时效进行了相应的规定，国际快件必须在 3 个工作日内送达。国内的快件确保在次日上午 8 点前送达。20 世纪 90 年代，UPS 就在全球 180 多个国家开设了 24 小时服务的 "下一航班送达" 业务。

第二，信息与报关代理。UPS 在 20 世纪 80 年代末期注重对全球网络和技术基础设施建设的投入，其建立的报关自动化系统包含所有承运的快件包裹资料，UPS 通过信息化清关方式确保了货物到达海关之前就已经办结，提高了快件收件效率。2019 年，UPS 有清关代理中心 6 个，每天递送的包裹达 2.47 亿件，其中办理的清关手续约为 2 万次 [②]。

第三，货物追踪。UPS 拥有全球最大、技术最为先进的信息追踪系统。所

---

① 公司财报。
② UPS 官网，https://about.ups.com/us/en/home.html。

有交付货物有且仅有一个连接全球互联网络的追踪码，每天为 1.4 万人次提供包裹查询服务。此外，电话客户服务中心也提供 11 种语言的昼夜服务[①]。

第四，快件包裹管理系统。UPS 的信息数据中心汇总着全球各地的快件包裹资料，当快件包裹送达时，投递员通过电子终端读取数据信息并获取客户签字，再通过转换传输到信息数据中心，实现全程的无纸化。相关信息将在送达之日保留 18 个月，确保了数据与服务的可靠性。

第五，包装与设计服务。UPS 依托于数据库，设有专门的服务中心，主要针对抗震、抗挤压、防泄漏等设计各种包装。为农副产品和易磨损物品运用恒温或承受双程磨损的包装袋，节约企业的运输包装成本。

如今，UPS 已经成为美国经济运行的重要支撑，每年创造的收入约为美国国民生产总值的 6%。2020 年 UPS 全年收入达 846 亿美元，2024 年全年综合营收达到了 911 亿美元[②]。在近 20 年中，UPS 在全球范围内每年投入 10 亿美元进行科技创新，持续完善其全球运输和包裹追踪系统，涉及机器人、无人机、射频识别、清洁能源和 AR 技术等。[③] 这一投资使得 UPS 实现了对其快递包裹每一步的紧密跟踪，同时也使其在电商业务发展中抢占先机。

总的来说，UPS 供应链服务能力的形成依靠战略收购、精准协同和经验积累。UPS 将其服务定位为一站式承运商和供应链解决方案供应商，在具备传统包裹快递优势之外，公司借助几大重要战略并购扩展能力边界。通过收购 Fritz（将公斤段提升至 70~500 公斤，并提升空运和跨境能力）、收购美国第一国际银行（形成供应链金融服务能力）、收购 MailBoxes（健全末端网络），在综合能力形成后，UPS 供应链部门将 UPS 物流集团、服务、资本、咨询结合起来，精准协调，为客户提供一揽子服务。在几十年供应链管理经验积累下，成为全球物流供应链领导者。

（四）美国快递业市场体系的政府监管

作为现代快递业发源地的美国，自 20 世纪 70 年代以来，依托美国强

---

① 李怀政. 全球物流管理 [M]. 浙江：浙江工商大学出版社，2019：66.
②③ UPS 公司年报，详见公司官网，https：//about. ups. com/cn/zh/home. html。

大的经济实力和市场需求，美国快递业发展迅速。1970 年美国的邮政系统工人罢工事件成为美国政府加快邮政业市场改革的契机，并颁布了相关条例，建立了现代邮政快递企业。2014 年以前，美国保持着全球快递大国的位置，主要体现在几个方面：一是安全稳定的市场环境；二是有序的竞争机制；三是活跃的市场运行；四是严格高效的市场监管。特别是在 "9·11" 事件后，美国政府对寄递安全的监管与防控更进一步，并细化了对快递企业生产作业流程和标准的制定。

一是在监管体系设置方面，美国邮政监管委员会监管对象为美国邮政（USPS），并不对其他私营企业进行监管。对于监管内容，美国邮政监管委员会主要涉及美国邮政普遍服务的执行与实施。对私营快递企业监管主要是由美国联邦公路管理局（FHWA）、联邦航空局（FAA）、联邦汽车运输安全管理局（FMCSA）以及联邦环境保护署（EFA）负责，上述部门对快递业监管内容不同（见图 6 - 1）。

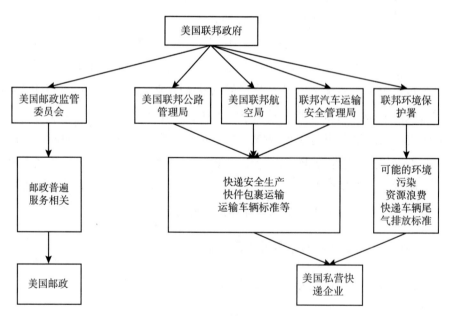

图 6 - 1　美国快递业监管体系

资料来源：美国联邦政府官网，https：//www.usa.gov/branches-of-government。

二是在市场准入与市场主体方面，美国政府对国内快递企业准入和退出的机制较为宽松，也没有专门成立单独的组织机构对快递企业准入进行监管，想要进入市场的企业只需要符合相关法律基本要求，无须进行资格审查就能够获得快递业经营资质。但是美国市场针对国外快递企业进入的门槛较高，美国政府主要是通过"非关税贸易壁垒"的方式保护本土企业。

三是在市场法律规范方面，要遵循美国基础性法律，美国政府遵循"宽入严管"的立法原则，虽然美国没有对快递市场所有方面都出台相应的法律法规，但是美国出台的《私人快递公司法》等对快递企业经营范围和服务质量都作出了具体规定。

四是在行业协会自律补充方面，美国快递业协会发展较为成熟，并且快递业协会自治能力较为强大，成为弥补政府监管的重要支撑。其中，美国快递及物流协会（XLA）是被美国政府承认的非营利性免税组织。一方面，XLA受联邦法律制约，对快递物流行业价格、流程标准、成员平等权利、竞标业务等进行监管；另一方面，XLA与美国联邦政府商业、运输、国土安全等部门以及其他行业组织和国际团体都保持密切联系，XLA在市场主体和政府监管中起到"润滑剂"作用。

五是在农产品流通和冷链标准方面，美国对于涉及农产品流通全过程的法律法规相对完备。美国的《商品交易法案》就对包括农产品在内的商品从生产到流通环节的全链条进行了详细规定，并根据实际情况进行修订，以确保交易公平性。同时，美国冷链协会（CCA）在2004年出台了《冷链质量标准》，该标准不仅对从事存储、运输和易腐农产品的快递物流企业资质标准进行了严格规定，也成为美国监督相关企业的基础依据。

二、德国快递业市场体系发展与实践

（一）德国快递企业发展实践

德国邮政股份公司（以下简称"德国邮政"），是欧洲领先的物流集团公司。集团成员包括敦豪集团（DHL）、邮政公司、邮政银行、英运物流四大品牌，其网络已覆盖 220 个国家和地区的 12 万多个目的地。其中，DHL 作为全球快递巨头之一，其发展也成为德国快递发展的典型代表，特别是在 DHL 成长为快递龙头企业以后，2002 年德国邮政全面收购 DHL，并购整合 DHL 和德国邮政品牌和业务，形成具备提供全球领先供应链服务的综合物流集团。

1997 年德国邮政开始全球扩张。德国邮政实行标准化、自动化改革，提高服务质量和生产力，99% 以上的快递两天内送达，90% 的邮件实现完全自动化处理，并尝试建立现代化邮件中心，创造超过 100 万个额外的邮政编码组合，同时改进客户服务。2010 年通过推出数字字母 E – Postbrief，让个人、企业和行政管理机构可以利用互联网进行安全、可靠的通信。同时，DHL 通过提供各类热包装温控、冷藏和冷冻的物流服务，将服务范围扩展至生命科学和医疗领域。

（二）德国快递市场发展实践

在市场结构上，DHL 的供应链业务规模居全球第一，对我国快递物流发展具有较高参考价值。其供应链业务规模居全球第一，大幅领先于其他国际物流行业巨头（见图 6 - 2、图 6 - 3）。

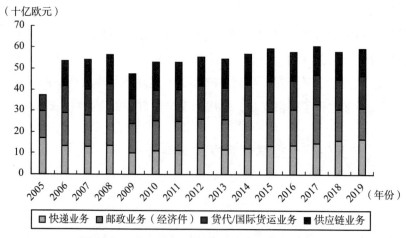

图 6 - 2　2005 ~ 2019 年 DHL 四大业务发展情况

资料来源：Bloomberg，安信证券。

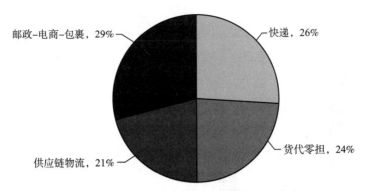

图6-3　2020年DHL业务结构及各业务收入占比情况

资料来源：公司公告。

在基础设施建设上，截至2023年，德国拥有总里程达1.3万公里，[①]排名世界第四的高速公路网。同时，德国铁路运输以高速、准时闻名，德国联邦铁路和国家铁路总长超3.8万公里[②]。此外，DHL优先发展国际快递业务，1971年菲律宾设立第一个海外网点，成为其国际发展战略的开端，此时FedEx才刚刚创立；20世纪70年代DHL进入亚洲，随后在1972年DHL将业务拓展至日本，而后逐步覆盖英国、德国、法国市场，并逐步由文件扩展到货物运输，彼时的YAMATO还尚未开展快递业务。此后DHL迅速拓展海外市场，截至2024年，DHL业务已布局全球220余个国家和地区的国际快递服务。[③]

不难看出，成为全球领先的快递物流企业，基础设施投入和建设是助力企业规模化发展的核心，也是确保快递物流企业在高端市场保持时效性、可控性的关键，快递物流企业的航空运力与地面网络、技术和企业战略的协同效应成为企业长远发展的基础。截至2024年，UPS、FedEx、DHL拥有的飞机数量也是全球领先（见图6-4）。

———————————

① 德国联邦交通和数字基础设施部。

② 德国联邦铁路局。

③ DHL公司官网，https://www.dhl.com/cn-zh/home/about-us.html。

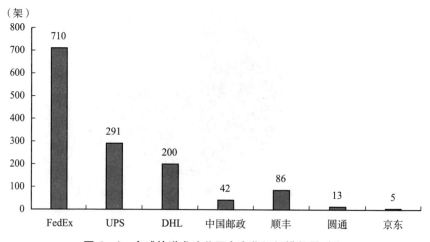

图 6 - 4　全球快递龙头公司自有货机规模数量对比

资料来源：各公司官网、企业投资者简报。

（三）德国快递绿色发展实践

在快递物流发展过程中，德国非常重视绿色生产。德国作为发达的工业化国家和成熟的市场经济体，在其工业化进程中面对环境污染和资源匮乏等问题时，德国政府通过完善相应法律体系、制定标准的顶层设计，借助优质技术加强对快递物流体系规范建设。在顶层设计方面，德国主要从三个方面进行约束。

第一，建立绿色标准体系。首先，德国政府十分重视顶层设计，通过国内立法或者对国际法进行转化。在德国，国家通过行业协会运行框架，引导部分企业实行绿色发展，再根据试行效果增强实践约束力，进而再进行修改完善，同时通过行业协会标准推广至全国。德国通过快递物流协会对快递物流相关流程和服务制定标准与规范，促进不同企业间的绿色合作，提高物流快递效率。其次，德国加强了环境标准认证。早在 1975 年，世界第一个绿色包装标识"绿点"就是由德国所设计，该标识所标记的产品或包装需要达到德国规定的生态平衡和环境保护的标准，并能够实施回收。而后 1978 年，德国又建立了"蓝色天使"这一世界首个环境认证系统。该标志作为德国环境政策工具，在鼓励企业绿色发展与鼓励消费者绿色消费上都起到了积极作用。最后，建立了信息公开制度。2011 年德国在欧盟"企业社会责任"战略基础上通过"德国可持续发展准则"，提出企业需要参照准则内容向公众汇报包括环境在内的整个供应链上的消耗、资源利用与气体排放等指标，增强企业发展的可比性和透明性。

第二，规范实施绿色包装。在德国顶层设计基础上，企业在减少环境污染时注重在包装耗材与二次包装上做改变。在减少包装耗材方面，弗劳恩霍夫物流研究院与 DHL 联合研究包裹包装的最优方案，侧重研发新材料、新技术与新包装材料，达到包裹包装的最高抗撞击性和最小填充比率。在减少二次包装方面，德国快递公司通过路线设计和供应链管理技术，设置可回收容器，直接将物品送到消费者附近的包裹站，略去二次包装环节。

第三，包装材料可降解。德国政府通过立法，明确规定了不能使用与回收的包装材料。同时，对相关研究机构进行项目资助，推动企业和科研机构共同研发可降解材料。德国对使用可降解材料的供应商的包装回收处理费用免除，以提高生产、应用可降解材料的积极性。

第四，建立包装回收系统。与绿色包装推行并行的是德国包装回收系统，在上文提到了"绿点"回收系统应用与包装条例的实施，根据德国统计数据，仅在该系统实施一年后的 1993 年就避免了 100 万吨的包装污染，1993～1995 年通过该系统回收的商品废料约为 1300 万吨。"绿点"运行即把其标记在商品包装上，以此表示该商品生产者为该商品支付了包装回收相应费用，消费者在消费后只需要将包装放入指定的黄色塑料袋中并在指定时间交由"绿点"系统回收公司，就能够实现商品的统一回收、分类与再利用，并且回收的包装袋能在全社会范围内进行交换。有两个地方特别值得关注：一是德国的包装条例是通过法律形式确立的，这就明确商品生产者具有包装回收义务；二是对于回收率较低的汽水、啤酒等一次性包装，在消费者购买时强制收取回收费用，此部分费用在回收包装时能够退回。这一举措，使得德国民众的绿色意识和环保意识都得到了提升。

第五，依托绿色与智能运输、仓储。德国在智能运输与仓储上主要集中于三个方面。一是推广环保智能车。德国政府大力推广新能源电动车，在德国运营的车辆首先要满足环保方面的要求，其次使用环保智能车还能得到政府补贴。从2003年德国研制的轻型高速穿梭车到货架和地面两栖穿梭车，实现了自动化仓储、搬运到仓库与生产线无中转环节的对接。2014年，德国研发可攀爬的"蜘蛛车"更是实现了水平与对角线移动高效低耗的作业特点。二是采取节能驾驶技术。作为全球快递物流的领军者，DHL在其车辆上安装了节能驾驶APP。对相关驾驶员的驾驶习惯、次数进行打分，通过匀速、降低刹车频率达到节油目的。三是制定系统性解决方案。德国通过加强最新技术的快递物流应用，整合、协调供应链各环节的准确与快速运行。特别是在组织创新和技术创新物流应用上，进行资源整合，对不同快递物流企业物品进行组合，提高运输车辆的实际载荷量。此外，也鼓励长距离运输以铁路、水路为主，短距离运输以近距离和夜间配送的多式联运方式，达到减少交通拥堵和降低排放的效果。与此同时，快递物流协会对快递物流企业各种运输方式的耗能与排放进行统计、计算，再反之运用于绿色快递、物流的规范制定上。

此外，德国双元制的教育制度有利于高技能的传承，毕业生就业率高，就业质量也高，这在职业教育的供给侧促进和强化了德国制造业工匠精神和强国地位。在快递物流领域，人才的专业化和国际化是快递物流企业核心竞争力之一。其与中国也有相关合作，DHL在上海市建立了"DHL物流管理学院"，一方面满足DHL在中国及亚太地区的人才储备；另一方面DHL也通过积极的人才战略对整个行业人才专业提升产生示范效应。

（四）德国快递业市场体系的政府监管

德国绿色快递体系的发展离不开德国快递市场的监管。德国快递业的现代化、规模化、效益高、服务好的特点成为诸多国家邮政业改革、快递业发展的榜样。德国快递市场监管主要体现以下几个方面。

第一，德国的市场监管模式受其"社会市场经济"的影响，采取的是市场和政府调控相结合的运行模式。该模式以私有制为基础，结合有效合理的竞争机制，将国家干预和自由竞争结合起来。德国政府对快递业的监管机构是隶属于政府经济与能源事务部下的网络型产业管理局①。德国政府从两个方面对快递业进行监管：一方面是对水路、航空、公路和铁路等有关快递业务的基础设施进行统一规划和建设，并在修建过程中提出并落实环保的具体要求；另一方面是推动各种运输方式的统一协调，旨在构建成本低、效益高的运输网络。

第二，德国的快递市场准入和法律保障也较为完备。DHL 作为国际快递巨头，其发展极具标志性。从 1998 年开始，DHL 的股份逐渐被德国邮政并购，并加速业务布局，成为最综合的物流供应商之一。到 2002 年 DHL 被德国邮政全资收购。2005 年，DHL 又并购了供应链龙头 Exel，完成其快递、邮政、国际货代、供应链四大业务布局，成为全球最综合的物流供应商。德国邮政市场在 2008 年全面开放，德国企业取得经营许可必须通过德国工商业注册协会，相关数据并入德国统计局。德国快递市场准入对于竞争性与非竞争性业务的许可制度也不同：对于非竞争业务，必须在法律前提下经过严格的颁发程序，并且除德国邮政以外的其他快递企业的进入需要得到监管部门的许可；对于竞争性业务，1000 克以外的包裹信件、商业文件不设置专门的准入条件。

第三，德国快递业市场监管基于欧盟的法令与德国法律本身，德国对快递与邮政监管按照相关法律法规要求进行，在欧盟法令要求的框架下明确德国自身的具体实施细则。

具体来看，德国快递业市场监管也由三方面组成，分别是：（1）德国快递邮政行业在法律层面主要受《邮政法》约束；（2）法案旨在通过邮政部门监管，促进竞争，保护国家主权；（3）德国邮政监管机构——德国邮政监管部。其监管方式主要有三种：一是许可证管理，根据德国《邮政法》，对除专营业务和快递信函以外的普通信函（1000 克以下）业务实行

---

① https://www.bundesregierung.de/breg-de。

许可证管理；二是德国邮政监管部门每年随机寄送信函，并根据第三方测试结果评价市场快递主体的服务质量；三是通过资费管理、罚款等经济手段对违规市场主体进行处罚。

三、日本快递业市场体系发展与实践

（一）日本快递企业发展实践

日本邮政（Japan Post）创始于1871年，在过去是典型的国营体制。日本邮政提供普遍服务在内的函件、包裹寄送业务以及简单的储蓄和汇兑业务，也包括简单的保险业务等。2021年，作为物流龙头企业的日本邮政和佐川急便就双方合作达成基本协议，两家企业将互相利用双方的快递物流服务和运输、集配网络。

在日本，绿色发展不仅事关企业本身，日本政府对于绿色快递物流的助推作用也是十分重视的。在修订后的《综合物流施策大纲》中就明确了要建设具有国际竞争力又能减轻环境负担的物流市场与循环型社会。绿色快递物流主要体现在以下四个方面。

第一，对绿色快递物流具体目标值予以确定。自1956年从美国引入现代物流管理后，日本就进行了本土化的物流现代化建设，并将其作为国民经济发展最重要和最核心的课题进行研究。日本通过对货物托盘使用率和货物停留场所的滞留时间来设定绿色快递物流具体目标值。1989年，日本提出三个推进目标，分别是：含氮化合物排除标准降低30%；颗粒物排出降至60%；汽油中硫化物成分降低10%。到1993年，日本政府要求企业承担更新使用符合环保标准车辆的义务。2010年，日本政府还针对长距离运输的铁路、内海航运提出使用率不低于50%的目标值。

第二，对绿色快递物流具体措施的管理。对于绿色快递物流的具体管理，日本政府与物流业进行合作控制，一方面是积极实施转向干线共同运行系统的方案，在市区推行共同配送体系与节能行驶；另一方面针对能源资源限制的问题，如大气污染和交通拥堵，日本政府通过普及低公害车辆、强化实行柴油低硫化的方式来应对。

第三，以环保为目标，变革快递物流体系。日本实行物流运输体制变革，建立高效合理的物流模式，从完善运输和配送方式入手，发挥公路、铁路和海运等优势，对货物进行多种方式联合运输。日本政府着力推进铁路与内海航运，同时还注重各类废弃物的回收和再利用，大力发展循环再生资源。

第四，发挥合作组合优势，强化绿色实施。日本政府为了更好推进快递物流效率提升，成立了"绿色物流合作会议"小组。采用发送补助金、制定二氧化碳排放量计算方法、表彰优秀等方式，以此增进客户与快递物流企业间的合作。特别地，日本还针对城市内快递物流整体方案，通过优化网点布局，降低环境负荷，特别是通过基础设施建设优化快递物流发展外部环境。

在人才培养上，日本的终身雇佣制和学徒制，起到了与德国职业教育类似的效果，在技术传承与技能人才培养上优势独特，大量高素质产业工人形成的人力资本优势造就了日本制造业的工匠精神，形成了有利于快递与中高端制造业融合发展的基础优势。

20 世纪 90 年代，伴随经济全球化进程加速与信息技术革命的深化，日本政府及产业界针对物流体系现代化展开系统性改革，重点聚焦于制造业供应链的精细化管控、快递物流市场准入与退出机制的规范化设计，以及第三方物流服务商的战略培育。在此政策与技术双轮驱动背景下，大和运输株式会社（以下简称"大和"）主导的"宅急便"服务模式（Takkyu-bin）通过创新"门到门"精准配送体系，成功实现市场渗透率突破性增长，并在 1995 年达 72%，标志着日本快递产业进入标准化与集约化发展新阶段。大和宅急便是一家依托便利店支撑起的快递企业，其经营模式是通过到便利店代收或是直接上门收取的方式进行小包裹收取配送。截至2025 年，大和宅急便全年订单量约 18 亿单，营业收益 116 亿美元，员工数已增加至 21 万人，业务范围涉及全球 25 个国家和地区，企业拥有车辆

5.5万辆。① 大和宅急便主要运营模式是由营业所、中心店和营运总店三个主体构成（见图6-5）。

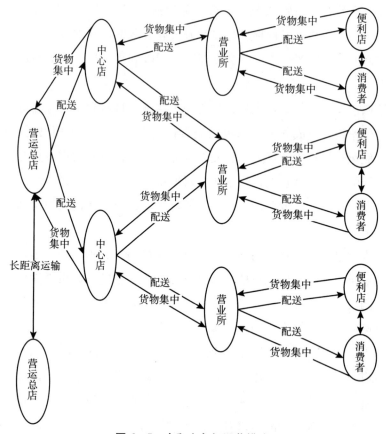

图6-5 大和宅急便运营模式

在上述运营模式基础上，大和宅急便提供的快递高质量服务在其便利性（收寄货物依托24小时营业便利店）、迅速性（日本国土范围基本能实现"次日达"服务）与安全性（完善的信息与查询系统，件均登记5次）上都得到了保障。

---

① 详见官网，https://www.yamato-hd.co.jp/。

大和宅急便除了即时配送与信息化物流以外，最特色的部分是其柔性化物流，以满足顾客需求为主，会根据消费者与企业客户在网购、冷链运输与工厂紧缺件方面在指定时间个性化递送。这种面向家庭与小单位的个性化配送，对于不固定线路配送的柔性化服务提供了符合市场需求的可能性。

日本快递物流市场呈现高度集中化，除大和运输以外，日本快递物流市场份额主要由佐川急便和日本邮政占有，日本本土三大龙头企业通过差异化服务和技术投入主导行业发展，同时依托区域性企业细分领域，国际企业侧重高端与跨境需求，日本快递物流企业凭借上述优势，在全球快递物流市场中占据独特的生态位。

第一，积极布局区域网络深度。深耕亚洲区域，并打造区域物流枢纽是日本快递物流企业增强区域竞争力的重要举措。大和运输和佐川急便就积极布局东南亚配送网络，支持日韩和东盟国家的跨境贸易，其中佐川急便的中日专线就占中国对日电商物流市场份额的 35%。[①]

第二，注重高端和绿色物流服务。大和运输"低温宅配"技术成为全球生鲜、医药冷链的参考标准，其服务覆盖北美、欧洲高端市场。此外，日本快递物流企业还通过绿色物流引领创新，佐川急便在 2024 年投入 50 辆氢燃料卡车，日本邮政在北海道建设全太阳能驱动的分拣枢纽，进一步推动快递物流低碳转型。

第三，加大技术创新。技术创新、技术输出与合作也助力日本快递物流企业保持国际竞争力。大和运输的 AI 分拣算法授权韩国 CJ Logistics 和泰国 Kerry Express，提升亚洲区域的分拣效率 30%。[②]

（二）日本快递业市场体系的政府监管

日本政府对快递业市场体系的监管，具有以下几个特点。首先，在监

---

① 网经社《2023 年度中国跨境电商市场数据报告》。
② Logistics IQ《2023 年亚洲分拣自动化报告》。

管组织上，日本快递业属于流通产业的一部分，日本总务省、经济产业省和消费者权益保护厅等部门与日本国土交通省一起构成日本快递业的监管体系。快递业和物流业一起归由国土交通省负责监管，由国土交通省负责制定、监督日本快递业的相关法律，其中，最主要的法规是 1990 年颁布并于 2003 年进行修改的《标准宅配运送约款》。其次，在监管内容上，日本对快递市场的监管主要以社会性监管为主，经济性监管较少，而监管的目的也是为保障消费者权益和快递市场的规范、安全运行。其中，《标准宅配运送约款》细化清晰了接收、交付物件以及事故与责任的界定条款，并对快递配送各个环节责任义务都进行了明确的规定。对于寄送物品的具体名称必须明确到位，例如，将医药用品功效明确到治疗胃肠病、感冒等。同样，对快递的其他环节也作了十分严格、细致的规定。在日本国土交通省颁布法规的基础上，日本境内快递企业对相关环节和服务负责。

由于日本农产品依赖进口，这也促使日本高度保护农业。关于农业、农村和农民的相关法律约有 130 部[①]，例如《零售商业调整特别措施法》、《中小零售商业振兴法》和《蔬菜生产销售安定法》等。这些法律对日本农产品流通过程中可能出现的各种问题进行了详尽规范，保障其国内农产品和其他农村商品的顺畅流通。

第二节　发达国家经验对我国快递业市场体系建设的启示

当前，美国、德国和日本对快递业市场建设的长远发展都有了较为全面的部署和规划。一方面，三个国家在快递业所有制改革、市场结构、基础设施建设、产业融合以及市场监管方面都投入了很多的资源与改革；另一方面，三个国家借助各自发展实际，在上述各个方面存在着不同的优

---

① 吴砚峰. 农产品检验与物流安全 [M]. 北京：北京理工大学出版社，2018：157.

势。这三个国家的快递业市场体系代表着当前全球快递物流长远发展的基准，具有较强的借鉴意义。

一、发达国家快递业市场体系构建经验

(一) 市场发展主导力量不同，鼓励市场充分竞争

从美国、德国和日本快递业市场发展看，美国是发达国家中唯一保持长期仓储、运输等快递物流业私有化的国家；德国快递业市场中，德国邮政完成对私营企业的收购，并整合其他业务，从国际快递企业发展到综合物流集团；日本邮政在经历过国有企业改革后，也与民营企业进行了合作。美国、德国、日本较为宽松的市场准入机制在一定程度上促进了快递服务质量的提升与市场环境的优化。

(二) 行业准入门槛较低，行业标准制定严格

美国、德国和日本在进行邮政业改革之后，通过各国邮政市场的开放，促进了快递企业之间的竞争。同时，我们也能看到较为宽松的市场准入机制并未造成快递业运行混乱，而且还促进了市场的优胜劣汰。此外，美国、德国、日本快递物流的发展与其政府不断完善快递物流相关法律建设是分不开的。美国没有统一的物流法，但是与快递物流相关的法律法规散布于联邦法、州法，还有成文法、判例法中。美国政府还通过法规逐步放宽对水陆空等运输市场的管制，如 1977～1978 年的"航空规制缓和条款"，1980 年的"铁路和汽车运输的条款"，1984 年的"航空条款"；1991年颁布的《多式联运法》，大力提倡多式联运的发展，在激烈的市场竞争中实现运输费率下降与服务水平提升。此后还在 1996 年出台的《美国运输部 1997～2002 年财政年度战略规划》批准了专门用于多式联运的财政拨款。上述措施为其构建世界上最安全、方便和经济有效的物流运输系统提供了客观条件。

(三) 个性化服务与产业融合程度深

美国的快递企业依据自身发展特点寻求发展先机，FedEx 在具有其他快递企业一般业务竞争力的前提下，利用自身较强的业务实力来应对消费者和市场需求。UPS 依靠战略收购、精准协同和经验积累，形成供应链服务能力。德国邮政与 DHL 的合作更使其成为全球供应链的"领头羊"，德国 DHL 差异化发展依赖于其对人才与战略联盟关系的重视。

包含供应链管理在内的现代物流管理逐步得到社会认可。例如，日本政府强调快递物流业的部门合作，明确了日本快递物流的发展方向。各国快递企业通过对组织形式与经营机制的调整，优化中间环节与部门合作，从而实现物流资源的不断整合。与此同时，快递物流市场主体也不断开放丰富，第三方物流逐步兴起，满足了客户的个性化递送需求。

(四) 美国、德国、日本具备强劲先发优势，具有完善的基础设施综合体系支撑

早年入局的欧美快递巨头，在经历了最初的大规模投入与亏损阶段后，建立起强劲的先发优势。美国从联邦、州到地方政府都注重基础设施建设，并提供财政支出用于快递物流领域基建。美国得益于多年持续投入，建成了其密集而发达的水、陆、空综合立体交通网络。基于交通基础设施协同化与信息互联的顶层设计，美国通过《国家多式联运网络规划法案》(2021 年修订版) 系统推进物流枢纽资源的协同配置，一方面，美国通过构建覆盖全境的实时货运数据交换平台，实现"港口—铁路—公路"运输效率提升；另一方面，美国依托芝加哥、孟菲斯等国家级多式联运枢纽，形成日均处理超 500 万包裹集约化网络，支撑 FedEx、UPS 等企业实现美洲区域次日达覆盖率达 98%、亚太核心城市 72 小时送达率达 91% 的运营效能。[①]

---

① 全球包裹行业报告 (2023) [EB/OL]. https://www.ipc.be/services/markets-and-regulations/market-intelligence/global-postal-industry-report.

与美国不同的是，DHL 在欧洲每千平方公里物流节点数达 34 个，较 UPS 高约 42%，[①] 依托上述优势，DHL 构建亚欧跨大陆 48 小时送达通道，同时也凭借其模块化集装箱系统实现异形件运输破损率低于行业平均水平。

特别值得注意的是，UPS 供应链服务能力的形成依靠战略收购、精准协同和经验积累。UPS 将自己定位于一站式承运商和供应链解决方案供应商，在具备传统包裹快递优势之外，公司借助几大重要战略并购，扩展能力边界。在能力形成后，UPS 供应链部门将 UPS 物流集团、UPS 货运服务公司、UPS 资本、UPS 咨询结合起来，精准协调，为客户提供一揽子服务。在几十年的供应链管理经验积累下，成为全球物流供应链的领导者之一。

（五）绿色与科技成为各国快递业市场体系重要发展方向

美国在其《国家运输科技发展战略》中规定，其交通产业结构与科技赋能的总目标是："建立国际性的安全、高效、充足与可靠的运输系统，综合性、智能性、绿色性为特征"。上述目标为确立美国快递物流在全球领先位置奠定基础，具体表现在两个方面：一方面，美国快递物流市场主体设备向高度机械化、智能化与信息化（技术上包括无线互联网、卫星定位、射频识别和地理信息系统）、自动化（引导和搬运机器人技术）、智能化（识别、跟踪和智能运输系统）与上述技术的整体集成化方向发展；以上对快递物流的绿色与科技赋能，促进了快递物流企业的规模化、网络化发展。另一方面，美国快递物流主体对技术的应用还表现在效率性、安全性与绿色性三个方面。例如，在储存与制冷货车运输业，使用电子稳定控制系统来防止物品倒置，还可以有效控制制动系统和发动机转速；使用车辆监控系统快速定位司机位置来提高周转效率，同时监控车辆各项快、慢、温、湿等运行参数；使用预警技术，可以让驾驶员提前预知并避免碰撞等事故，还能尽早发现或预测车辆潜在部件的故障，同时让驾驶员采取

---

① 根据欧洲物流协会（ELA）《2023 年欧洲物流网络密度白皮书》、UPS 和 DHL2023 年度财报数据计算而得。

有效措施和方法来节省燃油消耗，提高效率。还有就是在仓储业货物处理中，大量推广使用射频标签识别、语音识别等技术来降低成本。

（六）注重行业协会发展，加强政府监督

西方发达国家经济体制的演变与改革，形成了"小政府、大市场"的管理格局，其中，国家特别重视行业协会与社会组织的力量，从专业领域监管弥补政府监管不足。总体上发达国家行业协会发展成熟，不仅对行业专业与健康发展提供了支撑，也为政府制定法律规范提供意见与诉求。此外，发达国家的快递业还有各种非营利性社会组织，主要是相关的消费者权益保护团体，他们为处理消费者与企业纠纷起到良好的作用。

二、发达国家经验对我国的若干启迪

（一）结合企业需求与特点深挖国内供应链市场

供应链物流是我国快递龙头企业未来的重要发展方向。从发达国家快递业市场体系历程和特点看，最突出的就是快递企业对供应链市场的布局。作为国内快递市场的龙头企业需要以时效快递业务为基础，将战略目标定为行业解决方案的科技服务公司。供应链具备轻资产属性，对不同快递企业经营模式的资产利用，能够提升总资产型的快递企业资产利用率，促进业务部门间的链条整合，具备高度战略价值。2016 年顺丰提出"一体化综合物流解决方案"服务；到 2017 年顺丰持续拓展业务范围，新增 3C 电子、生鲜和医药类别，此外，顺丰并购整合优质资源，强强联手布局供应链；再到 2018 年，顺丰先后发起两笔重大的供应链领域投资，分别与美国夏晖、DHL 达成战略协议。上述举措帮助顺丰能够收获高质量的供应链资产和客户，并借助 DHL 的品牌和管理经验进一步拓展供应链市场。此外，我国"快递进村"工程带来的农村逆向快递物流市场也为国内快递企业供应链物流发展提供了巨大的发展空间。

（二）重视快递基础设施绿色化与技术标准化建设

重视创新和技术应用是发达国家快递业强势发展的动力。无论是美国的《全球供应链安全国家战略》、德国的基础设施布局，还是日本的《综合物流施策大纲》，都从顶层设计上将基础设施建设置于重要位置。我国的快递业高标准市场体系基础设施网络是一个完整的体系，要构建立体、交叉、综合的基础设施网络，需要借助新一代信息技术支撑。国际环境及新发展格局的变化加速了快递业基础设施网络的布局，新冠疫情加速了快递物流国际市场格局调整，在我国继续推进"一带一路"建设和RCEP①协议签订的框架下，通过"一带一路"倡议叠加跨境电商纵深发展能够促进国内国际双循环。其中，"一带一路"倡议通过促进沿线各国交通物流设施联通，叠加跨境电商的关、检、税、汇等优惠政策，可以预测出跨境物流空间广阔，市场需求旺盛，与东盟地区的跨境电商业务将成为我国对外发展的重点贸易业务，双边跨境物流市场份额将进一步增长。此外，我国农村地区的快递物流建设可以在借鉴日本便利店模式基础上，结合国情具体化发展。上述国内外经济环境的发展变化对快递业基础设施网络布局提出更高的要求，大型快递仓储物流枢纽中心将成为快递业差异化与高端化发展的重点。因此，在新技术的支持下，国家可以引导各类快递主体在快递物流枢纽中心、分拣处理中心和智能化投递设施等方面的中长期全布局。

（三）推动快递业多式联运差异化发展

快递业是对寄递时限要求较高的高端物流，并且对价格比较敏感。因此，如果采用单一的运输方式，无法满足不同客户的实际需求。多式联运是包括航空、铁路、公路、水路为一体的集约式运输组合方式，通过加强

---

① 《区域全面经济伙伴关系协定》（RCEP）是由东盟发起，由包括中国、日本、韩国、澳大利亚、新西兰和东盟十国共15方成员制定的协定。

新一代信息技术在快递业的应用，充分发挥不同运输工具的优势，提高资源利用效率和综合效益，逐步达到快递业高标准市场体系建设的基础设施网络要求。从国际快递巨头发展经验看，提升快递业基础设施多式联运的运输比例，加深不同运输方式的融合深度，进而形成由多种运输方式构成的大型快递园区和快递物流枢纽中心，从而拓展一体化、圈层化快递城市模型是可行的。而多式联运的快递业基础网络建设也将成为各类快递企业整合运输能力、提高长距离运输和跨境运输的差异化发展的主攻方向。

重要新兴市场的电商发展将带来第二轮快递全球化的新机遇。与上一轮快递全球化扩张的机遇不同，本轮快递的全球化扩张将依托于互联网时代电商的崛起和发展。中国快递龙头企业在电商快递市场拥有领先全球的规模和技术，本轮快递全球化扩张，是中国快递企业的历史机遇和挑战。

在经历 20 世纪快递第一轮全球化竞争后，全球快递市场依然发展不均衡。目前，在中国已依托强大市场成为竞争红海的背景下，新兴大规模蓝海市场将为新一轮发达国家与发展中国家快递龙头企业全球化竞争提供机遇和挑战。中国快递市场是全球规模最大、效率最高的市场，未来中国快递企业出海战略的重要性将逐渐提升，但其路径与方向注定与欧美巨头不同。中国快递企业也将参与新兴市场的竞争中去。面对新一轮的竞争，中国快递市场主体将面临已有或潜在竞争对手以及不同市场本地化问题，这将更富有挑战性。

（四）专业化人才教育与培训

人才是推动经济社会与行业发展的根本力量，面对新一轮快递全球化竞争，快递人才知识结构与技能也需要进行革命性的提升。现代物流体系与快递强国建设离不开人才的支撑，这也是国内外快递市场主体争夺的重要资源。美国、德国、日本在快递业市场体系建设中，快递巨头公司都专门设有人才的教育与培训部门。而我国应加大对现有农村劳动力的潜力挖掘，结合乡村振兴战略和快递业的"进村"战略，推进快递劳动力技能培训，对返乡服务快递业的劳动力提供政策支持。特别是要重视对邮政专业院校各层次人才的培养，打破快递业劳动者就业的体制障碍，形成统一、公平、有序、高效的快递业劳动力市场，完善快递业需求人才岗位匹配体制机制，相关政策对于快递业优秀人才在编制、收入、社保、福利和社会地位上，要有所倾斜，制定《快递产业人力资源发展规划》。此外，深化全行业国家职业资格认证制度，加强对快递各环节、各岗位的技能鉴定工作，逐步实现从业人员持证上岗。深化快递业梯队专业和梯队人才培养，从而提高劳动力的资源配置效率。

　　总之，美国、德国、日本的经验表明，快递业市场体系从建立到高标准发展是一个长期性系统性工程，需要各层次、各主体、各种政策的通力合作，才能在新一轮快递发展中占据主导地位。

本 章 小 结

　　全球新冠疫情使得全球经济进入新的发展周期，快递与物流的发展也成为各国竞相布局的重要领域。本章通过研究分析发达国家快递业市场体系实践，特别是美国、德国和日本的典型企业在供应链支持、行业标准化、基础设施建设、绿色科技赋能等方面的发展，为我国快递业高标准市场体系建设提供了诸多启迪。具体来说，结合我国快递业市场优势，深挖国内供应链服务、多式联运协同发展、绿色科技标准化建设以及行业专业人才培养是可行的，也为我国积极构建庞大高效的快递业全球市场体系进而掌握发展主动权提供了有益思路。

第七章　中国快递业高标准市场体系建设的总体框架

党的十八大以来，党中央一直强调市场体系建设，明确了市场体系是现代化经济体系的六大体系之一，并在党的十九届五中全会明确提出了高标准市场体系的目标任务，而中国快递业高标准市场体系正是这些重要精神的具体实践。在前文对我国快递业高标准市场体系理论、运行逻辑与现实考察进行分析之后，要回答如何健全快递业市场体系，就需要厘清如何激发与释放市场活力以及消除发展堵点这些问题：（1）快递业高标准市场体系的目标；（2）快递业高标准市场体系建设的原则；（3）快递业高标准市场体系的构建路径与总体思路；（4）快递业高标准市场体系建设的具体对策。本章重点阐述前三个问题。

第一节　中国快递业高标准市场体系建设的目标

中国本土快递市场在过去20多年发生了巨变，也迎来了新一轮快递全球化竞争。对于中国快递未来的对外开放市场，比较可能选择那些人口规模和人口密度较高，且尚处于城市化进程阶段的发展中国家。与此同时，第二轮快递全球化的新机遇将来自电商在重要新兴市场的发展，因此，我国快递业还要加深与国内外电商的协同发展。中国快递龙头企业在电商快递市场拥有领先全球的规模和技术，本轮快递全球化扩张，是中国快递企业的历史机遇与挑战。总的来说，我国快递业高标准市场体系发展要在借鉴发达国家经验基础上，走出一条具有中国特点的新路径。

我国国家战略发展需要以建设快递业高标准全球市场体系为目标，在加快构建新发展格局背景下，这不仅是提升我国国内经济发展水平与塑造国际竞争优势的重大战略选择，也是利用我国纵深度大的国内市场优势，把我国巨大的需求潜力转化为实际需求的有效方式。在快递高标准市场体系建设上，应发挥超大市场规模效应与集聚效应，进一步激发快递业各类市场主体的活力与创造力。

我国快递业市场体系是一个有机整体。所有制关系从根本上决定着快递业的发展方向和效率。市场结构不但受制于所有制关系，而且对市场主体的竞争行为、基础设施建设、组织形式选择、产业融合、对外开放的推动都有重要影响，为市场体系有效运行奠定了基础。加强基础设施的技术创新，提高快递业的技术现代化水平，才能保证快递业实现高质量发展。快递业的企业组织形式和经营机制是所有制关系的具体实现形式，建立科学的企业组织形式和经营机制必须立足于我国基本经济制度，体现基本经济制度的要求。技术引领和技术合作是产业融合实现的桥梁，没有先进的技术做支撑，是难以实现有效的产业融合的，所以快递业基础设施建设的水平和快递业发展的技术含量高低，直接关系到快递业跨界融合发展、快递对外开放的高质量发展能否实现。快递业有效发展和高质量发展是快递业发展的目标，而快递业有效发展和高质量发展的前提是有序发展，也就是说，快递业市场主体必须遵循市场规则，实现有序发展，只有这样才能实现有效、高质量发展。加强市场监管，就是要实现各类所有者平等参与市场竞争；所有市场主体在市场竞争中一律平等，就是要合理调整市场结构；保护竞争，反对垄断，就是要推动技术进步，实现创新引领快递业发展；加快我国快递业智能化数字化转型，就是要加快快递业市场主体建立现代企业制度的进程，不断改善经营机制；提高企业决策和运营效率，就是要大力推动快递业产业融合，加快快递业市场主体跨界联合和融合发展，实现快递业高质量发展。

因此，快递业高标准市场体系是在制度基础、市场结构、基础设施、组织形式、产业融合、对外开放、市场监管七个方面在统一逻辑出发的基础上，实现由服务消费到服务生产的转变，适应我国主要矛盾的变化与下一阶段发展的目标，建成制度完备、功能多样、层次分明、内外互联、运行高效、数字赋能的快递业市场体系，实现各类产权的有效激励、价格反应灵活且合理、竞争有序又充分参与国际供应链分工的高标准市场体系，从而推动我国从快递大国向快递强国的转变。

第二节　中国快递业高标准市场体系建设的原则

在我国快递业成长过程中，为快递业市场体系建立和发展积累了丰富的改革与实践经验，可为新时代现代快递市场高标准体系建设和高质量发展提供一定借鉴。更为重要的是，面对现代化经济体系建设的要求，快递业高标准市场体系还需要处理好政府与市场、改革与创新、对内与对外等问题，更好地推进快递业高标准市场体系建设。

一、市场决定原则

虽然马克思经典理论对资本主义及其制度进行了一定的批评，但他们在历史唯物主义和辩证唯物主义的方法框架下，也肯定了资本主义制度下市场机制的积极影响。市场体系作为社会主义市场经济体制的运行载体，对市场机制发挥的作用不可或缺。因此，构建快递业高标准市场体系要充分发挥市场在快递业资源配置中的决定性作用。

二、多层次与多样性原则

快递业高标准市场体系的深化发展是逐步形成的，在新发展格局下，快递业要基于我国国内循环的现实基础和国际循环的客观背景多维构建快递业高标准市场体系：一是与我国现代化市场体系与现代化产业体系的协同发展；二是与快递业相关市场体系推动消费转型升级；三是统筹地理与经济区域的平衡发展，提升快递业全要素生产率；四是优化快递业市场布局，逐渐向产业链、价值链高端发展；五是兼顾快递业承载的非经济价值的实现。从而使快递业高标准市场体系的建构是多层次、多样性的。

三、绿色安全发展原则

"十四五"时期也是我国减污降碳协同治理的新阶段，绿色低碳循环发展经济体系建设的举措为快递业绿色发展提供了坚实制度基础和良好治理环境。然而，当前快递业生态环境治理基础和能力依然薄弱，绿色发展系统性不足，快递业面临生态环保趋势性压力和绿色低碳循环发展的双重挑战。不难看出，快递业高标准市场体系需要着力解决快递业环境保护方面的突出问题，加大技术创新投入，推动快递业高质量发展与环境高水平保护。此外，随着快递业务的高速发展，快递业全环节的安全发展也成为快递业高标准市场体系不容忽视的部分：一是快件寄递安全，收寄环节的安全性信息化与智能化的检视；二是寄递各环节信息安全，信息泄露的危害危及行业健康发展；三是应急保障安全，包括重大突发性事件和影响快递业稳定等事件的应急处理机制，加强快递业的运行监测预警。

四、统筹监管原则

改革开放以后，我国在体制改革、法规完善、标准确定、服务深化的基础上，为快递业市场体系的建立营造了良好的发展环境。快递业市场体系的建立离不开政府规制，所以要优化政府治理，进一步深化快递业碳排放测算研究，加快补齐政策工具、能力短板，引导督促寄递企业落实主体责任，推动监管模式创新，深化统筹高效监管。快递业高标准市场体系建立和发展首先是对内的，包括各类市场主体的所有制结构限制，市场主体活力和多样的快递业市场发育。在国内市场体系取得一定成果之后，稳妥、有序地实施"走出去"战略，形成国内市场带动国际市场良性循环，这就需要国家根据发展战略统筹布局，助推各类市场主体的现代企业转型，为进一步扩大国际市场奠定发展基础。

五、共同利益与个人利益相统一原则

我国还处于社会主义初级阶段，尽管经历了飞速发展过程，但是我国生产力水平尚未达到马克思主义经典作家设想的未来社会发展阶段，还没有完全具备全面公有制和消灭商品货币关系的条件，我国从实际出发探索建立的基本经济制度也在客观上决定了个人利益与共同利益既联结又矛盾的客观存在。在"十四五"与国内国际双循环的新发展格局下，快递业高标准市场体系的构建一方面需要充分遵循市场规律，激发市场主体的活力，实现个人利益；另一方面还需要党和国家凭借强大的领导和组织方式集中全社会资源解决全体人民在快递物流服务需求上的共同利益问题，特别是解决现阶段的区域和供需的不平衡关系。

第三节　中国快递业高标准市场体系建设的思路

当前我国快递业市场体系已经完成了产生、推广、兴起的阶段，正在向着现代化、全球化、综合化方向前行，也在一定程度上具备了发达国家快递业市场体系在新兴国家的竞争优势。快递业作为国家社会公用事业，服务生产与消费，畅通双循环的战略性、先导性产业，从快递业高标准市场体系构建到快递高质量发展还需要进一步深化改革。为此我们要以构建我国高标准市场体系新优势为出发点，以所有制改革为核心，以市场结构、基础设施为重点，以科技、绿色、安全、协同发展为突破，以政府监管为基础，积极推进我国快递业高标准市场体系中国特色化发展，加快快

递业高质量发展步伐，使中国早日迈入快递强国行列。

一、主导力量

面对欧美快递巨头与新兴大型快递市场带来的新机遇与新竞争，我国快递业高标准市场体系建设的重点是不断深化党领导下的以国有快递企业为主导，民营快递龙头企业为引领的快递业混合所有制改革。从而帮助我国快递企业更好地"走出去"，保护民族快递业与快递品牌的健康发展。

（一）推进快递业混合所有制改革，完善现代企业制度

国有快递企业的混合所有制改革，对于推进和完善国有快递企业的现代企业治理、加强国有资产监管和优化国有资本的布局有重要意义。首先要明确对国有快递企业的分类，国有快递企业的功能定位问题，是新时代国有快递企业深化改革的逻辑出发点，也是推进快递业产权改革的基本前提。国有快递企业是兼顾公益性和营利性要求的国有企业，属于特定功能性企业。由于双重使命和责任，国有快递企业需要完成国家邮政服务的普惠均等服务与参与市场竞争实现企业经营效率，成为所有制改革的主导力量。EMS 在中国邮政集团有限公司混合所有制改革框架下，具体来说要从四个方面着手：一是完善国有快递企业的内部治理结构，着重梳理股东与经理人关系。二是保持国有快递市场主体地位，建立规范的法人治理结构，配套股份制相关制度。三是加强国有快递主体经营与改革全程监督，完善国有快递企业的现代企业制度，特别是加强国有快递企业的董事会、股东会、监事会和经理层建设，防止国有资产流失。四是推进奖励机制，具体在继续深化劳动、人事、分配方面推进用工市场化，完善市场化薪酬分配机制，形成灵活高效的市场机制。五是稳健开展改革后骨干员工持股计划。六是对于非公有制快递企业按照市场导向和公平原则，构建有效的利益共享和风险共担机制。

（二）健全各类企业经营机制，激发民营企业发展内生动力

国有企业的经营机制健全应从三个方面入手：一是推进股权结构多元化；二是改善公司治理结构；三是建立改革考核评估体系。股权结构和公司绩效紧密联系，不同的股权结构会对企业决策与经营效率产生重大影响。国有快递企业股权多元化包含两个层次，一方面是在股权结构中优化国家股、法人股、自然人股东持股比例构成；另一方面是股权集中度，也就是大股东是绝对、相对还是分散控股。国有快递企业拥有国家自然垄断特性，是在很大程度上关系国家信息安全、国民经济命脉的基础性、战略性、先导性行业，因此国有法人股在其中处于重要地位，其他股处于从属地位，共同承担重大基础设施建设风险，并提升基础设施的运营效率。在确定股权构成基础上，国有快递企业还应关注股权集中度。对于国有快递企业，首先是要避免国有股权集中度过高造成的内部人控制问题；其次，股权持有方式可以将国家股通过出售的方式转变为法人股，股权出售上限不超过50%，并且对出售股权的购买方应作出限制，购买股权方不宜太复杂，以保证在国家控制股权前提下，其他股东的监督能够实现，同时防止其他股东的"搭便车"行为。国有企业持股方式的转变，不仅能够解决国有快递企业监管问题，同时通过保留较高集中度的国家股比例，也能在企业股东监管环境下提升企业运营效率，保证国家快递战略目标的实现。

对于民营快递企业，重要在于构建新型的快递组织形式与运营机制。一方面，加强与电商、铁路运输之间的协同发展。从组织形式上，我国快递市场主体目前主要是加盟、直营和自营三种组织形式的运营，结合当前管理现状，民营快递市场主体应从产权结构、价格、设施、选址、市场及外部政策多方面进行变革，通过组织形式变革应对市场新发展变化。另一方面，针对目前快递业外部环境存在的法规政策不完善、管理方法单一化、前沿技术不匹配、基础设施待提高及人才培养模式滞后等问题，应加强融入国家构建的以快递龙头企业与国有快递企业多元合作为主导力量的创新管理生态体系。民营快递主体自身还应根据外部环境变化，突破原有

封闭的创业理念，突破当前规模扩张的"瓶颈"，可以通过民营快递市场主体间资产整合，组建成具备规模、品牌、资本、技术优势的超大型企业群或企业链，迅速形成规模优势，提升品牌在行业、国内外的影响力。

二、涵盖领域

快递业高标准市场体系发展要涵盖重要战略性、规模性供应链发展领域，并要遵循三个原则：一是安全性原则；二是多层次与多样性原则；三是共同利益与个人利益相统一原则。

快递市场主体的基础设施结构、数字化工具和平台功能有待完善。当前我国快递企业仍以传统寄递业务为核心，在供应链垂直整合与生态化服务能力建设方面还存在差距，与国际快递物流巨头相比，还需要在产业链纵深服务、服务网络能级提升与绿色化数字化协同等方面予以突破。从国家层面加快不同快递主体之间的差异化与共同化发展策略，推动快递业整体从"规模红利"向"能力红利"跃迁。具体来说，在快递业基础设施网络构建上，对于国有快递企业，依托深化体制改革和现代企业制度建设，进行上市融资，实现外部重组，对行业基础设施网络构建进行整体规划与长期布局，加快推进"快递出海"工程。对于民营快递企业，突出各自基础设施的专业化优势，合纵连横谋求长期共赢。快递业在基础设施网络构建上，关于区域、时空的布局，不仅推进了自身服务变革，也推进了服务国家重大战略的落地。在快递业自身变革上，通过快件配送、客户服务以及纠纷处理的响应速度与法律框架内的应对机制提升服务质量。在服务国家重大战略上，一方面，通过"快递下乡"发挥连通城乡、贯穿一二三产业、支撑农业农村现代化发展优势，助力解决农产品销售环节脱离问题，建设具有普适性的、促进农村电子商务发展的快递业基础设施网络，来服务乡村振兴战略；另一方面，借助我国社会主义市场经济体制优势和中国在万国邮联行政和经营理事会的双理事国、改革特设组、实物寄递和电子商务委员会主席国的国际话语权，服务"一带一路"倡议，从而提高快递业"走出去"的可能性和进一步开拓国际市场。

具体到快递业基础网络设施变革来说，在仓储环节，推进建设以仓储中心、仓储点和配送交付网络组成的分级仓储体系，能够根据运输线路和成本计算，判断最优仓储级别和仓储单位点，以提高货物配送效率。同时，根据商品属性、运输设备和人力资源的情况，自动生成不同级别仓储选择和配送方案。在配送环节，进一步优化配送环境，快递业在交付配送环节，多采用灵活性较高的电动三轮车、小型货车等作为主要配送工具，其中以电动三轮车居多。但是，这些配送交付的运输设备在快递爆仓时期，一方面会引发因三轮车载货量较少、延长往返路程而影响配送效率和快件延误的问题；另一方面快递人员的安全也无从保证。因此，首先应推进车辆制造业研发满足现有快递配送需求的车辆；其次，优化快递配送交付端的运输信息系统，进行准确、有效的管理，此外，对于不同快递市场主体在城市范围内的送、取货服务，还需要通过制度平衡时间与空间区域上采取的差别规定，保证各类企业竞争公平性；再次，结合城市交通管理和运营实际，推进城市交通货运公交化，替代传统的由不同快递市场主体分散配送方式而带来的运力损耗，同时减少企业运营成本和城市拥堵问题，解决城市配送分散的现状。可通过快递货运公交化管理模式，将配送中心、装卸平台和货物集散点有效连接成为系统网络；最后，绿色快递也是促进我国快递业可持续发展的要点，与发达快递国家相比，我国在绿色运输上的标准尚不完备且相应指标偏低，需要制定符合我国快递业绿色发展的企业相关评价体系和基础设施绿色标准，特别是注重协调包装、运输、仓储、联运和环保各行业的横向管理联动机制。

最为重要的是加强新一代信息技术在快递业基础设施建设中的应用，要特别重视国家信息安全与企业信息安全。

三、重点环节

在快递业高标准市场体系建设的环节上，从国家宏观与快递业微观视角都需要在国家产业总体布局与行业优势、潜力这些环节入手，面向不同要素、市场、区域与快递业的发展优势的差异化调整发展战略。美国快递业全球化注重新技术和综合快递物流发展；德国依托制造业雄厚实力，DHL 成为全球供应链龙头；日本依托便利店模式，以点带面发展。我国要进一步深化快递各个环节单元之间的串联与并联关系，构建快递业高标准市场体系。

（一）战略布局农村快递物流体系

实现农业农村现代化是全面建设社会主义现代化国家的重大任务，也是解决发展不平衡不充分问题的必然要求。加快农村寄递物流体系建设，不仅有利于更好满足农村生产生活和消费升级需求，还能为推进乡村全面振兴、畅通城乡经济循环提供高水平支撑。根据不同快递主体发展优势，形成合纵连横谋求长期共赢的既具有差异化又具有个性化的基础设施网络定位。在布局农村基础设施网络上的战略可分为三个层次。

一是优化布局农村基础设施服务网络。在更大范围内把生产和消费联系起来，要进一步完善寄递物流服务网络，依托我国农村及农产品电商发展基础，扩大农村农产品国内外市场辐射面。基于 EMS 在资金和基础网络布局上的先发优势，通过加快在航空、铁路和水路上的合作方式，扩大总体服务网络布局，提高海外市场占有率。同时，依托农村客运、货运物流和民营快递企业现有基础设施与运输路线，因地制宜优化农村快递物流布局。

二是提升综合服务水平。优化现有快递物流服务链条，增强快递物流对供应链的协同作用是适应消费升级趋势、落实扩大内需战略和提高农村寄递快递物流服务质量的关键。基于农村已有便利超市，根据人流、交通特点，设立提供快件投递、电商直播和金融服务为一体的综合服务网点，推进冷链仓储运输技术推广，构建农村电商、优势产业、冷链仓储与快递物流的协同发展网络。

三是构建技术支撑的服务平台。数字技术发展能为农村地区实现供需对接、畅通城乡经济提供良好条件。依托地域农业优势开展定制化寄递服务，深化"快递+电商+农户+特色产品"模式，建立紧密产销体系，加强产学研一体化、数字化农村电商人才培育，推动特色农产品品牌培育，建设国有、民营快递物流企业协调布局的农村快递物流体系。

与此同时，深化国有与民营快递的合作，构建农村快递物流体系，要明确利益分配机制。一方面避免重复基础设施建设，另一方面利用农村已有的供销社场地与人员优势，打通农村快递"最后一公里"堵点，促进农村地区逆向物流体系建设。

（二）充分发挥市场主体作用，提升快递业规模与效率

从欧美国家快递包裹运行实际情况看，2023 年，美国快递市场主要集中在 UPS、FedEx、USPS 和亚马逊物流服务（以下简称"FBA"）4 家企业，合计件量份额占比超 90%。[①] 其中，按照收入占比计算，UPS 在陆运快递、国际物流和供应链服务上一家独大，其市场份额约为 39%。FedEx、UPS 市场份额分别为 35%、18%，FedEx 凭借强大航空货运规模，占据美国航空快递重要位置，虽然美国快递市场由 UPS、FedEx 和 USPS 主导，但从包裹数量上看，FBA 通过低价策略和技术优势快速崛起，2023 年其包裹数量同比增长 15.7%，[②] 按照收入计算，其份额也增加至 6%。[③] 截至 2023 年，日本快递市场份额主要集中在大和运输、佐川急便、日本邮政集团三大快递公司，分别占 44.5%、28.3% 和 21.7%，合计占比 94.5%。[④] 截至 2023 年，德国快递市场基本由 DHL 主导整个市场大格局，DHL 占据德国市场近 56% 的市场份额，其余市场被法国邮政子公司 DPD、德国本土快递

---

① 根据 IBIS World《2023 年美国快递与物流行业报告》、各公司财报计算而得。

② 全球运输与邮件技术和金融服务公司 Pitney Bowes Inc.《2023 年美国包裹运输指数报告》。

③ 各公司财报、IBIS World《美国快递业竞争格局报告》。

④ 日本国土交通省《令和 5 年度（2023）物流统计年报》、日本物流系统协会《2024 年物流白皮书》、各企业财报。

企业 Hermes 与 FexEx 等企业细分。① 从市场结构来看，美日快递市场都已经具有寡头垄断的市场特征。其中，日本和德国基本不会出现我国快递市场多头竞争态势，更难以产生像菜鸟网络这样的超级快递协同体。因此，从发挥快递业规模经济效应和网络效应角度，国家对不同企业组织形式与经营机制具有优势的企业给予扶持，通过市场集中度推动我国快递业转型升级有一定空间。与此同时，我国快递市场的高中低分层发展不均，快递行业价格博弈呈现出良性博弈与恶性竞争并存态势，由此引发的价格竞争使低端市场利润压缩。相比低端市场，中高端市场由于其门槛高，并且多以高科技产品、药品为主要递送对象，对时效性和安全性要求更高，因此目前竞争还不完全，利润空间较大。因此，我国 EMS、顺丰和实力雄厚的外资企业在开启混合所有制改革基础上，应注重中高端快递市场发展的潜在空间。

（三）构建全国统一、竞争有序的快递市场

我国亟须打破当前快递市场主体与电商平台的关系，构建"快递＋电商"的协同发展模式。快递业市场具有外部性经济特征，其最为显著的表现是规模性与灵活性，规模效益下快递市场主体和上游电商平台合作中关系日趋失衡的矛盾，使快递市场主体服务产品单一、无法满足消费者与市场千变万化的多层次生产与消费需求。同时，也使各大快递企业出现同质化竞争严重、重复建设与竞争过度的问题，规模经济效益得不到有效发挥。此外，竞争有序的快递市场仍待实现，一个覆盖国际与国内、电商与一般消费群体、供应链与产业链的形态完备、竞争有序的快递业高标准市场体系，才有利于满足多结构、多种类的生产与消费需求，提高快递市场对实体经济、服务生产的服务水平，实现高质量发展。然而，目前我国快递业市场体系还缺乏统一宏观的整体发展规划，市场平台在发展中存在一

---

① 德国联邦网络管理局《2023 年邮政与物流市场报告》、德国物流协会《2023 年包裹与快递物流统计年报》、各公司财报。

定的无序发展问题。无论是国家政治经济战略还是快递市场主体企业组织经营制度，实行差异化、阶梯化和互补性的发展战略，才能最终实现我国快递业市场体系的高质量发展。

四、实施步骤

首先，要以需求为导向，效益为根本。要把快递市场需求作为推动快递业高标准市场体系建设的根本动力，特别是当前我国消费电子产品、汽车的高端制造、快速消费品供应链快递物流服务需求大，需要综合各类市场主体信息化、数字化水平和资金投入能力，进行充分的顶层设计和市场性论证，通过快递业的混合所有制改革，提高行业直接或间接作用于行业效率、服务质量，从而达到降低成本、快速响应市场需求和提高国民经济流通效率的目的。此外，还要进一步优化应急物资储备布局，建设层次分明、类型合理、协同高效的快递物流应急储备节点网络。根据应急快递物流的需求建立预案及响应机制，细化各类物资资源快递应急组织与演练。

其次，要夯实市场基础，重点突破短板，优化好快递业市场体系的基础设施建设，包括航空、铁路、公路、水路等多种运输组合方式，以铁路、航空为重点，水路、公路并行。在仓储网络构建上，重点推进分拨中心的布局和扩建，同时加快国家级交通和物流枢纽的投产，加强全国快递仓储网络整合，加大物流专用机场建设；在末端服务能力上，国有和民营快递企业都加大了智能快件箱和末端服务模式的尝试力度，以便提升网购高峰期的应急处理与交付能力；在科技与服务创新能力上，加速快递业科技在业务领域的实践和快递业自动化装备的成熟应用；在资本运营能力上，快递业投融资需求市场潜力较大，鼓励商业银行提供覆盖整条快递供应链的金融产品。

最后，要突出典型、分步实施。根据国家战略、行业和企业发展的需要，对具有不同定位需求的企业，在需求点上进行技术示范应用或重点扶持，通过应用示范效应促进快递业高标准市场体系的长期构建。总结示范应用取得的经验，实现快递业高标准市场体系的综合化发展。

特别是在快递对外开放上，对于我国"快递出海"工程进行区域性、分阶段构建，现阶段可以主要集中在东南亚与"一带一路"国家。东南亚电商市场还处在发展早期，人均收入、智能手机覆盖率、互联网覆盖率都处于快速提升的阶段，电商渗透率普遍较低，相比国内还有很大的提升空间，高成长行业下一众高科技 2C 快递企业孕育而生，竞争格局尚未清晰。此外，东南亚电商快递行业整体快递效率偏低，货到付款方式占比高、快递基础设施建设整体较为落后、地形劣势等都是影响快递效率的因素。但东南亚电商市场仍处于高成长期，具备资金实力强、自动化水平高、快递效率高的快递企业在东南亚地区本土布局快递市场，能够构筑低成本、高效率的竞争优势、分享行业红利。对我国快递龙头企业而言，拥有丰富的电商快递运营经验，通过投资海外本土企业，依托其已有的底层单量、信息技术，有望嫁接本土揽收能力，构建以我国为基础，辐射全球新兴市场的跨境快递网络。

国家在整体布局的同时，还可以侧重将部分有限的快递市场资源向具有竞争力的快递企业集中，优化快递资源配置，提高具有不同竞争优势的市场主体的市场占有率。鼓励快递企业的兼并重组与战略互补合作。通过鼓励快递企业上市融资和引入战略投资等方式拓展融资渠道，做大做强快递头部企业。对于中小快递企业，引导其专业化快递运作，深耕快递某一专业领域。构建具有国际竞争力和专业化的中小快递企业群的多层次市场结构，在产业竞争力上推动我国从快递大国向快递强国的转变。

考虑到当前我国快递业发展基础，快递业高标准市场体系建设不能一蹴而就，笔者认为需要将其分为三个阶段有序推进。第一阶段，到 2025 年，打好快递业市场体系构建基础，确定多方合作的顶层设计方案，做好差异化发展的引导示范，培育快递各环节专业人才队伍；第二阶段，到 2030 年，重点推进以东南亚制造业为主要领域的快递业国际化发展战略。同时深化国内"快递＋电商""快递＋铁路运输"的产业融合与协同发展；第三阶段，到 2035 年，快递基础设施网络化基本建成，推出以快递业智能化、集约化、多元化发展为基础的快递物流全球定制化服务，同时通过技术与智能化手段实现快递业市场体系的安全、绿色发展。

本 章 小 结

快递业高标准市场体系建设是现代物流体系高质量发展的关键环节，而其发展存在的问题与成因又是复杂多元的，既有市场体制机制不完善的原因，也有快递业市场主体自身供给低质量的原因，因此我国快递业高标准市场体系建设要从多方面、多维度共同发力，分步骤、有重点、共协调地推进快递业市场体系高质量改革与发展。同时，处理好政府与市场、改革与创新、对内与对外的关系。最后，基于上述分析提出我国高标准市场体系建设的总体思路，即以建设快递业高标准全球化市场体系为发展导向，逐步形成以快递业混合所有制改革为主导力量，涵盖快递业市场体系的智能化、网络化与非经济价值的普惠领域，以及实施面向不同优势和水平的阶段性差异化发展战略。

第八章　中国快递业高标准市场体系建设的对策建议

快递业在双循环新发展格局的要求和"双碳"目标战略背景下，市场体系建设需要加快步伐进入提质增效的新阶段，而快递业高标准市场体系建设又需要多维度共同发力。本章从要素协同、市场协同、产业协同和区域协同四个维度以及外部环境建设上给出我国快递业高标准市场体系建设的政策建议。

第一节　推进中国快递业高标准市场体系建设的对策措施

一、加快快递业市场体系要素协同发展

（一）基础制度进一步优化

国有快递企业公司治理主要侧重以下三个方面。

第一，董事会的股东构成，董事会股东分为执行董事、非执行董事和独立董事，分别由企业管理层、企业各方出资人委派和拥有企业管理知识的专家构成。董事会构成因各方利益的冲突会影响企业的效率，对于国有快递企业，确保与国家战略性方向一致是关键问题。因此，在董事会的构

成中，执行董事和独立董事比例可以适当提高，同时防止营利性需求影响管理者决策，应适当减少非独立董事比例。

第二，建立有效的高管选聘和激励机制。作为国有企业管理者，其思维方式和经营行为既影响企业短期绩效，又影响企业长期文化。可以采用内部选拔和外部招聘方式，对于高管的激励除了采取行政晋升以外，可以适当设置股权激励计划，增加所有制骨干员工持股计划。

第三，构建考核指标体系。对于国有快递企业，需要突破偏向财务考核的评估体系，结合营利性和公共性的考核权重设计，同时形成反馈闭环，将高管薪酬和利润上缴比率与其相挂钩，在分配制度和管理制度上，协调不同快递市场主体利益关系，明确权利与义务、监督与决策并行的运行机制，提升国有快递企业公司治理水平。

（二）创新市场主体组织形式与经营机制

快递业和公用事业存在共性，其特征都体现为公众整体利益服务。快递业属于物流行业，也是促进社会物流费用降低的重要一环，这是和公众整体利益相符的部分。同时快递业和公用事业又存在差异，快递行业存在强规模效应，伴随企业市场占有率和快递需求的不断提升，快递的必选消费属性又受宏观需求影响，快递业竞争也会加剧，这就对不同快递市场主体经营机制提出更高要求。

对于国营快递企业来说，要进一步加快市场化进程。特别是肩负邮政快递普惠均等服务责任的 EMS，其对于邮政专营、邮政普遍服务体制的改革深化具有重要影响。国有快递企业的经营效率、服务水平与市场化竞争力都还不能满足当前市场需要。在邮政快递共同利益服务上，一方面，应建立清晰的普遍服务机制，明确邮政基金的征收使用管理办法；另一方面应健全特殊服务业安全保障机制，对于党政机要、国家战略性行业与技术的服务关系进行进一步理顺。在竞争性市场业务上，依托 EMS 品牌、网络与文件专营优势推进其上市发展。

对于民营快递企业，快递业最大的竞争在于有限政策监管下非典型差异化的发展选择。网络效应促使快递业的规模效应显著，寄件量的增加，将带来成本的降低，但快递网络同时也能产生排他性。由于服务业本身不具有可贸易性，但快递需求属于全国性市场。民营快递企业应具有差异化竞争能力。而目前我国快递市场格局又以顺丰、京东、菜鸟三种典型模式为主。从现实发展看，快递企业发展因电商平台强定价权而受限。因此，快递企业个体面对行业竞争，需要根据企业优势进一步细分快递企业在可选、必选，以及中、高端消费中的服务项目。

而面对国家战略与资源发展以及巨大的市场红利，各类快递市场主体不仅要提升个体竞争力，更要突破个体寻求协同合作，补充现有经营机制的短板。具体来说，一是以混合所有制改革为基础的"邮快"合作；二是民营快递企业内部的"快快"协作，兼并重组；三是快递与电商的跨界协同。

（三）加强技术与科技支撑作用

近年来，快递市场主体虽然不断加大在技术领域的投入，但仍是较粗放的投入方式，发挥基础设施系统性与技术性功能能力还比较弱。一是国内民营快递企业在战略定位、网点规划布局等方面存在较大的随意性和重复性，使基础设施建设缺乏战略性、系统性规划。二是仓储等场地、用房比重过大也导致企业轻资产问题突出。三是绿色发展与"双碳"目标下，如何实现有效、绿色进出城市成为当前快递业发展瓶颈之一。而上述问题的解决需要依托于信息化与智能化的技术，通过移动互联网、物联网和人工智能等技术在绿色快递、安全快递、加密技术和市场信息化监管中的运用，打通快递业供应链服务的关键环节。

具体来说，首先，搭建包括水陆空与邮政、快递、物流等领域的物联网信息调度平台，提升综合运行效能。其次，深化云计算与大数据应用，支持公共性快递分拣处理中心、投递设施智能化建设。再次，建设互联互通共享的快递物流信息平台。通过信息平台，充分利用各主体已有基础网络优势，减少重复建设。最后，开展快递智能市场发展示范工程。依托

"智慧商店""智慧街区""智慧商圈""智慧社区"，建设一批智能快递综合体验馆。

总的来说，快递业发展与科技创新统筹衔接。特别是人工智能（无人机、无人车）、量子信息、5G、物联网、区块链技术在快递领域的研究及突破运用，既能推动快递与相关领域企业在保证绿色、安全、加密、监管技术化的同时，提高价值和效率、效益追求，也能培育符合市场资源配置要求的高标准市场体系下的快递行业和企业。

（四） 加大财政扶持力度

资金投入是推进快递市场安全、绿色生产、技术进步的重要保障，加大财政扶持着重于两个方面进行：一是对各类快递市场主体的扶持；二是对快递业市场体系构建相关行业或项目的资金帮助。首先，对于国家战略性发展的优势快递主体，应给予税收减免或优惠。其次，加大对快递物流信息平台建设发展的财政资金扶持。快递业信息平台企业建设是增强国际竞争力的前提。特别是对当前已有快递物流网络基础设施的信息化改造、提升，发挥快递业配套专业平台企业在要素配置中的优化集成作用，达到快递市场数据信息流通畅、全面、立体的要求，并通过整合交易数据推动实现全国范围内快递信息跨部门间的共享。同时，依法规范发展快递业平台经济，强化对平台信息监管。再次，深化第五代通信技术在快递领域专项科研，不仅是人工智能、云计算、区块链等新技术基础设施，还包括数据交换、智能运算测算中心等算力基础设施建设的研发，优先列为有关部门及行业的重点发展项目进行研发与推广。最后，在助力市场监管方面，通过财政扶持，能够通过利益激励市场监管手段的实施，弥补当前的市场监管以单向命令为主的不足。此外，对于符合战略性发展的快递企业在经营便利、优先立项和采购上给予资金帮助。综合采取税收优惠、投资倾斜、技术开发、产品定价与市场优先等组合方式，对重点企业给予补贴，而后通过混合所有制改革再进行国有资产保值增值。

（五）完善金融支持模式

随着我国金融市场的改革，我国的金融市场逐渐为社会主义市场经济体系建设提供了重要的金融支持。但是在服务具体产业领域时，快递业金融支持体系的资本结构、快递物流金融产品创新、对民营和中小微快递企业的扶持力度、对农村快递服务网络建设的金融支持、"快递出海"工程的对外开放、全球资源配置供给能力还需要增强。

1. 服务国家快递物流发展战略，提升金融要素服务快递经济能力

我国中长期发展目标是实现制造业强国、贸易强国与创新型国家，快递业的基础性和先导性对实现此目标的作用显而易见。金融服务快递业就是围绕建设快递业高标准市场体系、区域平衡发展、绿色发展等为快递企业提供精准的资本金融服务，优化快递金融的资源配置效率。金融要素服务快递经济主要应从两个层次加强建设：一是进一步提高快递业直接融资特别是股权融资比重；二是满足不同快递市场主体多样化投融资需求。

2. 构建包容性资本市场，加大农村快递服务网络建设金融支持力度

构建多层次、有差异的银行快递金融服务体系，发展民营和社区银行，增加对民营和中小微快递企业的扶持力度。同时加强对农村地区快递服务网络建设的支持：一是设立专项扶持基金。增加政府对于建设农村快递企业的专项基金扶持倾斜，通过设立农村地区快递专项基金，用于农村偏远地区快递网络基础设施整合布局。二是拓宽企业融资渠道。通过直接融资或间接融资方式酌情放宽快递企业布局农村基础设施网络的贷款条件，通过提高专项贷款额度和简化审批流程等方式来缓解快递市场主体在农村快递物流基础设施网络建设上的资金难问题。同时也应调动各方社会资源共同加大对农村地区基础设施建设的投资力度，推动不同所有制快递企业间的合作、提高参股深度。三是优化农村快递业发展的外部环境。在政府中长期规划、财政和税收的货币调节手段和专项土地等方面深化对快递市场主体的政策支持，加强邮政管理部门与当级发展改革、商务、交通运输、工商、农业等部门的通力合作，有针对性地出台有关农村地区快递

网点建设的税收优惠和建设补贴政策。

3. 支持金融产品服务创新，构建快递物流金融市场开放新格局

快递业金融产品创新，聚焦快递业绿色发展。绿色技术创新会推动快递业升级。快递业新一轮绿色发展对可降解和回收循环使用等绿色包装技术提出更高的要求。各所有制快递企业要在绿色仓储物流领域率先布局，就需要物流快递企业大力推进装备创新，研发应用绿色仓储货架、电动叉车、节能型内燃叉车、新能源叉车、绿色托盘等新型绿色物流装备，推动绿色仓储物流发展。这势必也会带来快递企业的基础设施网络的资金需求，针对绿色金融在快递业的支持，政府介入是驱动市场的必要条件。例如，评级高风险的绿色债券应出具政府担保证明，降低融资成本；政府利用财政资金补贴绿色债券发行主体，提高发行积极性。此外，"快递出海"工程也需要加强国内金融支持"走出去"，不仅是金融机构主动参与全球化发展，推动我国金融资源在快递领域的国际合作，也是为我国"快递出海"工程提供长期稳定的金融支持。

总的来说，快递业在投资、入股、被投资和被加持上都将面临新机遇，需要建构良好的金融体系给予支持。

（六）加强快递业相关人才的教育和培训

发挥市场和政府的作用，推动快递业劳动力市场与其他要素的协同改革。我国是人口大国，快递行业是典型的劳动密集型行业，实现快递业及相关产业的充分就业，不仅要发挥劳动力市场机制在快递业劳动力资源配置中的决定性作用，同时也要推动统一开放、竞争有序的人力资源市场体系建设，这将有利于发挥快递业在民生稳定中的作用，形成劳动力供求双向选择的新格局。此外，快递业劳动力市场稳定发展与其他社会经济领域要素的改革联系密切，尤其是要加快建立与当前人力资源禀赋适配的快递业体系。按照科技创新与人力资源协同发展的目标，一方面创造更多符合当前适龄劳动力适配性高的岗位；另一方面对快递体系内劳动力分层进行进一步细分，为低文化低技能的劳动者提供合适的就业机会。

此外，依托乡村振兴和快递业"两进一出"战略，加强快递业劳动力供给侧结构性改革，侧重制定快递业人才培育战略。首先，国家应加大对快递业人才投资力度，提高在职快递业从业人员的技能培训财政支出额度和比例，发挥政府、国家邮政局、国有快递企业和非国有快递企业各自优势，制定符合快递业发展的快递业人力资源发展长短期规划纲要，有计划、有步骤的实行。其次，统筹各层级的快递业人力资源开发，建立从国家高层次理论人才到企业熟练管理和实践的普适性人才的全面政策性支持体系。进一步深化统筹快递业高校和职业院校的发展，加强对快递类职业教育，特别是扩大农村、中西部地区的快递物流职业教育和培训，优化快递业劳动力城乡区域配置。学历教育是培养快递业专门型人才的主要渠道，特别是高等院校和职业院校分层级的相关对口专业更为重要。根据上文的分析，目前我国邮电类大学和相关职业院校已经开启了快递业人才的培养和探索模式，但是，完全针对快递业的专业课程占比和质量还需要进一步深化。推广快递企业与高校的校企合办模式，拓展高等院校与企业在招生、授课、就业等全链条人才培养平台，推动快递业人才建设的针对性、有效性、专业化、系统化和规模化。再次，在国家人口政策和退休政策的基础上，依法保障快递从业者劳动权益与福利水平，根据从业者的实际劳动情况实施分类社保缴纳机制，通过降低缴纳基数下限或者缴费比例等方式减轻灵活从业者缴费负担，并适时推出快递业弹性退休制度。最后，无论是国有快递企业还是民营快递企业，为了应对竞争都应加速企业内部现有人才结构的升级，注重培养快递业的管理和技术人才，提升企业潜在竞争力。打破快递业劳动者就业的体制障碍，提高劳动力的资源配置效率。

二、促进快递业市场体系协同发展

（一）引导市场差异化竞争结构

菜鸟网络依托阿里巴巴巨大的网络销售平台，形成巨型的网络"购物中心"，其运营逻辑是依靠活跃的流量打造购物平台。京东物流同样也是依托京东商城，其运营逻辑是在不断扩大自建网络基础上打造综合物流服务商的定位。京东自带强零售属性，线上稳定流量收益，线下拓展门店优势。随着即时配送服务向高效、便捷发展，本地即时零售市场规模将不断扩大，京东将更广泛地渗透消费者日常生活。顺丰以高单价的时效快递寄递业务起家，并不断外延其业务范围到快运、冷链物流、同城即配和端到端供应链，顺丰正处于从区域性企业到全球龙头、从快递企业到综合物流服务商的转型期，其在东南亚的航线、时效性和成本优势，也为本土企业出海与产业链转移提供了良好的基础。尽管面临着成本与低价竞争压力，但因其在时效、服务品质与国际化布局上的优势，仍使顺丰在高端电商物流赛道占据领先地位，未来增长也将依托跨境电商渗透与供应链数字化能力实现突破。总的来说，以菜鸟网络、京东物流与顺丰为代表的"快递＋电商"协同发展平台的构建是长远发展战略的基础环节，无论将来的差异化竞争的结果如何，"快递＋电商"协同发展是快递业在协同与融合发展上需要重点发展的战略点。

（二）构筑多层次监管体系

1. 健全监管组织机构

根据快递业高标准市场体系建设的原则和目标，首先，应逐步健全快递业监管组织机构设置，主要关注快递业市场监管机构的全面性和专业性。目前我国快递业最主要的监管部门是国家邮政局，同时也承担着快递市场监管政策的制定工作。实际上国家邮政局既是政策的制定者又是监督者，由此看，我国目前没有专门针对快递业的专门性市场监管组织机构。此外，由于快递还涉及公安、商务、工商和食品、药品监督等其他部门监管范围，那么在横向法律地位与实际监管重合矛盾突出的情况下，势必造成监管资源浪费和监管效率低下的问题。因此，针对当前状况与发展新形势，需要建立协调国家邮政局与公安、工商、农业、市场监督、海关、进出口等部门的横向联动平台，专门负责快递业立法和相关政策的议事与决策机制。同时明确"决策一致、分工监管"，并在平台运转成熟后建立常态化监管机制。

2. 提升市场监管能力

快递业政府监管的有效执行首先建立在监管能力基础上，而监管能力受到监管组织层级关系、执行独立性与监管保障机制的制约。

第一，理顺快递业市场监管的垂直管理层级关系。由于中央与地方监管机构改革起步时间不一致，在快递监管领域形成快递服务市场价格的监管主管部门既有可能是工商局，也有可能是物价局。这样的混乱带来了层级关系复杂交叉，影响监管效率。因此，一是地方各级快递监管机构的职责与组织要明确；二是监管部门内部应合理重组、优化；三是涉及港口和边境地区，还要重点加强出入境检疫。

第二，保证快递市场监管机构的行政独立性。快递业各市场主体监管部门为国家邮政局，而国家邮政局又隶属于交通运输部，在实际监管中受其影响和约束。此外，国家邮政局是国家副部级建制单位，与之相关的公安、工商、商务等部门是正部级单位，在行政级别上不统一，也造成协调监管的层级问题。基于以上，快递市场监管经费也受到相应的约束，独立性较弱。

第三，健全政府市场监管的保障机制。除了合理的监管机构和科学的监管职能配置，还需要建立相关的监管保障与追责机制。首先，应建立合理的部门协调联动机制，打通部门间与地区间的联动监管机制，进一步完善跨部门议事、执法机制。其次，深化财政保障机制：一是确保监管资金到位；二是做好监管处罚资金管理。再次，明确追责机制，对实行监管职能的各层级监管个人或单位进行细化、量化监管，保证监管追责的可操作性。最后，应将快递业市场监管的追责和绩效纳入各级政府的考核指标中。

三、加强快递业市场体系产业协同发展

快递业市场体系产业协同服务制造业与农业的前提是，从"快递＋电商""快递＋铁路运输"两方面着手。从上文电商与快递业的耦合分析中可知，当前我国快递业在与电商协同发展上存在不一致性。在与农业融合上，不仅需要进一步提供综合快递物流的解决方案，还需要加大农产品冷

链快递服务和深入我国3万多个乡镇、60多万个行政村、200多万个自然村的网络覆盖面。在与制造业结合上，一是要满足生产组织柔性需求；二是生产过程从预测计划生产向定制生产转变的快递物流响应时效；三是供应链结构转变带来的快递多级模式向一体化模式的转变。在与国际贸易融合上，快递企业应加强报关、仓储、包装、国际运输、境外投递、供应链金融和退税结汇等一体化物流服务的专业发展。

"快递+电商"协同发展是快递业融合发展的软条件。一方面，电商企业依托强大市场份额参与快递业竞争，弱化了快递业市场集中度；另一方面，由于快递业身处网购下游，因缺乏价格话语权从而无奈转向跨界电商竞争。事实上，由于快递业在电商领域的不专业，很难满足消费者的多样化、个性化需求。而在消费升级的同时，产业升级也随之加快。消费升级促进产业升级，产业升级引导消费升级。随着我国经济进入新阶段，我国在农业、制造业、国际贸易和其他服务业的全面升级都对快递物流提出了更高的要求与需求。"快递+铁路运输"协同发展是快递业融合发展的硬件条件。一方面，应强化中铁快运在我国铁路集团的重要地位，同时深化铁路运输网与民营快递市场主体的合作磨合；另一方面，应在增加铁路运量的同时，深化快递业长期供应链和产业链的服务深度。

因此，我国快递企业要想长远发展并走向国际市场，应参与国际供应链分工，同时加深快递业产业与电商以及铁路运输的协同发展，打造中国品牌联合优势，抢占国外新兴市场。同时，快递业应在与电商快递协同发展基础上，发挥我国国有快递市场主体的主导与战略性地位，深耕物流市场，夯实核心竞争力，为转向制造业、农业的供应链快递物流方向，突破国内外电商跨界竞争包围圈打下坚实基础。

四、统筹快递业市场体系区域协同发展

（一）缩小城乡快递市场的差距

随着电商发展与国家一系列扶持政策，农村地区的市场潜力逐步显

现，但受到农村地区体量小、分散不均、建设周期长、投入大等问题的影响，快递企业在农村地区基础设施布局较为保守。因此，缩小城乡快递差距，不仅需要国家宏观统筹安排，还需要在资金和整合市场资源上加大力度。具体来说，应深化国有企业与民营企业三个方面的合作：一是通过农村地区邮快合作，利用各自基础设施网络优势，谋求专业化发展，进一步推进国有快递企业在县、乡、村三级快递体系建设的整合能力，同时加强长江中游、黄河中游、西南地区和大西北地区农村冷链快递物流建设。二是提升农村地区快递综合治理水平，加强邮政与供销社人员的快递物流专业培训。三是侧重技术投资搭建服务平台，协调布局农村快递物流体系。通过国家财政支持和金融手段明确利益分配机制。一方面避免重复基础设施建设，另一方面利用农村已有的供销社场地与人员优势，解决农村快递"最后一公里"瓶颈问题，同时促进农村地区逆向物流的建设。

（二）补齐经济区快递业市场效率短板

本书第五章实证分析表明，区域差异化发展是影响快递业全要素生产效率的核心要素。从八大地区快递业市场运行效率来看，总体上分为三个层次：第一层次为东部沿海、南部沿海和北部沿海地区；第二层次为长江中游、黄河中游和西南地区；第三层次为大西北和东北地区。总体上呈现的是由东向西的递减态势。这种现象最主要是由于我国快递企业内部管理水平差异、技术水平差异与资源配置的不协调性所致。因此，在快递业市场体系发展中，在要素、市场和产业协调上，都应根据东中西部八大经济地区差异有针对性地制定地区快递业发展重点，主要侧重八大地区中革命老区、民族聚居区与边境地区的快递市场体系建设。具体的说，一是建立一批运用物联网的快递数字化、智能化典型区域或城市。二是加大支持中西部地区城乡接合部、县域和农村商贸基础设施建设和资源协同共享，畅通区域间、城乡间快递物流网络。三是依托国家"东数西算"工程，建立全国快递数据中心、云计算与大数据一体化算力网络，为长江中游、黄河中游、西南地区、大西北地区发展打通"数字"动脉。

（三）提升我国快递业在国际市场中的影响力

我国已经成为全球第一大快递交易量大国，但是在国际快递市场中缺乏主导权，我国快递企业服务跨境市场的能力还不强，还不能够完全满足"走出去"的需要。我国快递业要"走出去"，前提是要进一步完善网络布局、优化机队结构。依托构建高端综合快递物流服务，提高快递企业发展的稳定性、降低综合成本。我国快递企业在国际市场和供应链两大领域上还有较大提升空间，在保持当前发展势头前提下，打好我国快递市场体系基础，就有望提升全球竞争力。

在基础设施上，一是需要进一步加快完善全国物流网络，尤其是鄂州机场等专业快递物流机场的投运，将实现高端产品分层，并通过差异化定价提升企业盈利能力。二是优化快递仓储的地区布局，推进国内中西部地区和主要市场的仓储建设。就重点区域而言，针对跨境电商、跨境寄递物流、跨境支付和供应链管理等典型场景，结合京津冀、粤港澳大湾区、长三角及海南自由贸易港等区域市场发展需求，构建安全便利的国际互联网数据专用通道和国际化数据信息专用通道。

从长期发展看，随着跨境电商的兴起，一方面，国内消费者在消费升级趋势下扩大了对海外高端品牌商品的购买量，同时，具备高性价比的中国产品逐步走向全球；全球供应链一体化仍为主流，我国快递龙头企业有望持续提高国际服务能力，为客户提供全场景、一体化、自主可控的国际物流供应链服务是综合实力的体现，壮大供应链业务能够形成对其他业务的导流和支撑。另一方面，快递企业核心的产品为时效快递，进一步可分为特快、标快两种主要产品，区别主要体现在时效差异上，充分满足消费者差异化需求。同时，建设路由网络、满足消费者对时效电商件的需求。中国电商快递市场方兴未艾，面对中高端、中低端需求，无论是产业升级还是进入国际市场，善用资本杠杆和并购重组是我国快递业下一步进入国际市场的关键。我国快递企业还要重视并购重组，一方面能补齐能力短板，构筑生态圈，协同当前业务；另一方面也能巩固市场地位，抢占市场份额。通过关联领域强强联合，从而提高产业集中度，布局新兴市场乃至全球生产格局。

第二节　优化中国快递业高标准市场体系建设的外部环境

一、健全法律法规体系

虽然快递业相关法律法规已经逐步完善，但理顺迅速发展的快递业市场与不适配的法律之间的矛盾，还需要依托依法治理框架下法律顶层建设。一方面，现有法律法规体系不完善、不健全的问题需要以完善整个法律体系为前提。特别是快递业不是独立发展的产业，跨领域众多、涉及面之广是其最重要的特点，不仅涉及水陆空，还涉及邮政、海关、商检、工商等多个部门的利益与监管问题。低价恶性竞争、侵犯消费者合法权益等现象仍有发生。另一方面，随着新业态和新的商业模式发展，快递业出现了一些新问题，例如，数据信息安全、绿色监管等缺乏立法和法规以及标准体系作为规范依据，监管理念与监管方式仍需创新。当前监管更多是以条块为主监管方式，过多依赖行政手段，重审批、轻监管情况依然存在，快递业政策更多为特定技术或者企业选择性政策，在监管中对结合大数据和社会共同治理的新手段步伐偏慢。在监管能力与手段上的创新不足，跨区联合执法和多部门联合执法机制不完善，消费者保护和消费安全监管力度还不够强大，这些成为快递业市场体系有序与创新发展面临的突出与难点问题。因此，从国家整个法律法规体系来看，应着手于以下几个方面。

第一，混合所有制改革中出现的产权结构复杂化带来的企业经营目标的冲突，进而造成经营决策效率的下降，会连环影响企业的绩效水平。国有快递企业混合所有制改革在内需要完善公司治理体系，在外需要保证企业准入、退出和公平竞争机制的法律保护。根据我国目前关于快递业的法律制度，面对新发展阶段，我国快递业法律体系建设任重道远。特别是随着快递与其他产业融合的程度加深，相关衔接性和法律层面的法规需要更为完善的顶层设计。此外，对于快递业具有特定功能性的全民所有制企业，在现有法律框架下，还应完善信息披露制度，接受公众监督的同时提升自身经营效率。目前，国有快递企业还未上市，主营业务信息和财务信息的审查、规范和公开也需要进一步完善，在保障公众知情权的同时，也保护企业合法权益。特别需要注意的是，由于国有快递企业涉及邮政专营范围和国家信息安全的关键领域，在公开信息的风险和范围上需要避免不必要的利益损害发生。总的来说，应该在建立快递业法律体系基础上，完善信息公开制度，提升国有快递企业治理效果和经营效率。

第二，加快对快递市场监管中与国际惯例相悖的法律法规的修订，特别是修订与不同快递市场主体所属国之间在法律、法规上相抵触的部分。对于目前快递业监管中缺乏专门的法律法规的情况，需抓紧相关法律或行政条款的制定；同时进一步完善《邮政法》，从国家性法律体系层面加强立法，推动"赋权于民"。

第三，制定快递服务国际化标准，落实服务的标准化与制度化，提高国际竞争力。制定业内统一的收费标准，加强快递市场监管的国际合作与协调，实现对跨国快递市场主体的全面监管。我国应与其他国家，特别是与其金融监管机构签订监管协议，发挥我国快递市场监管在各种区域和国际性组织间的协调作用。特别是对新兴的快递业发展中国家或地区，应着重关注协调市场开放程度、保护国内快递企业的寄递安全、防范快递业金融风险。

二、完善服务评价机制

现行快递服务评价机制需突破单一视角，构建"企业主体责任——政府监管效能"双轨评价体系，并纳入绿色化、安全化、区域差异化三维指标。相较于美国高绿色包装使用率和 USPS 区域需求精准匹配"服务地图"平台、DHL"碳账户"制度降低的单件包裹碳排放量以及日本关于中转袋循环率等国的成熟实践，我国快递业绿色发展仍存显著短板——2023 年电商件二次包装率达 52%，胶带平均使用量超发达国家 1.3 倍。鉴于此，应从以下四个维度完善评价机制。一是提升绿色化评价水平。将胶带减量程度、循环中转袋使用率与可降解材料渗透率纳入《快递市场管理办法》强制性标准，建立企业碳足迹追踪与披露制度。同时，加强推广区块链溯源技术实现包装材料全生命周期管理，利用算法优化填充率，构建兼具环保指标刚性约束与技术创新协同的全生命周期责任量化评价体系。二是注重安全性评价。一方面，运用加密面单技术等，将危化品漏检率纳入市场准入核心指标；另一方面，扩大隐私面单覆盖率，将其纳入企业信用评级，增强企业技术风险防控能力。三是实行差异化评价。依据我国八大经济区发展水平设定差异化指标，实行标准动态分层。建立由中央财政与企业共担的绿色技术补贴基金，进一步降低中西部企业合规成本压力。四是增加监管效能评价。打通商务、税务、交通等部门数据，对企业进行周期性综合评价，分层次分众化建立信用联动惩戒问责体系。通过建立以评价机制改革倒逼行业向"绿色集约——安全智能——公平高效"转型，最终实现降低全社会物流成本。

三、加快社会信用体系建设

社会信用体系是高标准市场体系的建设的组成部分，通过依托治理工具，有效破解快递业发展传统路径堵点，才能推动快递业市场主体从"规模扩张——低质竞争"转向"信用增值——创新驱动"高阶发展模式转变，最终实现市场效率、社会效益与生态可持续的多维共赢。针对当前我国快递业发展实际，加快快递业社会信用体系建设要构建以数据共享为基础、制度创新为驱动、技术赋能为支撑，覆盖全主体、全链条、全周期的信用治理生态，依托"三位一体"制度框架，突破行政区域与行业壁垒，具体来说包括以下三方面：一是建立快递业信用信息公共平台。借鉴德国 TÜV 技术监督协会模式，成立全国快递业信用评价中心，吸纳中国快递协会、科研机构和消费者代表共同参与治理。依托政务云系统，整合市场监管总局企业信用代码、公安部从业人员背景数据以及国家邮政局服务质量检测等关键数据源，对企业与从业者进行分类评级，推进区域信用和数据互认。二是建立统一的社会信用代码与标准体系。参照 ISO 8000 数据质量管理国际标准和我国《社会信用代码国家标准》（GB32100），将快递企业、从业人员、运单等纳入统一标识系统，制定《快递业信用信息编码规范》，在已有标准框架下，增设快递业专用扩展字段，实现与金融、税务等系统的数据对接。三是健全法规与标准体系，构建信用惩戒联动机制。基于《快递暂行条例》，增设"信用管理"专章，并明确虚假签收、数据造假等失信行为以及信用修复程度。对列入失信主体名单企业，联动市场监管部门、金融机构和电商平台流量降权等多部门联合惩戒。基于市场主体信用评级，建立失信企业梯度、分级修复机制，建立快递安全信用数据库，推动快递业从"规模竞争"转向"信用竞争"，按照短期、中期和长期协调分类分阶段监管，助力快递业高标准市场体系建设。

本 章 小 结

面对当前快递业市场体系建设存在的挑战，快递业高标准市场体系不仅要分步骤有重点地推进改革，也需要多维度共同发力。针对当前快递业市场体系建设中存在的市场体制机制的不完善与快递业市场主体自身的供给质量低问题，本章提出"四维七元"具体对策建议。具体来说，就要素协同而言，进一步优化基础制度、创新市场主体组织形式与经营机制、加强技术科技支撑、加大财政扶持、完善金融支持、加快人才培育；就市场协同而言，围绕引导市场差异化竞争与构筑多层次监管体系需要双向发展；就产业协同而言，注重"快递＋电商""快递＋铁路"等"快递＋"基础模式优化升级；就区域协同发展而言，聚焦缩小城乡差距、补齐低效率地区基建短板，加快推进我国本土企业在区域新兴国家供应链产业布局，推动构建快递业"城乡－国内国际"多维循环空间协同；就深化制度改革而言，健全行业法律法规、服务评价与社会信用体系三个方面的体制机制，把握好效率与公平、全球化与本土化、行业增长与可持续发展之间的动态平衡，为我国快递物流深入参与全球供应链效率变革注入新的活力。

第九章　结论与不足

第一节　研究结论

本书以历史唯物主义和唯物辩证法为指导，分析我国快递业高标准市场体系建设的一般理论，并深入探究我国快递业市场体系发展现状、存在问题及原因。并在此基础上运用实证分析方法对我国快递业市场运行效率进行评价，而后对美国、德国、日本快递业市场体系发展实践进行比较分析，最后对中国快递业高标准市场体系给出总体发展思路和路径对策。得出的主要结论如下：

第一，快递业对服务生产与消费、畅通国民经济运行具有基础性与先导性作用，也初步显现其战略性地位。在新发展阶段具有新的历史使命与特征。快递业高标准市场体系内涵界定为：是一个由所有制关系、市场结构、基础设施、组织形式、产业融合、对外开放、政府监管等要素共同构成的系统，具有高效、创新、融合、竞争、持续、开放而动态的特点，最终能够推动快递生产关系和生产力的变革。基于快递业高标准市场体系内涵，围绕要素协同、市场协同、产业协同与区域协同四个维度建立其"四维七元"协同发展运行逻辑。其中，要素协同包括制度基础、企业组织形式、基础设施。要素协同是快递业市场体系由低阶向高阶状态转入的驱动点；市场协同包括市场结构与政府监管，二者是快递业高标准化建设路径的中介；产业协同是快递业与关联部门或产业的协同与融合，是贯穿快递业高标准市场体系建设的逻辑主线；区域协同是城乡区域、经济区域、国内外区域的协同发展，基于政府规制的有序开放而达到高阶状态的逻辑终点。快递业高标准市场体系既是各环节的内部协同，又有环节之间的外部协同，四个维度相互交织，相互作用形成复合上升结构。

第二，对于我国快递业市场体系运行效率及影响因素的实证分析。本书选择 DEA 数据包络分析和 Malmquist 指数分析法对我国快递业、上市快递企业的全要素生产率进行研究，并采用 Tobit 模型进一步分析其影响因素。实证结果显示：一是宏观经济环境是影响我国快递业全要素生产率的主要因素。二是快递业自身环境是影响快递业全要素生产率的决定性因素。规模效率较低是导致快递业全要素生产率低下的主要原因。与此同时，单位网点覆盖率、固定资产利用率、快递业市场化率、人才状况对快递业全要素生产率提升和资源配置起到决定性作用。三是区域差异化发展是影响快递业全要素生产率的核心要素。我国八大经济地区快递业全要素生产率总体上呈现的是由东向西的递减态势。四是在经济高质量发展与新发展格局下，我国民营上市快递企业的全要素生产率得到明显提高。一方面，企业流动资产与固定资产、主营业务成本投入与相关资产收益率等会计指标状况会影响民营快递企业的发展；另一方面，企业发展战略选择也对其全要素生产效率与国民经济市场运行效率基础高低起到关键性作用。五是民营快递企业平均技术变化比综合技术变化效率更加有效，快递企业规模扩大和技术创新能带来整体效率的提升。

第三，我国快递业市场体系低质量发展的一些表现与快递业强国需求的高标准市场体系还有一定差距。快递业市场体系低质量发展具体表现在：在制度上，快递业法律体系不完善、国有快递企业产权制度改革落后；在组织形式上，各类快递市场主体经营机制不完善；在市场结构上，快递业区域发展不平衡、全要素生产率较低、产品结构不合理、民营快递企业内生动力与战略环境的匹配不协调，农村地区快递网络布局、市场主体差异、低价竞争成为快递业发展痛点；在基础设施建设方面，劳动力供给结构与质量差异、技术创新层次不足、资本运营与投融资环境瓶颈是主要因素；在产业融合与协同发展方面，当前阶段"快递＋电商""快递＋铁路运输"的协同发展融合深度不足；在对外开放上，具有全球性话语权的民族品牌群处于发展萌芽阶段，尚未充分挖掘新兴国家快递物流市场；在市场监管上，监管体系不健全、监管力量薄弱与监管协调不利影响政府规制与治理的优化。

第四，对美国、德国、日本快递业市场体系发展模式进行比较和分析，对我国快递业高标准市场体系建设借鉴启示为：美国、德国、日本三国政府都注重通过政策支持快递业市场发展；发达国家快递巨头企业全球化发展路径值得借鉴；注重基础设施协调性顶层设计与严格的行业标准是其取得先发优势的基础；要结合国家战略发展战略与产业优势，推动科技与绿色的结合；应重视相关专业人才培养。

第五，我国快递业高标准市场体系建设既不复制发达国家快递业发展模式，也不脱离全球经济发展背景，我国要走出一条与自身特点与优势相结合的快递业高标准全球化发展路径。总体思路是：以建设快递业高标准全球市场体系为发展导向，逐步形成快递业混合所有制改革为主导力量，涵盖快递业市场体系的战略性、智能化、网络化、供应链发展与非经济价值的普惠领域，以及实施面向不同优势和水平的阶段性差异化发展战略。"四维七元"具体对策建议是：就要素协同而言，从基础制度进一步优化、创新市场主体组织形式与经营机制，加强技术科技支撑，加大财政扶持，完善金融支持与加快人才教育和培训六个方面落实；就市场协同而言，从引导市场差异化竞争与构筑多层次监管体系双重发展；就产业协同而言，优先深化"快递＋电商""快递＋铁路"的"快递＋"底层支撑模式构建；就区域协同发展而言，在国内应重点缩小城乡差距、补齐低效率地区基建短板，在国外应并行推进新兴国家外部发展与供应链产业布局。同时还需要国家加强在外部环境上关于法律法规、服务评价机制与社会信用体系三方面的深化建设。

第二节 研究不足

快递业高标准市场体系建设研究对于强化快递业基础与先导性地位，破解当前快递业市场体系低质量发展困境具有现实意义，是一项值得深入分析的研究课题。由于笔者学术水平有限，本书只对此项研究进行初步探讨，以期未来还能进行更为深入与全面的研究，具体有如下展望。

第一，本书虽然对我国快递业高标准市场体系建设从内涵、运行机理与逻辑框架上进行了较为完整的研究，但在如何进一步完善中国快递业高标准市场体系方面仍有不足之处，如对农村逆向快递物流建设，以及适应全球供应链、冷链领域发展的快递业市场体系构建问题还需深入、强化。

第二，本书虽然从全要素生产率定量分析的角度对快递业市场运行效率进行了一定的分析研究，但限于快递业专业化、连续性数据的未公开和对应指标缺失问题，只在现有快递与邮政业统计框架下对快递业市场运行效率的影响因素进行分析，针对快递业高标准市场体系建设趋势的跟踪全面性受到一定影响。

第三，在对策建议方面还存在细化空间。本书对快递业高标准市场体系建设的对策措施主要基于体制机制改革的宏观方向，而各地区面临的具体问题不尽一致，针对特定区域快递市场体系建设解决方案仍需要进一步细化。

参 考 文 献

［1］北京城市绿色物流体系研究［J］.中国铁路北京局集团有限公司计统处，2019，27：52-54.

［2］边作栋.邮政普遍服务基金制度设计研究［J］.经济研究参考，2017（10）：61-69.

［3］蔡昉，刘伟，洪银兴，等.学习党的十九届四中全会《决定》笔谈［J］.经济学动态，2020（1）：3-17.

［4］蔡燕琦，石懿."十四五"时期我国快递业高质量发展影响因素评价及对策研究［J］.经济研究参考，2021（21）：27-49.

［5］蔡燕琦.数字赋能物流行业高质量发展［N］.中国社会科学报，2021-01-06（6）.

［6］曹瑛.现代物流与区域经济发展研究［D］.四川大学，2007.

［7］曹远征.大国大金融-中国金融体制改革40年［M］.广州：广东经济出版社，2018.

［8］曹云，孙彬，徐春.新时代激发物流业创新活力的有效途径研究［J］.技术经济与管理研究，2019（5）：123-128.

［9］陈强.高级计量经济学及应用（第二版）［M］.北京：高等教育出版社，2014.

［10］陈婷，薛亮，郑竞恒.互联网发展对快递业影响因素分析——基于主成分分析的方法［J］.物流工程与管理，2021，43（1）：145-147.

［11］陈伟，吴宗法，苏道明.加盟式快递公司内部激励问题研究［J］.华东经济管理，2016，30（9）：165-170.

［12］陈伟，吴宗法．我国快递行业治理研究的回顾与展望［J］．现代管理科学，2016（11）：30－32.

［13］陈文轩．电子商务与中国零售变革［D］．浙江大学，2018.

［14］陈耀庭，黄和亮．我国生鲜电商"最后一公里"众包配送模式［J］．中国流通经济，2017（2）：10－19.

［15］陈征，李建平，郭铁民．《资本论》在社会主义市场经济中的运用与发展［M］．福州：福建人民出版社，1998.

［16］陈征，李建平，李建建，等．《资本论》与当代中国经济［M］．福州：福建人民出版社，2017.

［17］陈征．论现代科学劳动——马克思劳动价值论的新发展［M］．福州：福建人民出版社，2017.

［18］陈征．《资本论》解说（第一卷）［M］．福州：福建人民出版社，2017.

［19］陈征．《资本论》解说（第二卷）［M］．福州：福建人民出版社，2017.

［20］陈征．《资本论》解说（第三卷）［M］．福州：福建人民出版社，2017.

［21］程志强．国有企业改革和混合所有制经济发展［M］．北京：人民日报出版社，2016.

［22］储涛，贾伟强．农村快递物流配送模式系统发展研究［J］．系统科学学报，2020，28（2）：45－48，89.

［23］邓小平．邓小平文选（第一卷）［M］．北京：人民出版社，1994.

［24］邓小平．邓小平文选（第二卷）［M］．北京：人民出版社，1994.

［25］邓小平．邓小平文选（第三卷）［M］．北京：人民出版社，1993.

［26］丁超勋．扩大消费长效机制的消费品流通体系研究［D］．上海大学，2014.

［27］丁俊发．供应链国家战略［M］．北京：中国铁道出版社，2018.

［28］丁小东．我国快递网络"三阶段法"流量分析模型研究［J］．

铁道运输与经济，2019，41（3）：53－57.

［29］董蓓 ."千亿时代"开启，快递业如何加速畅通［N］.光明日报，2022－05－19（15）.

［30］董莉 . 我国快递业发展问题的研究［D］. 大连海事大学，2003.

［31］董千里 . 两业联动布局与物流业高质量发展［J］. 中国流通经济，2021，35（4）：3－12.

［32］董千里，闫柏睿 . 物流业高质量发展机制的集成场认识［J］. 中国流通经济，2020，34（5）：8－21.

［33］窦鹏鹏 . 农村电子商务对县域经济作用机制研究［D］. 中国社会科学院研究生院，2021.

［34］杜梅 . 电子商务的经济学分析［D］. 西南财经大学，2001.

［35］段水利 . 我国快递业发展影响因素实证分析［J］. 物流工程与管理，2015，37（1）：171－173.

［36］范丽先，叶圆慧 . 快递服务质量对快递品牌满意度的影响——电子商务环境下顾客经验的调节作用［J］. 外国经济与管理，2017，39（12）：140－151.

［37］冯居易，罗养霞，张娜娜 . 我国电子商务与快递业的长短期关系研究——基于协整理论和误差修正模型的实证分析［J］. 技术经济与管理研究，2018（9）：13－17.

［38］逄锦聚，等 . 政治经济学（第5版）［M］. 北京：高等教育出版社，2016.

［39］复旦大学当代国外马克思主义研究中心 . 国外马克思主义研究报告［M］. 北京：人民出版社，2018.

［40］高涤陈 . 流通经济论－高涤陈文集［M］. 北京：中国商业出版社，1991.

［41］高志军，张萌，刘伟 . 新时代中国物流业高质量发展的科学内涵与基本思路［J］. 大连海事大学学报（社会科学版），2020，19（4）.

［42］葛扬，等 . 国有企业改革与发展［M］. 北京：经济科学出版

社，2020.

[43] 供应链管理专业协会（CSCMP），托马斯·戈尔兹比，等.供应链与物流管理：运输网络规划、方式选择与成本控制［M］.曾月清，译.北京：商务印书馆，1987.

[44] 宫敬才.恩格斯与马克思经济哲学体系［J］.北京师范大学学报（社会科学版），2019（3）：77-88.

[45] 顾海良.不断赋予马克思主义以新的时代内涵——改革开放40年与马克思主义科学原理和科学精神的发展［J］.中国高校社会科学，2019（2）：4-15，157.

[46] 顾海良.从"第二次结合"到"系统化的经济学说"——新中国70年社会主义政治经济学"历史路标"论略［J］.学习与探索，2019（8）：2，5-15，190.

[47] 顾海良.基本经济制度新概括与中国特色社会主义政治经济学新发展［J］.毛泽东邓小平理论研究，2020（1）：1-7，107.

[48] 顾海良.理论批判和思想交锋：马克思主义发展史的时代精神——恩格斯晚年对马克思主义发展史的开创性研究［J］.求索，2019（6）：4-10.

[49] 顾海良.历史视界时代意蕴理论菁华——习近平新时代中国特色社会主义思想研究［J］.当代世界与社会主义，2017（6）：22-28.

[50] 顾海良，吕楠.热话题与冷思考——马克思思想：与中国改革开放同行［J］.当代世界与社会主义，2018（4）：4-13.

[51] 顾海良.马克思对经济思想流派及其历史发展的探索——马克思《巴师夏和凯里》手稿读解［J］.马克思主义理论学科研究，2018，4（3）：49-62.

[52] 顾海良.马克思经济思想概论［M］.北京：经济科学出版社，2008.

[53] 顾海良.马克思主义科学原理和科学精神的结合和升华［J］.前线，2019（10）：12-16.

[54] 顾海良.马克思主义：与中国改革开放同行［J］.人民论坛，

2018（36）：34 – 36.

［55］顾海良.马克思主义在中国传播的启程与思想取向——《马藏》第一部第一至五卷论要［J］.马克思主义与现实，2019（3）：1 – 10.

［56］顾海良.马克思主义在中国传播起始阶段的思想过程和文本特征——《马藏》第一部第一至五卷论要［J］.教学与研究，2019（11）：16 – 27.

［57］顾海良.马克思主义政治经济学的中国智慧［J］.人民论坛，2017（27）：22 – 23.

［58］顾海良.马克思主义中国化与马克思主义理论特征的升华［J］.中国高校社会科学，2020（1）：4 – 16，156.

［59］顾海良.青年马克思思想发展中"批判"精神的力量［J］.理论视野，2018（6）：1.

［60］顾海良."三因"理念与思想政治理论课教学质量的提升——结合学习习近平总书记"7·26讲话"精神的体会［J］.思想理论教育导刊，2017（9）：4 – 8.

［61］顾海良.思想过程和革命实践的结合：马克思主义发展史的内在逻辑——论恩格斯晚年对马克思主义发展史的开创性研究［J］.学术界，2019（4）：5 – 13.

［62］顾海良.习近平新时代中国特色社会主义经济思想与"系统化的经济学说"的开拓［J］.马克思主义与现实，2018（5）：23 – 30.

［63］顾海良.习近平新时代中国特色社会主义思想的历史视界与当代意蕴［J］.人民论坛，2017（S2）：28 – 30.

［64］顾海良.新发展理念的新时代政治经济学意义［J］.经济研究，2017，52（11）：15 – 17.

［65］顾海良.新时代高校哲学社会科学教材体系建设的指导思想［J］.中国编辑，2018（1）：4 – 10.

［66］顾海良.新时代与新发展理念的政治经济学新课题［J］.经济学家，2017（12）：5 – 6.

[67] 顾海良. 新时代中国特色社会主义政治经济学发展研究 [J]. 求索, 2017 (12): 4-13.

[68] 顾海良. 新中国 70 年马克思主义中国化的过程与逻辑 [J]. 马克思主义理论学科研究, 2019, 5 (5): 4-18.

[69] 顾海良. 政治经济学的大历史观 [J]. 政治经济学评论, 2019, 10 (4): 7-12.

[70] 顾海良. 中国特色社会主义的过程和逻辑 [J]. 理论视野, 2019 (10): 10-17.

[71] 顾海良. 中国特色社会主义政治经济学的"导言"——习近平《不断开拓当代中国马克思主义政治经济学新境界》研究 [J]. 经济学家, 2019 (3): 5-16.

[72] 顾海良. 中国特色社会主义政治经济学的"历史路标" [J]. 政治经济学评论, 2018, 9 (6): 38-47.

[73] 顾海良. 中国特色社会主义政治经济学史纲 [J]. 中国编辑, 2019 (4): 98.

[74] 顾海良. "重读"马克思与马克思主义发展史的思想资源和学理依循——恩格斯晚年对马克思主义发展史的开创性研究 [J]. 马克思主义理论学科研究, 2019, 5 (1): 59-71.

[75] 顾海良.《资本论》与中国特色社会主义政治经济学 [J]. 政治经济学评论, 2017, 8 (3): 11-15.

[76] 顾钰民. 马克思主义制度经济学 [M]. 上海: 复旦大学出版社, 2005.

[77] 郭方方, 钟耀广. 竞争环境下快递行业动态定价策略研究 [J]. 价格月刊, 2017 (2): 81-85.

[78] 郭晗, 任保平. 新时代我国体育产业的高质量发展: 逻辑生成与路径选择 [J]. 西安体育学院学报, 2020, 37 (3): 291-297.

[79] 郭明德, 李红. 中国快递业影响因素的空间计量分析 [J]. 包装工程, 2019, 40 (23): 196-202.

［80］郭云．基于时空属性的快递企业边界问题研究［D］．北京交通大学，2016.

［81］国家发展改革委宏观经济研究院市场与价格研究所．市场决定的伟大历程［M］．北京：人民出版社，2018.

［82］哈里·兰德雷斯，大卫·C. 柯南德尔．经济思想史（第四版）［M］．周文，译．北京：人民邮电出版社，2018.

［83］韩军涛．中国快递业发展与协同机制研究［M］．北京：经济管理出版社，2019.

［84］韩喜艳．农产品流通组织化研究［D］．中国农业科学院，2013.

［85］郝玉柱．双循环新发展格局下统筹推进现代流通体系建设观点综述［J］．中国流通经济，2020，34（11）：3－17.

［86］何德旭，夏杰长．服务经济学［M］．北京：中国社会科学出版社，2009.

［87］何黎明．推进物流业高质量发展面临的若干问题［J］．中国流通经济，2018，32（10）：3－7.

［88］何自力，等．公司治理：理论、机制和模式［M］．天津：天津人民出版社，2006.

［89］何自力，乔晓楠．建设现代化经济体系，增强我国经济创新力和竞争力［J］．马克思主义研究，2017（12）：22－25.

［90］何自力．社会主义基本经济制度是一个伟大创造［J］．政治经济学评论，2020，11（1）：89－95.

［91］何自力．以人民为中心是中国特色社会主义政治经济学的逻辑主线［J］．当代经济研究，2021（2）：5－7.

［92］何自力，岳欣．新时代我国经济治理体系的健全与完善［J］．当代经济研究，2020（10）：24－33，113.

［93］贺冰倩，李昆鹏，成幸幸．快递企业"最后一公里"快件收派优化方案研究［J］．运筹与管理，2019，28（1）：27－34.

［94］胡锦涛．胡锦涛文选（第一卷）［M］．北京：人民出版社，2016.

[95] 胡锦涛. 胡锦涛文选（第二卷）[M]. 北京：人民出版社，2016.

[96] 胡锦涛. 胡锦涛文选（第三卷）[M]. 北京：人民出版社，2016.

[97] 胡小飞，曾聪，郭宇雯. 快递物流业个人信息隐私保护的演化博弈分析 [J]. 现代情报，2019，39（6）：142 - 148.

[98] 黄伟，蔡远游. 中国快递史话 [M]. 厦门：厦门大学出版社，2019.

[99] 黄伟. 以信息化培育新动能推动发展高质量 [N]. 新华日报，2018 - 07 - 03（1）.

[100] 黄永福. 我国物流业高质量发展问题研究——基于粤港澳大湾区物流业发展的分析 [J]. 价格理论与实践，2020（4）：168 - 171.

[101] 姬杨蓓蓓，储昊，成枫. 基于两阶段算法的快递企业末端配送网络优化研究 [J]. 系统工程，2019，37（2）：100 - 105.

[102] 吉蕾蕾. 快递进出村如何更畅快 [N]. 经济日报，2021 - 10 - 12（6）.

[103] 纪宝成，谢莉娟，王晓东. 马克思商品流通理论若干基本问题的再认识 [J]. 中国人民大学学报，2017，31（6）：60 - 70.

[104] 贾根良. 国内大循环 [M]. 北京：中国人民大学出版社，2020.

[105] 江泽民. 江泽民文选（第一卷）[M]. 北京：人民出版社，2006.

[106] 江泽民. 江泽民文选（第二卷）[M]. 北京：人民出版社，2006.

[107] 江泽民. 江泽民文选（第三卷）[M]. 北京：人民出版社，2006.

[108] 蒋国旗. 中国综合能源市场体系建设研究 [D]. 中共中央党校，2013.

[109] 蒋树雷，张臻. 数字经济发展与物流业产业升级——基于创新机制的检验 [J]. 商业经济研究，2020（22）：84 - 87.

[110] 蒋永穆，刘遥. 智慧城市发展的一个基本逻辑框架：基于马克思主义经济学的视角 [J]. 四川大学学报（哲学社会科学版），2019（4）：88 - 98.

[111] 金诗韵，盛建平，关崇山. 快递包装的标准化和减量化设计

[J]. 包装工程, 2019, 40 (3): 149 - 155.

[112] 匡旭娟. 演化视角下的快递业网络形态研究 [D]. 北京交通大学, 2008.

[113] 雷蕾. 我国零售业增长效率研究 [D]. 首都经济贸易大学, 2014.

[114] 雷贤英. 现代快递物流综合服务平台的构建 [D]. 上海交通大学, 2018.

[115] 黎元生. 农产品流通组织创新研究 [D]. 福建师范大学, 2002.

[116] 李碧珍. 农产品物流模式创新研究 [D]. 福建师范大学, 2009.

[117] 李成勋. 恩格斯论竞争——为纪念恩格斯诞辰 200 周年而作 [J]. 毛泽东邓小平理论研究, 2020 (1): 61 - 65, 107.

[118] 李飞, 等. 中国流通业变革关键问题研究 [M]. 北京: 经济科学出版社, 2012.

[119] 李建平, 等. 政治经济学 (第 5 版) [M]. 北京: 高等教育出版社, 2014.

[120] 李建平, 黄茂兴, 黄瑾. 对《资本论》若干理论问题争论的看法 [M]. 福州: 福建人民出版社, 2017.

[121] 李建平, 黄茂兴, 黄瑾.《资本论》与中国特色社会主义政治经济学 [M]. 福州: 福建人民出版社, 2017.

[122] 李建平. 中国特色社会主义政治经济学的逻辑主线和体系结构 [M]. 济南: 济南出版社, 2019.

[123] 李建平.《资本论》第一卷辩证法探索 (第 3 版) [M]. 福州: 福建人民出版社, 2017.

[124] 李娟, 王琴梅. 我国西部地区物流业发展质量及其影响因素研究——基于物流业效率视角 [J]. 北京工业大学学报 (社会科学版), 2020, 20 (2): 82 - 93.

[125] 李娟. 物流业发展质量对区域经济协调发展的影响研究 [D]. 陕西师范大学, 2019.

[126] 李克强. 政府工作报告 [G]. 北京: 人民出版社, 2019.

[127] 李鲁奇, 孔翔. "双十一"期间中国快递流通的时空结构与效率——基于时间地理学视角 [J]. 地理研究, 2019, 38 (8): 1891 - 1904.

[128] 李梦欣, 任保平. 新时代中国高质量发展的综合评价及其路径选择 [J]. 财经科学, 2019 (5): 26 - 40.

[129] 李梦欣, 任保平. 新中国 70 年生产力理论与实践的演进 [J]. 政治经济学评论, 2019, 10 (5): 62 - 77.

[130] 李梦欣, 任保平. 中国特色绿色发展道路的阶段性特征及其实现的路径选择 [J]. 经济问题, 2019 (10): 32 - 38, 120.

[131] 李攀科. 技术创新赋能我国物流业高质量发展探讨 [J]. 商业经济研究, 2020 (12).

[132] 李瑞吉. 电子商务环境下推动物流业高质量发展的策略研究 [J]. 商业经济研究, 2019 (12).

[133] 李晓楠. 高质量发展评价指标体系构建与实证研究 [D]. 浙江工商大学, 2020.

[134] 李心萍. 1083 亿件快递背后的经济活力 [N]. 人民日报, 2022 - 01 - 18 (10).

[135] 李旭东, 王耀球. 跨境电商快递物流服务质量评价与实证研究——基于"一带一路"区域 [J]. 技术经济与管理研究, 2018 (6): 3 - 9.

[136] 李杨超. 我国商贸流通业发展与制造业增长方式转变的关系研究 [D]. 首都经济贸易大学, 2016.

[137] 李毅学. 快递业物流金融创新 [M]. 北京: 经济科学出版社, 2011.

[138] 李勇坚, 夏杰长, 姚战琪, 等. 中国服务业发展报告 2018 [M]. 北京: 经济管理出版社, 2018.

[139] 李玉民, 刘勇, 刘阳. 高铁快运与快递企业合作的演化博弈分析 [J]. 铁道科学与工程学报, 2019, 16 (4): 878 - 884.

［140］李争光.新能源、清洁能源物流车助力快递业高质量发展［N］.现代物流报，2019－09－09（B3）.

［141］梁晓蓓，黄立霞，江江.众包物流接包方持续参与意愿影响因素研究［J］.商业经济与管理，2017（7）：5－15.

［142］梁晓红.基于交易成本视角的铁路运输企业与快递企业合作模式研究［D］.北京交通大学，2018.

［143］廖涛.邮政核心竞争力的分析与研究［J］.四川通信技术，2002（1）：16－19.

［144］列宁.列宁选集（第一卷）［M］.北京：人民出版社，2012.

［145］列宁.列宁选集（第二卷）［M］.北京：人民出版社，2012.

［146］列宁.列宁选集（第三卷）［M］.北京：人民出版社，2012.

［147］列宁.列宁选集（第四卷）［M］.北京：人民出版社，2012.

［148］林双娇，王健.中国物流业高质量发展水平测度及其收敛性研究［J］.统计与决策，2021，37（8）：9－14.

［149］刘戈非，任保平.地方经济高质量发展新动能培育的路径选择［J］.财经科学，2020（5）：52－64.

［150］刘建新.快递行业定位［J］.经济研究参考，2006（34）：30－36.

［151］刘坤.立破并举，加快建设全国统一大市场［N］.光明日报，2022－04－28（15）.

［152］刘铭.探索高质量发展路径［N］.中国邮政报，2018－04－24（2）.

［153］刘娜娜.恩格斯国家职能理论再研究：回应与启示［J］.毛泽东邓小平理论研究，2018（2）：83－88，108.

［154］刘晓宁."互联网＋社区"终端物流模式发展现状与展望［J］.商业经济研究，2017（2）：100－102.

［155］刘笑.新时代我国高质量发展的动力变革研究［D］.西北大学，2019.

［156］刘学梅，郭冠清. 中国特色社会主义政治经济学研究对象的探索［J］. 经济学家，2019（12）：14 – 23.

［157］刘妤. 西藏快递行业的 SCP 模型分析［J］. 西藏民族大学学报（哲学社会科学版），2017，38（3）：114 – 119.

［158］刘忠迪. 企业家精神与高质量经济发展［D］. 浙江工商大学，2020.

［159］吕春成. 流通经济学［M］. 北京：中国商业出版社，2007.

［160］吕鹏. 中国经济高质量发展测度评价研究［D］. 云南大学，2019.

［161］吕慎，田锋，张乾坤. 基于结构方程的快递业收派员工作满意度评估［J］. 深圳大学学报（理工版），2020，37（3）：323 – 330.

［162］罗程. 对推进邮政寄递业务跨越式发展的思考［J］. 中国邮政，2019（10）：35 – 37.

［163］马军胜. 从快递产业发展看辩证处理市场和政府关系［J］. 理论视野，2016（2）：25 – 26.

［164］马军胜. 加快建设与小康社会相适应的现代邮政业［N］. 经济日报，2019 – 10 – 09（4）.

［165］马军胜. 守初心担使命坚持高质量发展不动摇加快建设与小康社会相适应的现代邮政业［N］. 中国交通报，2019 – 10 – 09（4）.

［166］马军胜. 站在新起点奋进新时代开启现代化邮政强国建设新征程［J］. 人民论坛，2019（1）：6 – 8.

［167］马克思，恩格斯. 马克思恩格斯全集（第三十卷）［M］. 北京：人民出版社，1995.

［168］马克思，恩格斯. 马克思恩格斯全集（第三十一卷）［M］. 北京：人民出版社，1998.

［169］马克思，恩格斯. 马克思恩格斯全集（第三十二卷）［M］. 北京：人民出版社，1998.

［170］马克思，恩格斯. 马克思恩格斯文集（第一卷）［M］. 北京：

人民出版社，2009.

[171] 马克思，恩格斯. 马克思恩格斯文集（第二卷）[M]. 北京：人民出版社，2009.

[172]《马克思主义政治经济学概论》编写组. 马克思主义政治经济学概论（第二版）[M]. 北京：人民出版社，高等教育出版社，2021.

[173] 马克思. 资本论（第一卷）[M]. 北京：人民出版社，2004.

[174] 马克思. 资本论（第二卷）[M]. 北京：人民出版社，2004.

[175] 马克思. 资本论（第三卷）[M]. 北京：人民出版社，2004.

[176] 马丽. 要素聚集、产业聚集和园区经济发展研究 [D]. 西北大学，2016.

[177] 毛泽东. 建国以来毛泽东文稿（第1－13册）[M]. 北京：中央文献出版社，1987－1998.

[178] 毛泽东. 论十大关系 [M]. 北京：人民出版社.1976.

[179] 毛泽东. 毛泽东选集（第一卷）[M]. 北京：人民出版社，1991.

[180] 毛泽东. 毛泽东选集（第二卷）[M]. 北京：人民出版社，1991.

[181] 毛泽东. 毛泽东选集（第三卷）[M]. 北京：人民出版社，1991.

[182] 毛泽东. 毛泽东选集（第四卷）[M]. 北京：人民出版社，1991.

[183] 孟氧.《资本论》历史典据注释 [M]. 北京：中国人民大学出版社，2008.

[184] 倪玲霖. 快递运营网络优化设计与竞争网络均衡 [M]. 北京：电子工业出版社，2015.

[185] 倪玲霖，史峰. 多分配快递轴辐网络的枢纽选址与分配优化方法 [J]. 系统工程理论与实践，2012，32（2）：441－448.

[186] 宁坚. 高质量发展农村物流更好助力乡村振兴 [N]. 中国交通报，2019－12－18（5）.

[187] 欧阳琴. 电子商务下我国快递业发展对策探析 [J]. 物流科技，2015，38（5）：122－124.

[188] 漆俊. 高质量背景下资源、环境与经济协调测度研究 [D]. 江

西财经大学，2019.

[189] 任保平. 高质量目标下社会主义市场经济体制建设的基本要求、框架与路径 [J]. 中国高校社会科学，2020 (2)：12－18，157.

[190] 任保平，何苗. 高质量发展背景下中国经济差距的时空演化及其影响机理分析 [J]. 西安交通大学学报（社会科学版），2019，39 (6)：47－57.

[191] 任保平，何苗. 我国新经济高质量发展的困境及其路径选择 [J]. 西北大学学报（哲学社会科学版），2020，50 (1)：40－48.

[192] 任保平. 建设高质量的社会主义市场经济体制 [J]. 政治经济学评论，2020，11 (1)：67－72.

[193] 任保平，李佩. 以新经济驱动我国经济高质量发展的路径选择 [J]. 陕西师范大学学报（哲学社会科学版），2020，49 (2)：113－124.

[194] 任保平. 数字经济引领高质量发展的逻辑、机制与路径 [J]. 西安财经学院学报，2020，33 (2)：5－9.

[195] 任保平，宋雪纯. 中国新经济发展的综合评价及其路径选择 [J]. 中南大学学报（社会科学版），2020，26 (1)：13－21.

[196] 任保平，魏婕，郭晗，等. 超越数量 [M]. 北京：人民出版社，2012.

[197] 任保平，文丰安. 新时代中国高质量发展的判断标准、决定因素与实现途径 [J]. 改革，2018 (4)：5－16.

[198] 任保平. 新时代中国经济发展道路自信基础上的发展理论自信 [J]. 经济问题，2020 (5)：1－6.

[199] 任保平，张倩. 新时代我国现代化产业体系构建的工业化逻辑及其实现路径 [J]. 江苏行政学院学报，2020 (1)：42－48.

[200] 任保平，张星星. 高质量发展对中国发展经济学新境界的开拓 [J]. 东南学术，2019 (6)：127－136，247.

[201] 任保平. 中国特色社会主义政治经济学如何迎接新经济时代的挑战 [J]. 天津社会科学，2020 (1)：80－86.

［202］任国峰．中国快递业发展经济学分析［J］．经营管理者，2013
（1）：48－49．

［203］任隽姝．加快绿色快递建设促进快递业高质量发展［N］．中国
环境报，2019－10－24（3）．

［204］山红梅，肖雪媛．基于 DEA 和 Tobit 模型的快递企业效率评价
及影响因素分析［J］．科技与经济，2018，31（6）：101－105．

［205］山红梅，杨珂欣，胡海涛，等．我国邮政业综合技术效率评价
及其影响因素——基于 DEA 和 Tobit 回归模型的分析［J］．地域研究与开
发，2019，38（1）：11－16．

［206］山红梅，周宇，石京．基于云模型的快递业物流服务质量评估
［J］．统计与决策，2018，34（12）：39－42．

［207］商务部研究院课题组，张洪斌．中国快递业务市场准入和行业
管理［J］．经济研究参考，2006（34）：36－42．

［208］商务部研究院课题组，赵玉敏，张洪斌．中国快递市场发展研
究报告（总报告）［J］．经济研究参考，2006（34）：2－24．

［209］商业部商业经济研究所．论商品流通渠道［M］．北京：中国商
业出版社，1982．

［210］上创利．流通产业发展方式转变研究［D］．哈尔滨商业大学，
2012．

［211］尚书山．国通"关停事件"对我国中小快递企业发展的启示
［J］．对外经贸实务，2019（5）：86－88．

［212］尚扬．电子商务与快递业发展问题研究——基于灰色关联度分
析［J］．物流科技，2021，44（2）：62－65．

［213］佘颖．一元签收确认顺丰"试"错了［N］．经济日报，2021－
09－14（8）．

［214］十八大以来重要文献选编（上）［G］．北京：中央文献出版社，
2014．

［215］十八大以来重要文献选编（中）［G］．北京：中央文献出版社，

2016.

[216] 十八大以来重要文献选编（下）［G］. 北京：中央文献出版社，2018.

[217] 十九大报告［G］. 北京：人民出版社，2017.

[218] 石宝林. 深化交邮融合助力农村经济发展产业振兴［N］. 中国交通报，2019 - 08 - 22（2）.

[219] 石丽. 快递顾客感知服务质量评价指标体系构建与影响因素研究［J］. 价格理论与实践，2017（7）：149 - 152.

[220] 司法部、国家邮政局. 快递暂行条例释义［M］. 北京：中国法制出版社，2018.

[221] 宋芳，王莲花，郭朋朋，等. 山东省快递业区域发展差异的影响因素分析［J］. 物流工程与管理，2015，37（5）：191 - 193.

[222] 宋宪萍. 分工与流通组织演进［M］. 北京：北京理工大学出版社，2011.

[223] 孙冬. 从"高速增长"到"高质量发展"［D］. 吉林大学，2019.

[224] 孙立霞. 基于灰色关联度的青海省物流业影响因素分析［J］. 当代经济，2020（4）：90 - 93.

[225] 孙鹏. 我国绿色流通发展机理及路径研究［D］. 首都经济贸易大学，2019.

[226] 汤炎非，黄静，肖玉徽. 我国快递业发展对策研究——以海南为例［J］. 经济研究参考，2013（41）：70 - 75.

[227] 汪海，王喆. 促进快递业健康发展的思考［J］. 宏观经济管理，2016（10）：64 - 68.

[228] 王洪伟，宋媛，杜战其，等. 基于在线评论情感分析的快递服务质量评价［J］. 北京工业大学学报，2017，43（3）：402 - 412.

[229] 王健. 切实做好服务保障不断推动高质量发展［N］. 中国邮政报，2018 - 11 - 13（1）.

[230] 王锦良. 流通产业对经济发展的影响研究 [D]. 哈尔滨商业大学, 2012.

[231] 王进. 城市快递末端配送服务模式分类及影响因素 [J]. 商业经济研究, 2018 (8): 81 –85.

[232] 王筠. 国内外绿色物流发展现状及对我国的启示 [J]. 物流技术, 2018, 37 (2).

[233] 王蕾. 市场体系培育研究 [M]. 北京: 中国人民大学出版社, 2012.

[234] 王丽娟. 提高公众满意度促快递业高质量发展 [N]. 中国经济时报, 2019 –08 –12 (2).

[235] 王莲花, 牟丹凤. 基于灰色关联度的快递业影响因素分析 [J]. 中国商贸, 2014 (2): 107 –108, 110.

[236] 王明雁. 中国流通业集约化研究 [D]. 首都经济贸易大学, 2018.

[237] 王鹏飞. 网络经济对我国居民消费的促进作用研究 [D]. 中共中央党校, 2014.

[238] 王鹏飞. 中国流通业与制造业的互动效应研究 [D]. 中南财经政法大学, 2020.

[239] 王鹏, 张茹琪, 李彦. 长三角区域物流高质量发展的测度与评价——兼论疫后时期的物流新体系建设 [J]. 工业技术经济, 2021, 40 (3): 21 –29.

[240] 王茜. 邮政行业行政处罚裁量基准制度研究 [J]. 政法论丛, 2019 (6): 37 –47.

[241] 王天宇. 2020 中国商贸物流银行研究暨行业发展报告 [M]. 北京: 中国金融出版社, 2005.

[242] 王微, 王青, 等. 加快建设现代市场体系 [M]. 北京: 中国发展出版社, 2019.

[243] 王维婷, 黄宝章. 快递业发展影响因素的实证研究 [J]. 中国

物流与采购，2011（13）：74－75.

[244] 王文胜. 守初心担使命坚持高质量发展不动摇加快建设与小康社会相适应的现代邮政业 [N]. 福建日报，2019－10－09（4）.

[245] 王先庆. 新发展格局下现代流通体系建设的战略重心与政策选择——关于现代流通体系理论探索的新框架 [J]. 中国流通经济，2020，34（11）：18－32.

[246] 王晓东，黎莎. 马克思的服务劳动理论及其当代启示 [J]. 财贸经济，2020，41（3）：5－19.

[247] 王晓东，谢莉娟. 商品流通视角的国有企业效率问题再思考 [J]. 商学研究，2018，25（1）：5－9.

[248] 王晓慧. 中国经济高质量发展研究 [D]. 吉林大学，2019.

[249] 王彦庆. 中国城乡商品流通一体化研究 [D]. 哈尔滨商业大学，2012.

[250] 王跃. 不忘初心牢记使命持续推动首都邮政业高质量发展 [N]. 北京日报，2019－10－09（5）.

[251] 王振辉. 三大路径实现快递业高质量发展 [N]. 现代物流报，2018－07－30（A6）.

[252] 王之泰. 城镇化需要"智慧物流" [J]. 中国流通经济，2014（3）：4－8.

[253] 王姿怡，义艺，孙锲. 快递包装的能耗现状及对策分析 [J]. 包装工程，2019，40（3）：143－148.

[254] 维克托富克斯. 服务经济学 [M]. 许微云，万慧芬，孙光德，译. 北京：商务印书馆，1987.

[255] 卫兴华. 中国特色社会主义经济理论体系研究 [M]. 北京：中国财政经济出版社，2017.

[256] 魏际刚. 高质量快递保障国家应急大局 [N]. 现代物流报，2020－03－23（A2）.

[257] 魏农建. 流通与流通生产力 [M]. 上海：上海大学出版社，

2004.

[258] 温丽琴, 卢进勇, 杨敏姣. 中国跨境电商物流企业国际竞争力的提升路径——基于 ANP - TOPSIS 模型的研究 [J]. 经济问题, 2019 (9): 45 - 52.

[259] 吴保德. B2C 网络购物环境下快递企业服务质量评价 [J]. 中国流通经济, 2017, 31 (8): 22 - 31.

[260] 吴海建, 韩嵩. 基于 "三经普" 数据的中国快递业信息化发展水平测算分析 [J]. 经济经纬, 2017, 34 (2): 93 - 98.

[261] 吴昊, 谭克虎. 快递业对经济社会发展的作用分析 [J]. 经济问题探索, 2014 (2): 48 - 51.

[262] 吴金纺. 低碳环境下现代物流业发展因素研究 [D]. 东北财经大学, 2010.

[263] 吴鹏. 协同创新视角下的快递业发展路径研究 [J]. 暨南学报 (哲学社会科学版), 2017, 39 (3): 25 - 29.

[264] 吴琼, 郑晓宏, 陈新国. 退货物流服务质量因子分析 [J]. 商业经济研究, 2016 (17): 101 - 103.

[265] 吴晓, 王凌瑾, 宁昱西, 等. 南京市快递企业网点布局及其影响因素解析——基于民营企业 (顺丰速递) 和国营企业 (EMS) 的比较 [J]. 地域研究与开发, 2019, 38 (4): 52 - 59, 67.

[266] 吴宣恭, 吴昊, 李子秦. 马克思产业思想与中国产业结构转型 [J]. 经济学家, 2020 (4): 24 - 33.

[267] 吴学品. 流通业对农村居民消费的影响研究 [D]. 上海大学, 2014.

[268] 吴砚峰. 中外快递物流企业发展的差异比较与经验借鉴 [J]. 对外经贸实务, 2018 (6): 89 - 92.

[269] 吴义生, 吴顺祥, 白少布, 等. 面向网购的低碳供应链超网络优化模型及其应用 [J]. 中国管理科学, 2017, 25 (6): 111 - 120.

[270] 武淑萍. 分享经济下 "PtoS" 平台快递模式的机理研究 [D].

天津财经大学，2016.

[271] 武淑萍，于宝琴. 电子商务与快递物流协同发展路径研究 [J].
管理评论，2016，28（7）：93 – 101.

[272] 习近平谈治国理政（第一卷）[M]. 北京：外文出版社，2018.

[273] 习近平谈治国理政（第二卷）[M]. 北京：外文出版社，2017.

[274] 习近平谈治国理政（第三卷）[M]. 北京：外文出版社，2020.

[275] 习近平新时代中国特色社会主义思想三十讲 [G]. 北京：学习
出版社，2018.

[276] 习近平. 在庆祝改革开放 40 周年大会上的讲话 [G]. 北京：
人民出版社，2019.

[277] 夏春玉，丁涛. 非主流经济学的兴起与流通经济学的复兴 [J].
北京工商大学学报（社会科学版），2013，28（1）：12 – 19.

[278] 夏春玉，丁涛. 流通理论在经济学中的回归：一个学说史的考
察 [J]. 商业经济与管理，2011（8）：5 – 13，35.

[279] 夏春玉，丁涛. 孙冶方流通理论的回顾与再认识 [J]. 财贸经
济，2013（1）：74 – 81，118.

[280] 夏春玉，瞿春玲，李飞. 中国商品流通现代化研究综述 [J].
现代商贸评论，2011：3 – 11.

[281] 肖建辉. 物流高质量发展研究述评与展望 [J]. 中国流通经济，
2020，34（8）：14 – 26.

[282] 肖建辉. 粤港澳大湾区物流业高质量发展的路径 [J]. 中国流
通经济，2020，34（3）：66 – 81.

[283] 肖艳. 我国快递物流体系规划建设 [M]. 长春：吉林文史出版
社，2019.

[284] 肖珍，张凌浩，冯韵. 基于服务质量维度的移动快递应用设计
研究 [J]. 包装工程，2017，38（24）：160 – 165.

[285] 谢逢洁. 快递产业竞争关系网络：结构、演化及博弈行为
[M]. 北京：科学出版社，2019.

[286] 谢世江. 我国商贸流通业的金融支持研究 [D]. 首都经济贸易大学, 2019.

[287] 徐广姝, 张学文, 张海芳. 基于 DEA - ANP 的快递企业绩效评价研究 [J]. 数学的实践与认识, 2017, 47 (10): 89 - 98.

[288] 徐慧, 潘旭华. 我国快递行业分析与展望——基于中美快递企业的对比分析 [J]. 电子商务, 2017 (12): 14 - 16.

[289] 徐丽, 曾蓼. 长江经济带商贸流通业区域差异影响因素分析 [J]. 经济论坛, 2017 (6): 20 - 23.

[290] 徐敏. 马克思消费理论及其对中国扩大消费需求的现实意义 [D]. 辽宁大学, 2014.

[291] 徐希燕. 中古快递产业发展研究报告 [M]. 北京: 中国社会科学出版社, 2009.

[292] 学习贯彻习近平新时期中国特色社会主义经济思想做好"十四五"规划编制和发展改革系列丛书编写组. 构建现代物流体系 [M]. 北京: 中国计划出版社, 2020.

[293] 闫方洁. 文化研究的限度与政治经济学的理性回归——基于当代西方媒介批判理论的反思 [J]. 新闻界, 2019 (3): 43 - 50.

[294] 严钰景. 海南加快推进农村物流高质量发展 [N]. 国际商报, 2019 - 12 - 11 (11).

[295] 晏维龙. 马克思主义流通理论当代视界与发展 [M]. 北京: 中国人民大学出版社, 2009.

[296] 杨凤, 徐飞. 产业经济学 [M]. 北京: 清华大学出版社, 2017.

[297] 杨海荣. 邮政概论 [M]. 北京: 邮电大学出版社, 2005.

[298] 杨萌柯, 周晓光. 电子商务与快递物流 [M]. 北京: 北京大学出版社, 2018.

[299] 杨平宇. 中国农村消费品流通业效率研究 [D]. 上海大学, 2014.

[300] 杨清. 我国快递企业开辟东南亚市场的现状与反思 [J]. 对外

经贸实务，2019（5）：53-56.

［301］杨守德. 技术创新驱动中国物流业跨越式高质量发展研究［J］. 中国流通经济，2019，33（3）.

［302］杨兴夏. 我国零售业创新的经济效应研究［D］. 山西财经大学，2019.

［303］杨振华. 基于 CEDI 的快递业高质量发展转型升级路径思考［J］. 湖州师范学院学报，2019，41（7）：56-61.

［304］叶萌. 我国流通业标准化经济效应研究［D］. 首都经济贸易大学，2019.

［305］余新江. 韵达速递：用心服务促进企业高质量发展［N］. 中国产经新闻，2019-12-24（4）.

［306］俞林，傅少川. 以更加智慧畅通的物流体系助推全国统一大市场建设［N］. 光明日报，2022-04-26（11）.

［307］俞彤晖，陈斐. 数字经济时代的流通智慧化转型：特征、动力与实现路径［J］. 中国流通经济，2020，34（11）：33-43.

［308］苑春荟，燕阳. 快递市场监管［M］. 北京：北京邮电大学出版社，2019.

［309］张宝友，黄妍，杨玉香，等. 质量基础设施如何影响我国经济高质量发展［J］. 经济问题探索，2021（2）：13-30.

［310］张博. 推动我国物流产业高质量发展的问题与路径探讨［J］. 商业经济研究，2020（10）.

［311］张得银. 流通业对珠三角区域经济转型的作用机制研究［D］. 深圳大学，2016.

［312］张洪平. 流通过程的系统决定论研究［D］. 吉林大学，2008.

［313］张静. 中国共产党新发展理念研究［D］. 西安科技大学，2019.

［314］张丽. 快递公司服务质量差异分析与改进研究［D］. 大连理工大学，2006.

［315］张崴. 我国现代生产资料流通企业转型发展实证研究［D］. 中

国地质大学，2013.

[316] 张占斌. 打通经济循环堵点建设现代流通体系（上）[N]. 现代物流报，2020 - 11 - 04（A2）.

[317] 赵玉洲，郭冬芬. 我国快递行业发展问题研究——基于快递行业基础数据的分析 [J]. 价格理论与实践，2019（8）：145 - 148.

[318] 郑佳宁. 快递市场外资准入的现实挑战与法律应对 [J]. 暨南学报（哲学社会科学版），2017，39（3）：2 - 7.

[319] 中共国家邮政局党组. 党领导邮政事业的历史经验与启示 [N]. 中国邮政快递报，2021 - 11 - 15（11）.

[320] 中共中央关于制定国民经济和社会发展第十四个五年规划和二○三五年远景目标的建议 [M]. 北京：人民出版社，2020.

[321] 中共中央　国务院关于新时代加快完善社会主义市场经济体制的意见 [M]. 北京：人民出版社，2020.

[322] 中国快递市场发展研究课题组. 中国快递市场发展研究报告 [M]. 北京：中国经济出版社，2006.

[323] 中国邮政快递报社. 无处不在 [M]. 北京：中信出版社，2019.

[324] 中华人民共和国国民经济和社会发展第十四个五年规划和2035年远景目标纲要 [M]. 北京：人民出版社，2021.

[325] 中央文献研究室. 习近平关于全面深化改革论述摘编 [M]. 北京：中央文献出版社，2014.

[326] 中央文献研究室. 习近平关于社会主义经济建设论述摘编 [M]. 北京：中央文献出版社，2017.

[327] 钟静. 浅论湖南快递业的发展 [J]. 企业技术开发，2008（10）：64 - 67.

[328] 钟耀广，郭方方，唐华军. 互联网发展、居民消费与快递市场的关系研究——基于空间动态杜宾模型的实证分析 [J]. 价格月刊，2019（4）：77 - 84.

[329] 周琳娜，白雪秋. 以人民为中心的供给侧结构性改革——基于

马克思主义政治经济学的人民视角［J］. 学术论坛, 2019, 42（5）: 90 - 96.

［330］周强. 我国农产品流通效率及其提升路径研究［D］. 北京交通大学, 2019.

［331］周伟. 进一步完善我国日用工业品流通体系研究［D］. 首都经济贸易大学, 2012.

［332］周肇先. 商品流通经济学［M］. 北京: 中国展望出版社, 1987.

［333］朱煜. 基于政策工具的物流业高质量发展研究［J］. 经济研究参考, 2019（13）.

［334］祝合良. 中国流通发展与改革前沿2009 - 2014［M］. 北京: 中国经济出版社, 2016.

［335］祝健, 牛振国. 完善我国快递市场监管体系的对策构想［J］. 福建师范大学学报（哲学社会科学版）, 2016（1）: 56 - 62.

［336］Armacost A. P. , Ware B. Composite Variable Formulations for Express Shipment Service Network Design［J］. Transportation Science, 2002, 36（1）: 1 - 20.

［337］Berry L. L. , Parasuraman A. , Zeithaml V. A. The service-quality puzzle［J］. Elsevier, 1988, 31（5）.

［338］Berry L. L, Zeithaml V. A. , Parasuraman A. Quality counts in services, too［J］. Elsevier, 1985, 28（3）.

［339］Dragan L. , Libor S. , Valentina R. , et al. New Express Delivery Service and Its Impact on CO_2 Emissions［J］. Sustainability, 2020, 12（2）.

［340］Elliot R. , Joseph P. B. . Physical distribution service quality in Internet retailing: Service pricing, transaction attributes, and firm attributes［J］. Journal of Operations Management, 2004, 21（6）: 651 - 672.

［341］Grönroos C. An applied theory for marketing industrial services［J］. Elsevier, 1979, 8（1）.

［342］Ji X. . SERVQUAL – Model – Based Fuzzy Evaluation of Express Service Quality ［J］. International Journal of Transportation Engineering and Technology, 2018, 4 (1).

［343］Khalid A. , Russell G. T. . Last mile delivery activities in the city centre-Insights into current practices and characteristics of delivery trips ［J］. Transportation Research Procedia, 2020, 46.

［344］Lai F. , Zhao X. , Wang Q. . Taxonomy of information technology strategy and its impact on the performance of third-party logistics (3PL) in China ［J］. International Journal of Production Research, 2007, 45 (10): 2195 – 2218.

［345］Lee J. M. , Braham W. W. Measuring public service quality: Revisiting residential location choice using emergy synthesis of local governments in Pennsylvania ［J］. Cities, 2020, 102.

［346］Lu H. , Shao J. , Chen K. An Analysis on Influencing Factors of Express Company's Customer Loyalty ［J］. Springer Berlin Heidelberg, 2011.

［347］Martin F. , Hemmelmayr V. C. , Wakolbinger T. Integrated express shipment service network design with customer choice and endogenous delivery time restrictions ［J］. European Journal of Operational Research, 2021.

［348］Parasuraman A. , Leonard L. B. , Valarie A. Z. Perceived service quality as a customer-based performance measure: An empirical examination of organizational barriers using an extended service quality model ［J］. John Wiley & Sons, Ltd, 1991, 30 (3).

［349］Parasuraman A. , Valarie A. Z. , Leonard L. B. . Servqual: Une échelle multi-items de mesure des perceptions de la qualité de service par les consommateurs ［J］. Recherche et Applications en Marketing, 1990, 5 (1).

［350］Rao S. , Goldsby T. J. , Griffis S. Electronic logistics service quality (e – LSQ): Its impact on the customer's purchase satisfaction and retention ［J］. Supply chain management-an international journal, 2010, 15 (6): 38 – 453.

［351］Schneur B. Air Network Design for Express Shipment Service ［J］. Operations Research, 1996, 44（6）：852 –863.

［352］Shao J. B. , Guo B. B. , Chen K. K. An empirical research on the influencing factors of express company's customer loyalty ［J］. IEEE, 2013.

［353］Tang S. Y. , Deng G. M. Based on the Theory of Grey System to Forecast China's Business Volume of Express Services ［J］. Modern Economy, 2015, 6（2）：283 –288.

［354］Transportation R. New Findings on Transportation Research from University of Granada Summarized（Perception of Public Transport Quality of Service among Regular Private Vehicle Users in Madrid, Spain）［J］. Journal of Transportation, 2020.

［355］Valarie A. Z. , Bernard J. J. , Ajay K. K. , et al. A Theories-in-Use Approach to Building Marketing Theory ［J］. Journal of Marketing, 2020, 84（1）.

［356］Valarie A. Z. , Leonard L. B. , Parasuraman A. . The Behavioral Consequences of Service Quality ［J］. Journal of Marketing, 1996, 60（2）.

［357］Valarie A. Z. , Leonard L. B. , Parasuraman A. . The nature and determinants of customer expectations of service ［J］. Journal of the Academy of Marketing Science, 1993, 21（1）.

［358］Valarie A. Z. , Parasuraman A. , Leonard L. B. . Problems and Strategies in Services Marketing ［J］ . Journal of Marketing, 1985, 49（2）：33 – 46.

［359］Veterinary M. Studies from Wuhan University Provide New Data on Veterinary Medicine（Influencing Factors of Express Delivery Industry On Safe Consumption of Wild Dynamic Foods）［J］. Veterinary Week, 2020.

［360］Wang L. , Garg H. , Li N. Pythagorean fuzzy interactive Hamacher power aggregationoperators for assessment of express service quality with entropy weight ［J］. Soft Computing, 2020（5）.

[361] Xiao Y. , Zhou B. Does the development of delivery industry increase the production of municipal solid waste? —An empirical study of China [J]. Resources, Conservation & Recycling, 2020, 155.

[362] Xin F. , Meng Y. Z. . Empirical Analysis of Express Service Quality Based on Fuzzy Comprehensive Evaluation [J]. Applied Mechanics and Materials, 2012, 1498.

[363] Zhang X. , Zhou G. , Cao J. , et al. Evolving strategies of e-commerce and express delivery enterprises with public supervision [J]. Research in Transportation Economics, 2020 (prepublish).

[364] Zhong Y. , Lai I. K. W. , Guo F. , et al. Effects of Partnership Quality andInformation Sharing on Express Delivery Service Performance in the E – commerce Industry [J]. Sustainability, 2020, 12 (20).

后　记

　　窗外细雨绵绵落，落不尽思绪常意。行文至此，落笔为终。《中国快递业高标准市场体系建设研究》即将付梓，未曾设想，此时的我，思绪万千，竟万般不舍。

　　今日的中国，正前所未有地接近中华民族伟大复兴梦想，前所未有地走近世界舞台的中央。世界正经历着百年未有之大变局，发生深刻复杂的变化。改革开放40多年来，中国快递业用自己的飞速发展见证着我国发生的历史性巨变，中国快递业的发展随着社会历史条件的变化也经历着"成长的烦恼"，感谢在这百年变局中，有机会让我这个年轻学者深入走进我国社会经济发展实际，做好调查研究，让我留下思考的"足迹"。

　　本书不仅是一部学术成果，也是一本承载很多情怀的书。"向来枉费推移力，此日中流自在行。"本书是基于我的博士论文修改完善而成，它的顺利完成和出版，离不开母校的培养、单位的支持和专家学者、老师、家人、同事和同学们的帮助。

　　人生路上的不期而遇，其实是早有安排，而遇到马克思，就是特别的缘分。感谢福建师范大学，让我有机会进一步走进马克思、恩格斯的思想。我要感谢马克思、恩格斯。我想读马克思经典著作，一遍是不够的，但是如果你读了一遍，便会深感思想魅力之伟大，读马克思经典著作，倘若不明白其中逻辑与缘由，不掌握科学的方法与角度，便也不曾解锁马克思主义理论和实践精髓。马克思的学术研究让我坚定信仰的力量，马克思、恩格斯的友情让我深感志同道合的魅力，马克思的爱情让我看到灵魂深处的物我两忘。如此伟岸之人，或许不是每个人都能如他般思想自由，或许也不是每个人都读懂他的深远坚定，但马克思是我们每个人要在人生前进路上都应为之学习与敬佩的智者。马克思身已逝，思不止；年已久，探不息。

感谢福建师范大学原校长李建平教授。他既是大家尊敬的经济学家，更是充满智慧和博大胸襟的智者。在他的课上，他总是与我们谈做人与治学，"教师的职责，不仅在于传道、授业、解惑，更重要的是育人，即培养德智体美劳全面发展的人、培育不断自我超越的人。特别地，要教会学生自觉把个人的前途命运与祖国的命运紧密联系在一起，为党的事业和中华民族伟大复兴奉献青春和才智。"李校长对理论40多年来的探索，我被李校长平和而坚定、温暖而谨严，勇攀高峰的精神深深感动。李校长的心、信、行，恰如一个时代的缩影，也正践行了理想、信仰与家国情怀，虽不能至，心向往之。在他的指导下，我明确并坚定"我国快递业高标准市场体系建设研究"这一课题方向。

感谢我的导师祝健教授。祝老师治学认真严谨，精益求精。从本书的选题到可执行方案，从篇章结构到遣词造句，祝老师皆细致悉心给予指导。作为长辈，她温暖爽直，呵护备至，宽容厚爱，在我身上倾注了爱心、关心、耐心、责任心和信心，令我备受鼓舞。

这部专著邀请了黄茂兴教授作序，他知识渊博、治学严谨、开朗直率，是我学术道路上重要的指引者，其间教诲，深烙于心。

感谢表面很严肃实际很温暖的李建建教授；感谢谦和宽厚坚定的黄瑾教授；感谢亦师亦友的陈晓枫教授；感谢见解独到、从容乐观的陈少晖教授；感谢未能一一列举指点迷津的政治经济学领域的教授专家们。感谢你们敏锐的洞察力和博学的学识，不仅帮助我拓宽研究与论文写作思路，也在人生前行的道路上无私相授、鼓励提携。感谢我博士研究生班的同学们，有这么一群志同道合的人相互鼓励、携手前行，尽情欢笑、知其悲喜、解其困顿，温暖团结更是我人生难能可贵的财富，与你们在学术上和生活上的思想碰撞、信任鼓舞让我的博士求学生涯多了一抹别样的色彩。

感谢福建省南平市邮政管理局牛振国先生、感谢行业专家叶健翔们，是你们不厌其烦地解答我专业领域的细枝末节；是你们让我能行见快递业发展实际，留下我感受祖国发展的"足迹"，获取学术研究的一手资料。

感谢福建社会科学院。博士毕业之后，我成为了福建社会科学院这个大家庭的一员，新的平台为我们青年的成长提供了大福袋，院领导和同事们言传身教、身体力行，逐渐教会我如何带着理论的思考，在深入基层，了解基层的过程中，从理论与实践的结合中深化学术研究；教会我如何在"上接天线"与"下沉一线"中，学明白理论武装方法、弄清楚科学理论的丰富内涵和实践要求；教会我如何把握好脚力、眼力、脑力和笔力，并将思维的"足迹"融汇成笔下的文字。

感谢经济科学出版社，感谢责任编辑何宁、王文泽两位老师，这本书的顺利出版，凝结着你们的一份心血。

最为重要的是，我要深深感谢我的家人们。感谢外公，是你在我的童年种下了探寻知识力量的种子；感谢父亲，我完成了我们的约定，愿天上的你会会心一笑；感谢母亲，做我最坚实的后盾；感谢我的爱人，是你无限的爱与支持给我追寻梦想坚实的依靠；感谢母亲与公婆，任劳任怨为我分担照顾孩童的艰辛。感谢我的儿子与女儿，你们不仅是我前行的动力，也赋予我前行宝贵而强大的力量，还让我身体力行地做一个不差的榜样。一路走来，要感谢的人太多，那些帮助过我、让我欢乐、让我低落的人塑造了今天的我，今天我将继续努力，把自己变成为自己想要的样子。

年龄是阅历的体系，阅历是人成长的记录，阅历等于见识。此刻，我更加真切地体会到，生长于中国，学习于马克思主义，是一件幸福的事。爱马克思，他的思想一点一滴渗透我的灵魂深处。读过马克思、读出中国发展实际，也让我读懂了我青春的含义。学习掌握辩证法，点亮着我待人处事、研究问题的多元角度。从阅读、调查研究和思考中获得精神和情感的愉悦，并能将自己的文字基于对事物的领悟和感受去表达，是多么幸福的事。我珍惜这份不可多得的美好，用心去感受，去呵护，我想学习的实质是去给予爱而不是索取，爱生活、爱快乐、爱痛楚、爱时间赋予我们的一切，无问东西，爱其所爱。

蓦然回首，在本书成书之时，忽然溢出了很多感慨、感动与感悟，感谢这个伟大的时代，让我有机会领略大家风范，让我有能力实现心中所愿，让我有火种点亮心底深处的明灯。

习近平总书记勉励新时代青年，要有理想、敢担当、能吃苦、肯奋斗。对于理论工作者来说，守好引领时代发展的理论思维、构建把握时代的理论研究体系，是科研工作者最重要的"主战场"，而筑牢理论研究阵地，就要坚持守正和创新相结合。我们不仅要做好书面文章，也要努力成为做好优质思想产品的创造者，不断提高自身拨云见日的能力，不断突破思想和知识的局限，形成更有视野的研究成果。

本书在写作过程中直接或间接引用、参考了诸多专家学者的相关研究文献，书中未能一一列出，同时本书难免有不足之处，恳请各位专家学者给予批评指正，希望读者和相关研究者能在新的起点上，推动快递业助力中国迈向新时代的前沿。

最后，我想以我在博士求学期间一篇小文勉励未来的我。

生存还是毁灭

是一个永恒的选择题

我们成为什么样的人

可能不在于我们的能力，而在于我们的选择

人生是一次次不断地选择，千帆阅尽，终达彼岸

而我选择知识

和知识在一起，让它带着我们，勇往直前

迎风还是逆风

是一丈勇气绽放的光芒

我们扼住命运的咽喉

看清了生活的真相，也依然热爱生活

积攒了三十多载的感悟

仰取俯拾、微笑前进、皆是不舍

和知识在一起，让它领着我们，义无反顾

那些只品过生命中一种味道的人，应该看看我们

我看着我们，满怀羡慕

所有的个性、自由、智慧与力量

都是为我们准备的礼物

思想界限被打破

知识凭借独有的魅力

陪伴我们浸染人生的态度、温度和锐度

我们拥有了新时代的船桨

和知识在一起，它陪着我们，乘风破浪

痛与苦，考验着我们每一个人的意志和智慧

我们怕配不上所受的苦难

现实却用大气证明了我们坚守的初心

向我们的初心致敬

不只是我们在如何赞美我们的光亮

我们也在启发我们，怎么样去秉承觉知更好的初心

我看着我们，满怀感激

所有的遇见、告别、选择与陪伴

是我与我们色彩各异的味道

我们所热爱的是我们的青春，我们有幸遇见美好的我们

因为人的一生最美的风景

就是这个个体最本心的自我

因为我们

在这般绚烂的青春

便不再是迷茫、伤痛与畏缩

因为我们

在这般躁动的内心

就不再是彷徨、遗憾与哀愁

居之不倦，行之以忠

心里有火，眼里有光

我看着我们，满怀期许

新生的明天正待我们停驻，静待花开

那么

跟着光，前行

在苍劲繁茂的榕树下绽放青春！

蔡燕琦

2025 年 4 月 28 日